ESCOLHIDOS EM CRISTO PARA SER SANTOS

II. Moral teologal

CB141180

JOSÉ M. GALVÁN

ESCOLHIDOS EM CRISTO PARA SER SANTOS

II. MORAL TEOLOGAL

Tradução
Caio Penna Chaves

ASSOCIAÇÃO
PRESBÍTEROS

QUADRANTE
São Paulo
2022

Título original
Scelti in Cristo per essere santi. II. Morale teologale

Copyright © 2022 do Autor

Capa
Gabriela Haeitmann

Dados Internacionais de Catalogação na Publicação (CIP)

Galván, José M.
Escolhidos em Cristo para ser santos. II. Moral teologal / José M. Galván; tradução de Caio Penna Chaves. – São Paulo : Quadrante, 2022.

Título original: *Scelti in Cristo per essere santi. II. Morale teologale*
ISBN: 978-85-7465-413-3

1. Conduta de vida 2. Ética cristã 3. Moral cristã 4. Vida cristã I. Título.
CDD-241

Índice para catálogo sistemático:
1. Moral cristã 241

Todos os direitos reservados a
QUADRANTE EDITORA
Rua Bernardo da Veiga, 47 - Tel.: 3873-2270
CEP 01252-020 - São Paulo - SP
www.quadrante.com.br / atendimento@quadrante.com.br

ÍNDICE

Capítulo IV

A VIRTUDE DA ESPERANÇA

Capítulo V

ABREVIATURAS BÍBLICAS

Abd	Abdias
Ag	Ageu
Am	Amós
Apoc	Apocalipse
At	Atos
Bar	Baruc
Col	Colossenses
1 Cor	1ª Coríntios
2 Cor	2ª Coríntios
1 Crôn	1º Crônicas
2 Crôn	2º Crônicas
Cant	Cântico dos Cânticos
Dan	Daniel
Deut	Deuteronômio
Ecl	Eclesiastes
Eclo	Eclesiástico
Ef	Efésios
Esdr	Esdras
Est	Ester
Ex	Êxodo
Ez	Ezequiel
Fil	Filipenses
Flm	Filêmon
Gál	Gálatas
Gên	Gênesis
Hab	Habacuc
Hebr	Hebreus
Is	Isaías
Jl	Joel
Jon	Jonas
Jó	Jó
Jo	João
1 Jo	1ª João
2 Jo	2ª João
3 Jo	3ª João
Jer	Jeremias
Jos	Josué
Jdt	Judite
Jz	Juízes
Lc	Lucas
Lam	Lamentações
Lev	Levítico
1 Mac	1º Macabeus
2 Mac	2º Macabeus
Mc	Marcos
Mal	Malaquias
Miq	Miqueias
Mt	Mateus
Na	Naum
Ne	Neemias
Núm	Números
Os	Oseias
1 Pe	1ª Pedro
2 Pe	2ª Pedro
Prov	Provérbios
Rom	Romanos
1 Re	1º Reis
2 Re	2º Reis
Ru	Rute
Sab	Sabedoria
Sof	Sofonias
Sal	Salmos
1 Sam	1º Samuel
2 Sam	2º Samuel
Tob	Tobias
Tg	Tiago
1 Tim	1ª Timóteo
2 Tim	2ª Timóteo
1 Tess	1ª Tessalonicenses
2 Tess	2ª Tessalonicenses
Ti	Tito
Zac	Zacarias

PREFÁCIO

«*Sermones morales universales minus sunt utiles, eo quod actiones in particularibus sunt*»[1]. O objetivo da Teologia Moral Fundamental é o estudo das dimensões constitutivas dos atos humanos enquanto ordenados a seu fim último. Essa tarefa, porém, não seria de grande utilidade se num segundo momento não se dirigisse sua atenção para os atos concretos, que constituem em si mesmos o verdadeiro objeto primário da teologia moral. A Teologia Moral Fundamental contém os *sermones morales universales.* Obviamente a expressão de São Tomás de Aquino não pretende diminuir a importância dessa parte inicial e basilar da ciência teológica, mas simplesmente recordar que tal ciência seria inútil se não fosse aplicada às realidades existenciais concretas em que cada ser humano realiza especificamente o seu ser com Deus, o seu ser consigo, o seu ser com os outros e o seu ser no mundo. Essas dimensões se tornam âmbitos nos quais as *actiones in particularibus* adquirem valor moral.

Eis por que ao tratado moral fundamental deve seguir-se o estudo classicamente chamado de Teologia Moral Especial. Em última análise, trata-se de relacionar os deveres morais individuais nos quais se desdobra a existência cristã concreta de todo homem com o fim último para o qual esses deveres devem estar ordenados, com base nos princípios gerais do agir moral cristão.

---

(1) «Na moral, as generalidades são pouco úteis, já que as ações se realizam em situações particulares», *Summa Theologiae* (doravante *S. Th.*), II-II, prol.

A Teologia Moral é uma ciência prática, mas também sintética e dedutiva; são evidentes os perigos que poderiam derivar de uma moral especial analítica e indutiva quando consideramos que, com estes pressupostos, suas proposições chegariam sempre com atraso, neutralizando na prática toda a sua capacidade de contribuir para guiar os atos humanos à perfeição: o seu papel seria apenas o de julgar *a posteriori*. Somente a dedução e a síntese podem fazer com que os resultados da ciência moral sirvam para acompanhar e motivar a ação das pessoas em direção ao fim último, sem precisar reduzir-se a uma atividade de juízo externo que sempre chega quando já não é mais necessária.

No entanto, a determinação dos atos humanos é potencialmente infinita, de modo que se torna evidente que um tratamento sintético completo dos mesmos é simplesmente impossível. Daí que, se não queremos atomizar a Teologia Moral Especial em inúmeras "teologias do genitivo" relativas às ações humanas concretas que se pretende iluminar com a luz da revelação (teologia do trabalho, teologia da comunicação, teologia da economia...), é preciso encontrar um critério capaz de fornecer uma visão sintética dos atos humanos. Um tal esquema do agir humano concreto é oferecido pelo Decálogo no Deuteronômio, com as suas duas tábuas e a sua estrutura interna (cf. *Ex* 20, 2-17; *Dt* 5, 6-21).

O Decálogo, porém, é prevalentemente negativo e parece mais útil para estabelecer os critérios mínimos do agir, abaixo dos quais não se pode descer. Dessa maneira, ele abre e impulsiona a liberdade humana para uma infinidade de ações, sem contudo concretizar os modos de agir. O oitavo mandamento, por exemplo, indica o conteúdo ético fundamental mínimo do nosso sistema simbólico, exortando-nos a um uso reto e adequado da linguagem humana, sem no entanto dizer nada sobre como usar bem essa linguagem. Por isso, o Decálogo, embora insuperável como código ético de comportamento, pode apresentar dificuldades como sistema de esquematização teológica sintética do agir humano.

Uma vez que a plenitude do ser humano requer o crescimento das virtudes, instrumentos que acrescentam valor ao seu aperfeiçoamento na história, parece natural estruturar a Teologia Moral Especial sobre essa base, e sobre a sua clássica sistematização nas três virtudes teologais e quatro cardeais que procuram, ao menos tendencialmente, abarcar a infinita variedade das ações humanas.

É lógico, portanto, começar, no âmbito teológico, pelas virtudes que se referem ao agir do homem com relação a Deus, já que essa relação orienta o eixo central da existência e consequentemente as relações morais ligadas às realidades criadas. O fundamento antropológico dessa relação é aperfeiçoado pela virtude da religião, cujos atos no cristão em estado de graça são elevados a uma nova expressão, fruto da ação pessoal do Pai, do Filho e do Espírito Santo na alma. As três virtudes teologais são a manifestação exata e adequada desse dom de perfeição e dessa gratuidade no agir humano concreto [2].

Eis, pois, o programa desta primeira parte da Teologia Moral Especial, ou Moral Teologal: o estudo dos deveres morais do homem que derivam da virtude da religião e das virtudes teologais – Fé, Esperança, Caridade. As outras partes da Moral Especial farão referência ao ser no mundo e ao ser consigo e com os outros, sendo esses três

(2) Note-se que o esquema lógico de base seria o mesmo se o enfoque fosse o de uma Moral Especial fundada sobre os Mandamentos, mais do que nas virtudes, como acontece, por exemplo, no Catecismo da Igreja Católica. Assim, seria fundada uma Moral Especial da primeira tábua, correspondente à Moral Teologal tratada neste manual, seguida da moral da segunda tábua: «A afirmação de que "um só é bom" reconduz-nos assim à "primeira tábua" dos mandamentos, que convida a reconhecer Deus como Senhor único e absoluto e só a Ele prestar culto, por causa da Sua santidade infinita (cf. *Êx* 20, 2-11). O bem consiste em pertencer a Deus, obedecer-lhe, caminhar humildemente com Ele, praticando a justiça e amando a piedade (cf. *Miq* 6, 8). Reconhecer o Senhor como Deus é o núcleo fundamental, o coração da Lei, do qual derivam e para o qual se ordenam os preceitos particulares. É pela moral dos mandamentos que se manifesta a pertença do povo de Israel ao Senhor, porque só Deus é Aquele que é bom. Este é o testemunho da Sagrada Escritura, permeada, em cada uma das suas páginas, pela viva percepção da absoluta santidade de Deus: "Santo, Santo, Santo é o Senhor dos exércitos" (*Is* 6, 3). Mas, se só Deus é o Bem, nenhum esforço humano, nem sequer a observância mais rigorosa dos mandamentos, consegue "cumprir" a Lei, ou seja, não consegue sequer reconhecer o Senhor como Deus e prestar-lhe a adoração que só a Ele é devida (cf. *Mt* 4, 10). O "cumprimento" pode vir apenas de um dom de Deus: é a oferta de uma participação na bondade divina que se revela e comunica em Jesus, Aquele a quem o jovem rico designa com os termos "bom Mestre" (*Mc* 10, 17; Lc 18, 18). Aquilo que por agora o jovem talvez consiga somente intuir, ser-lhe-á no fim plenamente revelado pelo próprio Jesus no convite: "Vem e segue-me" (*Mt* 19, 21)». São João Paulo II, *Veritatis splendor*, n. 11.

aspectos regulados pelas quatro virtudes cardeais, sempre iluminadas pelo ser com Deus na vida da graça.

É preciso dizer desde já, como premissa metodológica, que todo o conteúdo deste volume pressupõe não somente a Moral Fundamental (primeiro volume da presente obra), mas também os dados provenientes da Antropologia Teológica, sobre a qual se fundamenta o nosso conhecimento da relação do homem com Deus e a nossa possibilidade de compreensão da dinâmica existencial de identificação com Cristo. Portanto, far-se-á referência, sempre que necessário, aos conceitos fundamentais da Antropologia Teológica sem aprofundá-los, remetendo o leitor ao correspondente tratado teológico a fim de que possa ir a fundo na conceituação da vida teologal baseada na Revelação.

Da mesma maneira, advertimos que muitos dos conceitos que concernem o desenvolvimento concreto da vida religiosa e teologal, no seu desdobramento existencial no indivíduo e na comunidade, exigirão uma explicação posterior, que é deixada aos tratados de Teologia Espiritual, de Teologia Sacramental e de Eclesiologia. Diferentemente das outras partes da Teologia Moral Especial, com efeito, a Moral Teologal tem o dever de examinar um tipo de atividade em que a ação divina e a humana confluem, e por isso não será nunca suficiente o mero estudo do agir humano iluminado pela luz da Revelação.

Finalmente, deve-se ter em conta que estas páginas foram pensadas para um curso básico de Teologia Moral, orientado sobretudo ao primeiro ciclo da faculdade de Teologia. Optou-se, assim, por favorecer a clareza e a totalidade do esquema fundamental da Moral Teologal, evitando aprofundamentos sem dúvida necessários à ciência teológica, mas talvez excessivos para quem se abeira pela primeira vez a estes estudos. Reduziu-se igualmente o aparato crítico ao mínimo indispensável. Não se deve esperar, portanto, nada que não se encontre na manualística clássica. Em concreto, este texto reconhece-se devedor dos manuais de Prüemmer e de Mausbach, unicamente tentando-se atualizá-los recorrendo mais à exegese bíblica – como o Concílio Vaticano II exige para toda a Teologia – e ao Magistério contemporâneo. A única novidade diz respeito ao tratamento inicial da virtude da religião, que os manuais escolásticos, assim como a *Summa Theologiae,* colocam sempre depois das virtudes teologais, na medida em que a consideram já como virtude moral infusa, informada pela caridade. Essa alteração da ordem habitual, como se procurará esclarecer no primeiro capítulo, deve-se a uma tentativa de adequar o manual às exigências do mundo contemporâneo, em que a necessidade, talvez inconsciente, de um pensamento religioso é muito forte, ao mesmo tempo que escasseiam recursos para abrir-se ao Deus da fé.

Não posso concluir este prefácio sem agradecer e manifestar a minha dívida para com os estudantes que nestes últimos anos cursaram a matéria na Pontifícia Universidade da Santa Cruz, bem como aos colegas do Departamento de Teologia Moral. Concretamente, é de justiça manifestar que grande parte do primeiro capítulo se deve ao trabalho pessoal do prof. Duarte de Sousa Lara, que durante algum tempo colaborou com o Departamento. Um agradecimento especial a Simona Martini, estudante da Faculdade de Teologia, pelo infatigável trabalho de correção do texto italiano, e a Misa Russo pela sua ajuda na redação do último capítulo.

Capítulo I

A VIRTUDE DA RELIGIÃO

Ora, o homem se volta ordinariamente para Deus ao reconhecer-lhe a suprema majestade e o supremo magistério, ao aceitar com submissão as verdades divinamente reveladas, ao observar religiosamente as leis, ao fazer convergir para Ele toda a sua atividade, ao – para dizer resumidamente – prestar, mediante a virtude da religião, o devido culto ao único e verdadeiro Deus.

Pio XII, *Mediator Dei,* n. 11, 20 de novembro de 1947

1. O acesso a Deus como dever ético

No primeiro volume do presente manual sublinhou-se a condição filial como elemento basilar da Teologia Moral: somos chamados a ser e a agir como filhos de Deus em Cristo por meio do Espírito Santo. Noutras palavras, toda pessoa humana foi criada por Deus para poder gozar da vida íntima dEle, isto é, para poder participar da vida de comunhão intratrinitária, por meio de uma relação pessoal, cognitiva e amorosa, com o Pai, pelo Filho no Espírito.

A pessoa humana, «desde sua concepção, é destinada à bem-aventurança eterna»[1], e somente nela encontrará a sua plena realização. «Fizeste-nos para ti» – escrevia Santo Agostinho – «e o nosso

(1) *Catecismo da Igreja Católica* (doravante *Catecismo*), n. 1703.

coração estará inquieto até que repouse em ti»[2]. A ciência teológica, fundada na Revelação, tem o dever de elucidar como esse acesso sobrenatural a Deus, mesmo não sendo uma exigência da natureza, pressupõe a condição natural do homem como *capax Dei;* sem essa abertura ou possibilidade, o dom de Deus se revelaria ao próprio homem como algo privado de sentido e inconcebível, como coisa que vem de fora se acrescentar ao próprio ser e que o contradiz de algum modo. Neste primeiro parágrafo do capítulo se procurará evidenciar como esta condição do homem capaz de Deus (1.1) implica já uma tensão ética religiosa (1.2), especialmente significativa nos nossos dias (1.3).

1.1. O fundamento religioso do ser do homem

Fomos criados *por* Deus, e esse fato configura de um modo determinante todo o agir humano, que se apresenta como uma resposta a essa condição fundamental: pode-se dizer que a criação, e concretamente a criação à imagem de Deus, supõe uma condição ontológica de dependência que determina radicalmente a existência humana como existência orientada ao Criador. No caso da criatura não-imagem, seria possível dizer que esta dependência ontológica não tem outra consequência senão a de ser manifestação da glória de Deus segundo a lógica paulina do *per ea quae facta sunt* («De fato, as perfeições invisíveis de Deus – não somente seu poder eterno, mas também a sua eterna divindade – são claramente conhecidas, através de suas obras, desde a criação do mundo», *Rom* 1, 20). Nesse sentido, é possível falar de uma religião da criatura material, que, não consciente, se move apenas no nível da constituição metafísica dos seres: uma espécie de religião como *dívida ontológica.* Assim, é possível falar ainda de uma "religiosidade ontológica", expressão com a qual queremos referir-nos à intrínseca tendência para o Criador presente de modo inconsciente em toda criatura, e que só a razão humana será capaz de

(2) S. Agostinho de Hipona, *Confissões*, 1, 1, 1.

conceber em parte: uma espécie de nostalgia metafísica que exprime a dependência da criatura ao Criador, que Tomás indicava como *relação real:* «a criação em sentido ativo significa a ação divina, que é sua essência, com relação à criatura. Mas em Deus a relação à criatura não é real, e sim somente de razão. Enquanto a relação da criatura a Deus é uma relação real, como acima foi dito, ao tratar dos Nomes divinos»[3]. Obviamente, nesse nível ainda não se pode falar da religião como virtude, mas, sim, do nível fundamental que será aperfeiçoado pelo agir virtuoso[4].

A criatura-imagem é, pois, consciente dessa condição e, como indica o texto de Romanos antes citado, a *contempla com o intelecto,* tanto em si mesma como no resto da criação não pessoal; para a pessoa humana a dívida ontológica da condição de criatura envolve o reconhecimento consciente do Criador em dois níveis: ela O reconhece enquanto ser livre e consciente, em primeira pessoa; e, enquanto única criatura capaz de captar a distinção e a condição criatural dos demais seres, tornando-se "voz de toda criatura". Sobre a base desse reconhecimento consciente podemos entender por que o Concílio Vaticano II estabelece que «a razão mais sublime da dignidade do homem consiste na sua vocação à união com Deus. É desde o começo da sua existência que o homem é convidado a dialogar com Deus: pois, se existe, é só porque, criado por Deus por amor, é por Ele constantemente conservado por amor; nem pode viver plenamente segundo a verdade se não reconhecer livremente esse amor e se entregar ao seu Criador»[5]. O homem é, pois, chamado a reconhecer o seu Criador, a entrar em diálogo com Ele e confiar-se amorosamente a Ele.

---

(3) «*Creatio active significata significat actionem divinam, quae est eius essentia cum relatione ad creaturam. Sed relatio in Deo ad creaturam non est realis, sed secundum rationem tantum. Relatio vero creaturae ad Deum est relatio realis, ut supra dictum est, cum de divinis nominibus ageretur*», *S.Th.*, I, q. 45, a. 3, ad 1.

(4) Cf. D. Composta, *Natura e religione. Studio sulle inclinazioni naturali in rapporto al diritto naturale*, PAS Verlag, Zurique 1971, p. 86; J. De Finance, *La notion du Bien*, in «Gregorianum» 39 (1958) 5-42; A. López Martínez, *El debate anglo-americano contemporáneo sobre la teoria tomista de la ley natural. La razón práctica y las inclinaciones naturales en la S.Th. I-II q. 94, a. 2*, EDUSC, Roma, 2006, pp. 60-67.

(5) *Gaudium et spes*, n. 19.

Essa íntima comunhão de vida para a qual, em última análise, todos fomos criados e à qual se dirigem os anelos mais profundos do nosso coração, é conduzida ao seu grau mais alto e sublime pela comunicação vital com a Trindade. Esse destino, porém, excede totalmente as capacidades naturais da pessoa humana: não pode esperá-lo, nem sequer desejá-lo, senão depois de ter recebido o dom gratuito da bondade divina. Este dom foi preparado ao longo de toda a História da Salvação e oferecido desinteressadamente a nós em Jesus Cristo, Filho de Deus. «De fato, Deus amou tanto o mundo, que deu o seu Filho único, para que todo aquele que nele crer não pereça, mas tenha a vida eterna» (*Jo* 3, 16). Para possuir a vida eterna é necessário, pois, crer no Filho Unigênito. Ele, «na própria revelação do mistério do Pai e do seu amor, revela o homem a si mesmo e descobre-lhe a sua vocação sublime»[6], isto é, a de se tornar «participantes da natureza divina» (*2 Pe* 1, 4).

> A luz da fé em Jesus ilumina também o caminho de todos aqueles que procuram a Deus e oferece a contribuição própria do cristianismo para o diálogo com os seguidores das diferentes religiões. A Carta aos Hebreus fala-nos do testemunho dos justos que, antes da Aliança com Abraão, já procuravam a Deus com fé; lá se diz, a propósito de Henoc, que «tinha agradado a Deus», sendo isso impossível sem a fé, porque «quem se aproxima de Deus tem de acreditar que Ele existe e recompensa aqueles que O procuram» (*Heb* 11, 5.6). Desse modo, é possível compreender que o caminho do homem religioso passa pela confissão de um Deus que cuida dele e que se pode encontrar. Que outra recompensa poderia Deus oferecer àqueles que O buscam, senão deixar-se encontrar a si mesmo? Ainda antes de Henoc, encontramos a figura de Abel, de quem se louva igualmente a fé, em virtude da qual foram agradáveis a Deus os seus dons, a oferenda dos primogênitos dos seus rebanhos (cf. *Heb* 11, 4). O homem religioso procura reconhecer os sinais de Deus nas experiências diárias da sua vida, no ciclo das estações, na

(6) *Gaudium et spes*, n. 22.

fecundidade da terra e em todo o movimento do universo. Deus é luminoso, podendo ser encontrado também por aqueles que O buscam de coração sincero[7].

Para crer em Jesus e acolher o dom da vida eterna é necessário um coração bem disposto, aberto à verdade e ao amor. Isso implica uma contínua conversão das trevas do erro e do viver «para si mesmos» (*2 Cor* 5, 15), já que o homem é chamado a abraçar, por meio da fé em Cristo, a «Verdade de Deus» (*Rom* 1, 25) e a acolher o Seu próprio amor. De fato, para nós que cremos, «o amor de Deus foi derramado em nossos corações» (*Rom* 5, 5), e por isso «nós amamos, porque ele nos amou primeiro» (*1 Jo* 4, 19).

Assim, é necessário afirmar que, embora o acesso à vida eterna seja uma dádiva gratuita que precede qualquer mérito dos homens, também é verdade que isso não acontece à margem da nossa condição de criaturas livres: para receber o dom da vida intradivina, o homem deve dispor retamente o seu coração, o que pressupõe uma busca honesta da verdade e o desejo de viver segundo o mandamento do amor; o mistério do amor que é Deus enquanto dom, em vez de encontrar o homem como receptor passivo, encontra-o como *o outro* de um misterioso plano divino no qual as pessoas trinitárias *esperam,* em certo sentido, uma resposta que provenha livremente da sua criatura livre. Nota-se, portanto, que um aspecto essencial do conteúdo inteligível da Revelação divina não é apenas o seu valor salvífico, mas também o fato de que isso corresponde a uma dimensão antropológica pela qual o homem, embora totalmente dependente da graça, é uma parte ativa do plano de salvação.

A participação na vida íntima intratrinitária, portanto, se apresenta simultaneamente como um dom a ser acolhido e uma tarefa a ser realizada. Enquanto tarefa a se cumprir, a dimensão teologal do homem se desenvolve através das virtudes teologais, que serão estudadas mais adiante; a estrutura de acolhimento é baseada, por sua vez, em sua capacidade natural para Deus, de modo que os dois níveis da Re-

(7) Francisco, Enc. *Lumen fidei,* n. 35.

velação divina (através da criação e através da Palavra), são e devem permanecer firmemente unidos no sujeito humano: a transcendência da Palavra não pode deixar de encontrar um pressuposto na certeza do primeiro nível; do contrário, a ordem da Revelação sobrenatural seria, quando menos, *transumana,* e até *anti-humana.* Neste âmbito se estrutura constitutivamente a capacidade de acesso natural do homem a Deus que fundamenta a sua natureza religiosa.

«Requisito indispensável da verdadeira religião é o reto *conhecimento de Deus,* natural ou sobrenatural. Sem ele, o sentimento religioso, frequentemente unido à superstição, conduz a graves desvios, como demonstram a história e a psicologia das religiões»[8].

1.2. A dimensão religiosa do homem possui um intrínseco componente ético

Já nos primeiros passos da história de Israel se encontram referências ao valor moral intrinsecamente unido a esse acesso natural do homem a Deus de que estamos falando: dos relatos primitivos da criação, nos quais é notória a radical dependência de Deus das criaturas, aos salmos onde se manifesta a obrigação das criaturas de serem um canto de louvor ao Criador (cf. *Sl* 8; 29; 65; 104...), aos textos mais explícitos do cântico dos três jovens (cf. *Dan* 3, 52-90) ou à vigorosa afirmação do capítulo 13 do livro da Sabedoria: «De fato, são vãs por natureza todas essas pessoas nas quais não há o conhecimento de Deus. Porquanto, partindo dos bens visíveis, não foram capazes de conhecer Aquele que é; nem tampouco, pela consideração das obras, chegaram a conhecer o Artífice» (v. 1).

A condição sabidamente religiosa do homem não é, como na religiosidade ontológica que compartilhamos com a natureza material, um simples dado de fato. O prólogo de João é particularmente explícito ao indicar a intrínseca dificuldade que a natureza humana caída encontra para estabelecer uma relação pessoal com Deus: não obstante Cristo,

(8) J. Mausbach, *Teologia morale*, vol. II (*La morale speciale*), Paoline, Alba 1959, p. 221.

Verbo de Deus sem o qual «nada foi feito de tudo o que existe» (*Jo* 1, 2), seja «a luz dos homens» (*Jo* 1, 4), de fato «ninguém jamais viu a Deus» (*Jo* 1, 18), porque «a luz brilha nas trevas, e as trevas não conseguiram dominá-la» (*Jo* 1, 5); intrínseca dificuldade que em todo caso deve harmonizar-se com as afirmações bíblicas de uma real capacidade de acesso a Deus (cf. *Sab* 13, 1-8; *Rom* 1, 18-20) confirmadas pela declaração dogmática *Dei Filius* do Concílio Vaticano I[9], e recentemente recordadas por São João Paulo II:

> Nos Atos dos Apóstolos, o evangelista Lucas narra a chegada de Paulo a Atenas, numa das suas viagens missionárias. A cidade dos filósofos estava cheia de estátuas, que representavam vários ídolos; e chamou-lhe a atenção um altar, que Paulo prontamente aproveitou como motivo e base comum para iniciar o anúncio do querigma: «Atenienses – disse ele —, vejo que sois, em tudo, os mais religiosos dos homens. Percorrendo a vossa cidade e examinando os vossos monumentos sagrados, até encontrei um altar com esta inscrição: "Ao Deus desconhecido". Pois bem! O que venerais sem conhecer, é que eu vos anuncio» (*At* 17, 22-23). Partindo daqui, São Paulo fala-lhes de Deus enquanto criador, como Aquele que tudo transcende e a tudo dá vida. Depois continua o seu discurso, dizendo: «Fez a partir de um só homem, todo o gênero humano, para habitar em toda a face da terra; e fixou a sequência dos tempos e os limites para a sua habitação, a fim de que os homens procurem a Deus e se esforcem por encontrá-lo, mesmo tateando, embora não se encontre longe de cada um de nós» (*At* 17, 26-27). O Apóstolo põe em destaque uma verdade que a Igreja sempre guardou no seu tesouro: no mais fundo do coração do homem, foi semeado o desejo e a nostalgia de Deus. Recorda-o a liturgia de

(9) «Eadem sancta mater Ecclesia tenet et docet, Deum, rerum omnim principium et finem, naturali humanae rationis lumine e rebus creatis certo cognosi posse; "invisibilia enim ipsius, a creatura mundi, per ea quae facta sunt, intellecta, conspiciuntur" (*Rom* 1, 20): attamen placuisse eius sapientiae et bonitati, alia eaque supernaturali via se ipsum ac aeterna voluntatis suae decreta humano genere revelare, dicente Apostolo: "Multifariam multisque modis olim Deus loquens patribus in Prophetis: novissime diebus istis locutus est nobis in Filio"» (Heb 1, 1-2)», Conc. Vaticano I, Const. *Dei Filius*, cap. 2, *DH* 3004.

Sexta-feira Santa, quando, convidando a rezar pelos que não creem, diz: «Deus eterno e omnipotente, criastes os homens para que Vos procurem, de modo que só em Vós descansa o seu coração». Existe, portanto, um caminho que o homem, se quiser, pode percorrer; o seu ponto de partida está na capacidade de a razão superar o contingente para se estender até ao infinito. De vários modos e em tempos diversos, o homem demonstrou que conseguia dar voz a este seu desejo íntimo. A literatura, a música, a pintura, a escultura, a arquitetura e outras realizações da sua inteligência criadora tornaram-se canais de que ele se serviu para exprimir esta sua ansiosa procura. Mas foi sobretudo a filosofia que, de modo peculiar, recolheu este movimento, exprimindo, com os meios e segundo as modalidades científicas que lhe são próprias, este desejo universal do homem[10].

A dimensão religiosa da pessoa humana, fundamentada na afirmação do real acesso natural a Deus, não se reduz ao seu componente cognitivo, mas possui também uma dimensão moral intrínseca. Nessa linha o próprio São Tomás havia afirmado a necessidade moral, não absoluta, da Revelação sobrenatural das verdades naturais acerca de Deus[11], justamente como forma concreta de compensar os limites da inteligência e da vontade, feridas pelo pecado original. Resta evidente, portanto, que a iniciativa divina na Revelação equivale a uma manifestação de desvelo para com a criatura ferida; e é precisamente este amor divino primordial a pedir uma resposta livre. O mesmo Vaticano I afirma em relação a isto:

> Decerto, a esta revelação divina deve-se atribuir que, por todos, também na presente condição do gênero humano, possa ser conhecido facilmente, com firme certeza e sem mistura de erro algum, aquilo que nas coisas divinas não é por si inacessível à razão humana. Contudo, não se deve dizer que a Revelação é absoluta-

(10) São João Paulo II, Enc. *Fides et ratio*, n. 24.

(11) Cf. *Summa contra gentiles*, I, 4.

> mente necessária por este motivo, mas porque Deus, em sua infinita bondade, ordenou o homem para um fim sobrenatural, isto é, para participar dos bens divinos, que superam de todo a compreensão humana; pois «o olho não viu, nem o ouvido ouviu, nem acedeu ao coração humano o que Deus preparou para aqueles que o amam« [*1 Cor* 2, 9; cân. 2 e 3].[12]

Essa dimensão dupla, mas não contraditória – real possibilidade, impossibilidade moral – parece muito adequada à própria natureza da Revelação divina, que não se impõe inevitavelmente à atenção do homem, mas se apresenta *quasi in occulto,* introduzindo um nível de incerteza que requer da pessoa humana uma escolha livre e decidida de Deus. É verdade que no estado de justiça original da criatura, antes do pecado original, o homem também seria livre, não coagido, para se aproximar de Deus. Mas a atual condição de liberdade ferida traz consigo uma dimensão de problematicidade devido à qual o homem não é apenas *naturalmente* religioso, mas deve esforçar-se para se tornar *virtuosamente* religioso. Ou, melhor dito, a sua forma de ser naturalmente religioso exige o exercício da virtude da religião.

Do ponto de vista natural, o homem não busca o conhecimento de Deus somente para satisfazer a sua sede de verdade no âmbito religioso, mas também para poder orientar a própria conduta e dar sentido à própria vida, e assim poder servir e amar a Deus como convém. Como em qualquer relação interpessoal, no acesso natural do homem a Deus o conhecimento do outro é uma premissa indispensável, o primeiro passo para poder construir uma relação pessoal. Ao mesmo tempo, esse conhecimento do outro se dá sobre o pressuposto de uma chamada ao diálogo, pela qual a pessoa humana pode intuir que é bom para si e para o outro, a fim de que se estabeleça a comunhão pessoal, e que convém à perfeição do ser pessoal: a saída de si mesmo para encontrar e dar-se ao outro. Nas relações interpessoais não se procura o conhecimento do outro para incrementar o próprio conhecimento da realidade, menos ainda para proveito próprio: so-

(12) Conc. Vaticano I, Const. *Dei Filius*, cap. 2, *DH* 3005.

mos impelidos pela nossa natureza dialógica a buscar, na afirmação do outro enquanto outro, a sua e a nossa perfeição fundada sobre uma mútua dedicação pessoal. Um conhecimento interpessoal sem este componente de doação não é plenamente humano: a circularidade conhecimento-amor não pode ser quebrada, antepondo-se um dos dois elementos ao outro.

Pode-se afirmar, portanto, que há uma forte conexão entre conhecimento da verdade sobre Deus e comportamento moral, e o mesmo vale para a recusa desta verdade, que conduziria à corrupção do agir humano. Não espanta, portanto, que São Paulo falando dos pagãos afirme que «eles não têm desculpa: apesar de conhecerem a Deus, não o glorificaram como Deus nem lhe deram graças. Pelo contrário, perderam-se em seus pensamentos fúteis, e seu coração insensato se obscureceu», isto é, no fundo «trocaram a verdade de Deus pela falsidade [...] e, porque não aprovaram alcançar a Deus pelo conhecimento, Deus os entregou ao seu reprovado modo de pensar. Praticaram todo tipo de torpeza: cheios de injustiça, iniquidade, avareza, malvadez, inveja, homicídio, rixa, astúcia, perversidade; intrigantes, difamadores, odiadores de Deus, insolentes, soberbos, presunçosos, tramadores de maldades, rebeldes aos pais, insensatos, traidores, sem afeição, sem compaixão» (*Rom* 1, 21.25.28-31). A recusa de Deus termina por produzir graves desordens morais que, em certo modo são por sua vez a manifestação de tal recusa.

Já dissemos que o homem, ao experimentar enquanto criatura racional que a Criação, com a sua beleza e verdade, não é de forma alguma necessária a Deus, que permanece sempre livre perante a ação criadora, não pode senão reconhecer a infinita majestade divina «pelas obras que realizou». Por isso, a obra criadora é uma chamada ao diálogo entre criador e criatura espiritual que se manifesta como dever de adoração, reverência e livre submissão da criatura diante do Criador. O reconhecimento do Criador e dos dons dEle recebidos, portanto, deveria mover o homem, quase que instintivamente, a honrar e a manifestar a Deus, inclusive com atos externos, a sua gratidão de criatura. Mas, justamente porque a dinâmica da criação manifesta simultaneamente a distância infinita entre os dialogantes, bem como a finitude e a liberdade da criatura, não se pode presumir que esta chamada ao diálogo se realize, ou que se realize da maneira adequada: nisso consiste a obrigação moral do ser religioso. Nessa linha de raciocínio, o Concílio Vaticano II recorda que «de harmonia com a sua própria dignidade, todos os homens, que são pessoas dotadas de razão e de vontade livre e por isso mesmo com responsabilidade pessoal, são levados pela própria natureza e também moralmente a procurar a verdade, antes de mais a que diz respeito à religião. Têm também a obrigação de aderir à verdade conhecida e de ordenar toda a sua vida segundo as suas exigências»[13].

Resumindo, podemos dizer que o homem é um ser aberto à transcendência, um ser que naturalmente pergunta-se sobre os fundamentos e as causas últimas da criação, e essa busca, que lhe é natural, o conduz a Deus, configurando-se assim como uma busca religiosa. O homem, com efeito, «pela razão, é capaz de compreender a ordem das coisas estabelecida pelo Criador. Pela vontade, é capaz de se orientar a si própria para o bem verdadeiro»[14] e assim encontrar a felicidade verdadeira. Dizer que o homem é um ser que naturalmente busca a Deus, não implica, no entanto, que todos realizem de fato esta tendência natural. Ao contrário, o homem pode livremente recusar esta busca de Deus e contentar-se com as «pequenas» verdades. Em todo caso, «se o homem pode esquecer ou rejeitar a Deus, este, de sua parte, não cessa de chamar todo homem a procurá-lo, para que viva e encontre a felicidade. Mas esta busca exige do homem todo o esforço de sua inteligência, a retidão de sua vontade, "um coração reto", e também o testemunho dos outros, que o ensinam a procurar a Deus»[15].

Essa busca de Deus é por natureza uma tarefa custosa, que se tornou ainda mais difícil devido à desordem introduzida pelo pecado original no coração do homem.

---

(13) Concílio Vaticano II, Decl. *Dignitatis humanae*, n. 2.

(14) *Catecismo,* n. 1704.

(15) *Catecismo,* n. 30.

> Embora a razão humana, falando simplesmente, possa realmente com suas forças e luz naturais chegar ao conhecimento verdadeiro e certo de Deus, único e pessoal, que sustém e governa o mundo com sua providência, bem como ao conhecimento da lei natural, impressa pelo Criador em nossas almas, não são poucos, todavia, os obstáculos que impedem a razão de fazer uso eficaz e frutuoso dessa sua capacidade natural. De fato, as verdades que se referem a Deus e às relações entre os homens e Deus são verdades que transcendem por completo a ordem das coisas sensíveis e, quando entram na prática da vida e a informam, exigem sacrifício e abnegação própria. Ora, o entendimento humano encontra dificuldades na aquisição de tais verdades, quer pela ação dos sentidos e da imaginação, quer pelas más inclinações nascidas do pecado original. Isso faz com que os homens, em semelhantes questões, facilmente se persuadam de ser falso e duvidoso o que não querem que seja verdadeiro[16].

Deus é, pois, o problema do homem. Uma realidade divina que vincula a totalidade do gênero humano como criatura, e ao mesmo tempo é uma realidade oculta aos homens. O homem tende para o Absoluto, mas a sua situação concreta na história contribui para desvinculá-lo e a distanciá-lo dele, impossibilitando uma resposta definitiva. A orientação do eixo geral da existência do homem depende da resultante dessa tensão. Por isso já se afirmou que o problema de Deus é o problema dos problemas, o «problema essencial do homem essencial»[17]. Paralelamente podemos dizer que o dever de dar uma resposta à questão do ser religioso do homem, que abranja não só a dimensão intelectual, mas também a dimensão prática da existência humana, constitui a exigência ética básica de todas as outras escolhas humanas.

---

(16) Pio XII, Carta enc. *Humani generis*, *DH* 3875.

(17) Cf. C. Fabro, *Il problema di Dio (Introduzione al problema teologico)*, in AA.VV. *Problemi e orientamenti in Teologia Dommatica*, Marzorati, Milão, 1975, vol. II, pp. 1-9. Cf. também C. Fabro, *L'uomo e il rischio di Dio*, Studium, Roma, 1967; J. Alfaro, *De la cuestión del hombre a la cuestión de Dios*, Sígueme, Salamanca, 1988.

Trata-se aqui, sobretudo, das relações do ser e do seu correspondente desenvolvimento. À vista destas relações, surge a questão da sua obrigatoriedade moral. A correspondência pessoal do ser da criatura ao Deus perfeitíssimo pode ser considerada acima de tudo em si como um ato religioso, prescindindo do seu significado moral e da sua estrutura íntima. Como semelhante ato é ordenado por Deus e deve ser realizado com a devida deliberação e liberdade, a consideração moral se conecta necessariamente com a consideração ontológica. Religião e moralidade são assim aspectos diferentes de um só e mesmo ato, distintos, mas não separáveis[18].

1.3. Atualidade pós-moderna da dimensão religiosa do homem

O ambiente em que a pessoa humana cresce e se desenvolve muitas vezes se encontra contaminado por erros e vícios morais que põem ainda mais obstáculos a essa busca fundamental por Deus. A atual "cultura" pós-moderna ocidental desenvolveu uma racionalidade de tipo subjetivista e antimetafísica que conduz a um forte ceticismo nas capacidades naturais da razão humana e ao mesmo tempo propõe certos vícios como verdadeiros valores a se realizar na vida. Esta anticultura que foi se formando nos últimos séculos pode tornar muito difícil para as novas gerações o acesso natural a Deus. É já notório que «nas condições históricas em que se encontra, o homem enfrenta muitas dificuldades para conhecer a Deus apenas com a luz de sua razão»[19]. Diante disso, podemos pensar que só mesmo o próprio Deus poderia dizer-nos com certeza absoluta que Ele existe; isso aconteceu ao longo da História da Salvação, cujo ápice é Jesus Cristo, que nos revelou o verdadeiro rosto do Pai e nos deu a Lei vivificadora do Espírito.

Nessas circunstâncias, pode surgir a tentação de introduzir um *by-pass* na condição do homem e do mundo para encerrar-se num

---

(18) Mausbach, *op. cit*, vol. II, pp. 218-219.

(19) *Catecismo*, n. 37.

universo de sentido religioso que nada tem a ver com o sentido da realidade. Por isso, não surpreende que os dois universos falem duas linguagens diferentes, mutuamente incompreensíveis, e que a única possibilidade seja a imposição violenta de um sobre o outro. Assim, no final do século passado o pessimismo cultural era a regra; por exemplo, Walter Kasper afirmava que «hoje em dia, a mensagem cristã sobre Deus tornou-se para muitos uma linguagem estranha, incompreensível e inadmissível. No atual contexto de experiência, tanto as perguntas como as respostas que delas surgem para nós parecem ter perdido todo sentido»[20].

Mas nem tudo é negativo nos nossos dias; se é verdade que a condição atual do homem afasta de Deus, também é evidente que as transformações da nossa época estão abrindo novos caminhos, alguns certamente não cerrados, ao fenômeno religioso. Certas instâncias provenientes do âmbito filosófico, cultural, artístico e científico reclamam com urgência uma clareza conceitual maior sobre esta matéria, não tratada com riqueza suficiente pelo pensamento contemporâneo. Hoje em dia é possível encontrar – em aparente contraste com o que foi dito antes – uma produção nada desprezível acerca da experiência religiosa[21]. Não é apenas no âmbito da cultura humanística ou da arte – esferas mais condizentes com a ideia de Deus – que essas expressões surgem: basta pensar com que abundância o problema de Deus e da transcendência é proposto em instâncias provenientes do

(20) W. Kasper, *Il Dio di Gesù Cristo*, Bréscia, 1985, p. 98. Na mesma linha dizia A. Rizzi na introdução ao famoso H. Ott, *Il Dio Personale*, Casale Monferrato 1983, p. XII: «La teologia della morte di Dio continua ad essere attuale, anche se la corrente è finita. Più come fenomeno culturale che come corrente di pensiero teologico».

(21) Assim se expressava o filósofo italiano A. Rigobello na apresentação do manual escolástico de Baccarini, Ivaldo, Nepi, *Il problema di Dio: lezioni di storia della filosofia*, Roma, 1987: «...o pensamento contemporâneo, se a respeito da doutrina sobre Deus se encontra num estado de privação e indigência, é ao contrário rico em análises no que se refere à experiência religiosa. A via antropológica favorece essas análises, o próprio modelo fenomenológico ajuda a elucidar os significados. Fenomenologia da religião e análise da linguagem religiosa são disciplinas que tiveram um particular desenvolvimento nas últimas décadas, desenvolvimento indicativo de uma orientação e de uma real exigência. Tudo isso é apenas a base do problema, ou melhor, do tema de Deus. É uma base de notável ajuda na orientação do discurso especulativo em sentido forte, mas sem poder ainda superar completamente a sua insuficiência».

âmbito das ciências experimentais e, concretamente, da física: autores como Prigogine (positivamente), Hawking ou Dawkins (negativamente) dão disso um testemunho eloquente.

Os caminhos que levaram ao terceiro milênio são variados e têm origens distantes. Podemos dizer, em primeiro lugar, que estamos marcados por uma carga cultural e sociológica proveniente da já distante afirmação do princípio de imanência e do idealismo. Esta afirmação desencadeou de modo progressivo o aparecimento de etapas de *secularização, autonomia, imanentismo e profanização*[22]. A concatenação desses conceitos chega a ser cronológica: em primeiro lugar a modernidade recebeu do âmbito cristão a ideia de secularização, com a consciência do papel central do homem no cosmos; a esta sobreveio o pensamento da autonomia que pouco depois foi estruturado, sobretudo por I. Kant, como imanentismo. No século XX, em parte devido ao impulso das filosofias do finito, o imanentismo se converteu em profanização do âmbito religioso, fazendo da ciência a última instância de resposta às questões transcendentes.

Essa linha, embora já superada no âmbito do pensamento, continua a ter um forte impulso na realidade existencial do nosso tempo. Consiste na pretensão de tornar absoluto o pensamento científico, como única via de redenção diante dos limites da humanidade. A partir dessa base, era de se esperar que o âmbito intramundano (profano) desse uma resposta sobre o sentido das questões fundamentais do homem – dor, culpa, morte[23] –, que, no entanto, nunca chegou.

> Entretanto, pouco a pouco, foi-se vendo que a luz da razão autônoma não consegue iluminar suficientemente o futuro; este, no

(22) Essa determinação conceitual do conteúdo da modernidade vem de L. Scheffczyk, *L'uomo moderno davanti alla salvezza cristiana*, in AA.VV., *Salvezza cristiana e culture odierne*, Turim, 1985, t. I, pp. 27-39.

(23) É comum a muitos autores resumir nesses três conceitos o mistério radical do homem em sua existência intracósmica, mas parece-nos que a constituição pastoral do Concílio Vaticano II é um testemunho de autoridade: "se faltam o fundamento divino e a esperança da vida eterna, a dignidade humana é gravemente lesada, como tantas vezes se verifica nos nossos dias, e os enigmas da vida e da morte, do pecado e da dor, ficam sem solução, o que frequentemente leva os homens ao desespero". *Gaudium et spes*, 21. Cf. também os nn. 10 e 18.

fim das contas, permanece na sua obscuridade e deixa o homem no temor do desconhecido. E, assim, o homem renunciou à busca de uma luz grande, de uma verdade grande, para se contentar com pequenas luzes que iluminam por breves instantes, mas são incapazes de desvendar a estrada. Quando falta a luz, tudo se torna confuso: é impossível distinguir o bem do mal, diferenciar a estrada que conduz à meta daquela que nos faz girar repetidamente em círculo, sem direção[24].

Com tudo isso, esse caminho, que marcou momentos de grande euforia, é hoje caracterizado por uma profunda desilusão. É verdade que essa desilusão pode levar à indiferença, mas também pode ser um estímulo na busca de novos caminhos de redenção; assim constata o sociólogo Donati:

> Se a sociedade em que vivemos não é a melhor sociedade possível, a qual sociedade devemos aspirar? Todos nós nos fazemos essa pergunta com frequência. Gostaríamos de não ver injustiças sociais, corrupção, guerra, terrorismo, devastação do meio ambiente; gostaríamos que a sociedade fosse diferente, mais justa, mais honesta, mais pacífica, mais ecológica. [...] É evidente que há sinais de dificuldade e mesmo de declínio da modernidade. Alguns, no entanto, os interpretam como mudanças transitórias, não necessariamente como sinais de degradação. Inclusive chega-se a dizer que esta é a modernidade: uma contínua inovação e transformação que é preciso aceitar do jeito que é. Poucos se arriscam a submeter a juízo a modernidade, como se ela tivesse se tornado uma espécie de DNA cultural da humanidade. Então, estamos destinados a ser modernos para sempre?[25]

Há, de fato, outro impulso cultural oposto em muitos aspectos ao anteriormente ilustrado, tão longínquo no tempo quanto esse; ainda que historicamente não tenha tido até agora um sucesso «de massas»,

---

(24) Francisco, Enc. *Lumen fidei*, n. 3.

(25) P. Donati, *Sociologia relazionale*, La Scuola, Bréscia, 2013, pp. 22-23.

parece destinado a prevalecer de alguma forma. Talvez por isso, seus primeiros arautos agora aparecem para nós como os profetas da pós-modernidade; entre eles, poderíamos citar Dostoiévski, Nietzsche, Teilhard de Chardin. Com tonalidades e orientações muito diferentes, eles nos lembram de que o fechamento do homem no horizonte da sua imanência, sustentado pelo primeiro impulso, não permite nem jamais permitirá a descoberta de um verdadeiro sentido da história: ou somos forçados a afirmar que esse sentido não existe, ou se deve procurá-lo em outro lugar.

O homem do século XX viu-se sujeito a pressões antagônicas. Por um lado, foi impelido a depositar a sua confiança no progresso técnico, e a insistir nesse caminho, cheio de respostas imediatas e satisfatórias, mesmo sentindo, no fundo, que era um caminho que não levava a lugar nenhum, que não haveria respostas definitivas para questões verdadeiras[26]. Mas a lei da inércia, provavelmente unida ao medo de perder os benefícios objetivos alcançados em termos de bem-estar material, bem como a pobreza conceitual para abrir novos caminhos de pensamento, faz com que grande parte da humanidade ainda caminhe em direção a uma miragem, não obstante a certeza de saber que é realmente uma miragem. Ao final do século XX, todos os problemas vieram à tona. O homem se encontra diante de um beco sem saída e precisa encontrar outra maneira de continuar andando.

Mesmo que a possibilidade de novos caminhos seja quase infinita, é possível, novamente simplificando bastante a questão, resumir as escolhas possíveis a duas: a renúncia definitiva à questão do sentido (*pensiero debole*), ou a busca de um novo fundamento. No primeiro caso, ao direcionar os esforços humanos apenas à realidade do percurso, a questão se desloca para o concreto do cotidiano visto ateleologicamente, e resta como única possibilidade a de «*imanentizar*» *a imanência,* fechando o homem em sistemas definidos como neognósticos[27], tão presentes na nossa época, e tão estéreis.

(26) Cf. C. Taylor, *Il disagio della modernità*, Laterza, Roma-Bari, 1994.

(27) Cf. P. Donati, *Dio, relazione e alterità: la matrice teologica della società civile dopo-moderna*, in «Divus Thomas» 101 (1998), pp. 124-146.

Na segunda escolha, é necessária a afirmação de uma nova finalidade, já que não existe finalidade sem fundamento, e um fundamento sem finalidade não fundamenta nada.

Uma coisa é evidente: não podemos mais nos fiar da «só razão». A verdade não é o domínio dos objetos da realidade a que fomos habituados pela racionalidade cientificista. Assim, ela não pode ser encerrada em afirmações categóricas globais e absolutas. O homem aprendeu isso a muito custo, tanto no que diz respeito à atual incapacidade de conduzir amorosamente as relações interpessoais em qualquer nível (crises internacionais, civilização do lucro, desagregação da família...), como no que se refere à sua relação com o cosmos (crise ecológica, desigualdade na distribuição dos recursos naturais...). A verdade requer uma *interligação,* uma partilha empática da realidade: conhecer não é dominar, mas participar. Agora sabemos que não podemos manter uma forma de conhecimento objetivante e não comprometido; o nosso conhecimento deve empenhar-se em primeira pessoa, ser aberto ao encontro, atraente e responsivo, criador de novos âmbitos nos quais se amplia nosso próprio ser cognoscente. A razão não está só: *a razão é acompanhada.*

Essa postura é comum a quase todas as possibilidades de continuação que se abrem diante do homem do terceiro milênio: desde as que consideram a verdade como consenso, à hermenêutica da caridade «vattimiana»[28], à ideia de razão que aparece como fundamento da encíclica *Fides et ratio* de João Paulo II, porque só uma razão que se sabe *acompanhada* é capaz de abrir-se a um diálogo criativo com a realidade e em última instância com a fé: «A estrada a seguir é esta: não perder a paixão pela verdade última, nem o anseio de pesquisa, unidos à audácia de descobrir novos percursos. É a fé que incita a razão a sair de qualquer isolamento e a abraçar de bom grado qualquer risco por tudo o que é belo, bom e verdadeiro»[29].

Já antes o próprio João Paulo II indicava os três transcendentais como os elementos que definem o ponto de partida do pensamento religioso:

---

(28) Referente a Gianni Vattimo (1936), filósofo e político italiano, expoente do pós-modernismo europeu, idealizador do *pensiero debole* (pensamento fraco).

(29) São João Paulo II, Enc. *Fides et ratio,* 56.

Hoje, o homem é atravessado por uma inquietação existencial que manifesta, em diferentes formas e tons, sua necessidade de salvação, libertação, paz. Através dos encontros significativos de sua vida, ele aprende a conhecer o valor das dimensões constitutivas de seu próprio ser, antes de tudo as religiões, a família e as pessoas às quais ele pertence. Desses encontros, no entanto, mais cedo ou mais tarde ele se dá conta, em termos dramáticos, de que ainda não possui o significado último, capaz de torná-los definitivamente bons, verdadeiros, belos. E então ele experimenta a incapacidade estrutural de satisfazer sua necessidade de infinito[30].

Ainda que só o próprio Deus possa dizer com absoluta certeza quem Ele verdadeiramente é, e acalmar a ânsia de infinito em Cristo e no Espírito Santo, a nossa condição não pode senão buscar, ainda que desesperadamente, aquela plenitude para a qual nos conduz a nossa natureza religiosa[31]. No fundo, a consciência de uma razão acompanhada coloca diante da relação com aquilo que nos transcende: é preciso sair de si mesmo e encontrar aquele além-de-si-mesmo que fundamenta a possibilidade de companhia. Essa busca de transcendência,

(30) São João Paulo II, discurso no Congresso «Portare Cristo all'uomo», 22.02.1987. É interessante sublinhar o fato de que, neste texto, o Papa, em consonância com o que foi dito até agora, inverte a ordem usual dos dois transcendentais, colocando o bem diante da verdade.

(31) Tudo isso atualiza novamente o antigo instrumento metafísico dos atributos divinos, instrumento conceitual da plenitude do ser de Deus que se torna «o termo relacional da total dependência do universo do Ser necessário, situado além de toda experiência (total ou parcialmente sensível), sem o qual seria incompreensível»: J-H Nicolas, *Sintesi Dogmatica. Dalla Trinità alla Trinità*, Libreria Editrice Vaticana, Cidade do Vaticano, 1991, vol. I, p. 57. Assim, os atributos acrescentam ao seu caráter ontológico, também um notável valor religioso, e também são uma manifestação do nosso chamado original à comunhão com Deus: cf. J.M. Galván, *La valenza religiosa degli attributi divini nella postmodernità*, in «Rivista Teologica di Lugano» 16(2011)13-28. Nesse sentido, a tendência recente de ver os atributos divinos como um elemento fundamental para a vida pessoal de oração parece especialmente significativa: cf. A. W. Tozer, *Knowledge of the Holy*, James Clarke &Co, Londres 2001; Rosemary Jensen, *Praying the attributes of God: a guide to personal worship through prayer*, Kregel Pubblications, Grand Rapids 2002; G. Johnston, *Preaching to a Postmodern World. A Guide to Reaching Twenty-First Century Listeners*, Baker Books, Grand Rapids 2006. É de se notar, no entanto, o fato de que essas abordagens, provenientes do âmbito evangélico, se limitam a uma consideração bíblica do tema dos atributos.

afinal, não é outra coisa senão o redescobrimento da questão religiosa, em cuja resposta se procura fundamentar de que maneira o transcendente também pode ser finalidade do «meu» ser, em novidade de vida; em outras palavras se trata de descobrir o nexo com o transcendente, fundamentando o «eu» e o «não-eu» como realidades relacionais que, enquanto tais, realizam a si mesmas na medida em que se encontram. Da solidez dessa ligação dependerá se «vale a pena» realizar-me no dom. A forte instância relacional da pós-modernidade se torna um apelo à religião como fundamento de toda relação[32].

2. *O homem* naturaliter *religioso: a virtude da religião*

Uma vez demonstrado que «o desejo de Deus é um sentimento inscrito no coração do homem, porque o homem foi criado por Deus e para Deus[33], e demonstrado ainda como isso explica por que se pode dizer que os homens de todas as épocas são *seres à procura de Deus,* e considerando além disso que os nossos dias oferecem boas ocasiões para dialogar sobre a nossa fé, iniciamos, pois, o estudo da virtude da religião. Se o fenômeno religioso tem um componente ético intrínseco, a religião pode ser considerada como virtude moral.

É de uma evidência por demais inegável que em todas as épocas o homem sente o natural dever de prestar culto à divindade. Com efeito, graças à luz natural da razão, o homem é capaz de reconhecer Deus como fonte primária da qual derivam todos os dons e perfeições na ordem do ser. Ao mesmo tempo, podemos dizer que essa inclinação natural se estabeleceu de múltiplas formas, ainda que se possam identificar alguns traços comuns entre elas. Em um sentido mais am-

(32) A idéia fundamentalmente positiva de pós-modernidade aqui expressa remete, acima de tudo, à seguinte bibliografia: Y. Labbé, *Réceptions théologiques de la postmodernité*, in «Revue des sciences philosophiques et théologiques» 72 (1988) 397-425; J. Ballesteros, *Postmodernidad: Decadencia o resistencia*, Tecnos, Madri, 1989; A. Llano Cifuentes, *La nueva sensibilidad*, Espasa Calpe, Madri, 1989; J. Diumenju, *El Dios cristiano ante el hombre moderno y el hombre postmoderno*, in «Estudios Franciscanos» 94 (1993) 287-296; P. Donati, *Pensiero sociale cristiano e società postmoderna*, AVE, Roma, 1997.

(33) Cf. *Catecismo*, n. 27.

plo, pode-se dizer que «na sua história e até hoje, os homens exprimiram a sua busca de Deus em crenças e comportamentos religiosos (orações, sacrifícios, cultos, meditações etc.). Apesar das ambiguidades de que podem enfermar, estas formas de expressão são tão universais que bem podemos chamar ao homem *um ser religioso*»[34].

A negação teórica ou prática da existência de Deus, difundida em alguns ambientes culturais, mas em forte contraste com as tendências pós-modernas que já discutimos, mostra-se como um fenômeno não natural e de caráter excepcional, se consideramos o conjunto da humanidade. O fundamento bíblico desta afirmação foi suficientemente indicado no primeiro capítulo, sobretudo em referência aos textos de Provérbios ou da Carta aos Romanos.

Mesmo havendo diferentes enfoques entre os diversos paradigmas religiosos, notamos em geral na história das religiões que o culto a Deus possui tanto uma dimensão interna e externa como uma dimensão individual e comunitária. O homem presta culto a Deus não só no seu coração, mas também com gestos e ritos exteriores; e não só isoladamente, mas também enquanto membro de uma comunidade religiosa. A condição religiosa se manifesta, portanto, antes de mais nada num corpo de crenças que definem a natureza da divindade com a qual se está em relação (dogma); secundariamente, numa forma concreta de viver a relação religiosa com a divindade (liturgia); em terceiro lugar, numa postura vital correspondente a esta relação (moral).

Nas religiões naturais, esses três aspectos que estruturam o culto à divindade normalmente fazem referência à experiência existencial concreta de cada povo: religiões telúricas ou astrais entre os povos sedentários, para os quais a primeira necessidade existencial consiste na permanência dos ciclos da natureza e dos astros; religiões antropomórficas entre os povos nômades, cuja prioridade é a união do grupo, fundamentada numa origem comum a partir de uma divindade de tipo pessoal, criadora e protetora.

Trata-se agora de ver como esta dimensão religiosa se manifesta no agir concreto da pessoa, sobretudo no âmbito da Sagrada Escritura

(34) *Catecismo*, n. 28

(2.1), para posteriormente precisar a natureza da religião enquanto virtude (2.2), seus atos principais (2.3) e os atos contrários (2.4).

2.1. A virtude da religião na Sagrada Escritura

A religiosidade do povo de Israel, embora mantendo os três momentos constitutivos (dogma, liturgia, moral), destaca-se do esquema geral na medida em que a ideia da divindade não provém primariamente de demandas antropológicas. No Antigo Testamento, o homem não procura prestar culto a Deus apenas – nem principalmente – por causa nas suas necessidades existenciais; Israel compartilha muitos aspectos das religiosidades circunvizinhas, mas a grande novidade bíblica consiste no fato de que a própria ideia de Deus não é a de ser Ele o fundamento último dos ciclos da natureza ou origem do povo, mas do seu papel fundamental, livremente assumido, de ser o Senhor da História e o Salvador de Israel: da sua iniciativa sem precedentes, que se manifesta na Eleição e na Aliança, o próprio Deus ensina o homem, gradualmente, o modo justo de prestar-lhe culto. De fato, a primeira manifestação do dever moral na religiosidade de Israel provavelmente vem da necessidade de dar graças a Deus pelas suas intervenções históricas: daí as grandes festas litúrgicas (Páscoa, Pentecostes, Tabernáculos), ou o conteúdo fundamental da oração, cujo melhor exemplo se encontra nos salmos de louvor ao Senhor, como os aleluiásticos, entre os quais o *Grande Hallel* (*Sl* 136; cf. também *Sl* 146; 147; 148), ou aqueles que louvam a Deus como Criador e Senhor (*Sl* 8; 67; 104).

O Decálogo da Aliança já impunha, na chamada Primeira Tábua, os deveres religiosos de amor e adoração, fidelidade e obediência a JHWH; neste sentido merece atenção especial o papel do Sábado, no qual a fé originária no Senhor da História e Salvador de Israel encontra o seu fundamento teológico e a sua universalização em referência ao Criador do Universo (cf. *Dt* 5, 6-15; *Gn* 2, 3; *Ex* 31, 13; *Ez* 20, 12).

O *sacrifício* constitui provavelmente a primeira e mais importante manifestação do culto de Israel, que terá o seu cume neotestamentário no Sacrifício da Nova Lei Aliança. Os sacrifícios surgem apenas depois do pecado, e nunca são uma simples manifestação exterior: Deus, que «perscruta os corações» (*1 Cron* 28, 9), considera acima de tudo as intenções interiores do oferente (cf. *Gn* 4, 3-5; *Sl* 51, 18s). Algumas perversões usuais nos cultos pagãos são proibidas, como os sacrifícios humanos (cf. *Gn* 22, *2 Re* 16, 3; *Lev* 20, 2), a prostituição sagrada (cf. *1 Re* 22, 47; *Dt* 23, 18) e a representação de Deus através de imagens (cf. *Dt* 4, 15-18; *Ex* 32, 4s). Com Moisés, a legislação sobre o culto e os sacrifícios é cada vez mais extensa e precisa. A Arca da Aliança, sinal da presença de Deus, torna-se o centro do culto (cf. *Ex* 25, 10-22; 37, 1-9; *Dt* 10, 1-5). Mais tarde, Salomão edificará o Templo onde será depositada a Arca, que se tornará o lugar exclusivo do culto sacrifical (cf. *1 Re* 5-8) e "casa de Deus" (cf. *1 Re* 8, 13; *2 Sam* 7, 1-17).

Tudo isso coloca em primeiro plano a dimensão comunitária da religiosidade de Israel, povo reunido ao redor do Templo, que é a expressão visível da unidade com Deus (cf. *1 Re* 8, 1-5.62-66). Essas manifestações coletivas sempre pressupõem, no entanto, a conversão do coração de cada um ao Senhor, sem a qual todo culto seria vão: especialmente nos profetas fica evidente que um culto que não provém de um coração reto e de uma conduta pessoal coerente é abominável a Deus (cf. *Is* 1, 10-20; *Jer* 14, 10-12; *Am* 5, 14-15.21-27).

A religiosidade bíblica e o plano por qual Deus conduz o homem a viver de modo adequado à religião se mantém no Novo Testamento: Jesus de Nazaré, com efeito, vive assiduamente o culto e as formas de piedade veterotestamentárias (cf. *Mt* 12, 1-14; 21, 12-16; *Lc* 4, 16-21; *Jo* 2, 14-16). Mas a novidade radical da Nova Lei se manifesta também como plenitude da vida religiosa com o mistério do Verbo Encarnado[35], que nos deu o Seu próprio Espírito, que nos torna ca-

(35) Cf. Concílio Vaticano II, Const. sobre a Liturgia *Sacrosanctum concilium*, n. 5: Deus, que «quer que todos os homens se salvem e cheguem ao conhecimento da verdade» (*1Tim* 2, 4), «tendo falado outrora muitas vezes e de muitos modos aos nossos pais pelos profetas» (*Heb* 1, 1), quando chegou a plenitude dos tempos, enviou o Seu Filho, Verbo feito carne, ungido pelo Espírito Santo, a evangelizar os pobres, curar os contritos de coração [Cf. *Is* 61, 1; *Lc* 4, 18], como médico da carne e do espírito [S. Inácio de Antioquia, *Ad Eph.* 7, 8:

pazes de adorar o Pai em espírito e verdade (cf. *Jo* 4, 24), ou seja, nos introduz no modo mais perfeito de prestar culto a Deus.

Tanto para Israel como para a Igreja, o culto divino torna-se «lugar» no qual se recordam e ao mesmo tempo se dá testemunho das maravilhas que Ele fez pelo Seu Povo, e de modo especial das Suas Alianças, que incluem sempre uma dimensão cultual, para que sejam celebradas e renovadas ao longo do tempo.

Com o advento de Jesus, estabelece-se o culto perfeito. Ele mesmo, sobretudo, no Mistério da Sua Páscoa, rende ao Pai o ato de culto perfeito que também confiará sacramentalmente à Sua Igreja com a instituição da Eucaristia, ápice insuperável deste culto (cf. *Mt* 26, 26-29; *Mc* 14, 22-25; *Lc* 22, 15-20). Assim, consagrando-se a si mesmo na Paixão do Seu corpo (cf. *Jo* 17, 19), novo Templo (cf. *Jo* 2, 21), torna-se a causa de que agora seja oferecida aos fiéis a possibilidade de serem adoradores que glorificam o Pai pelo Filho no Espírito, uma vez que «o Batismo imprime na alma um sinal espiritual indelével, o caráter, que consagra o batizado ao culto da religião cristã»[36].

Assim, Deus mesmo ensinou o seu Povo a lhe agradecer e honrar como lhe agrada. Essa revelação por parte de Deus eleva a virtude moral natural da religião já no Antigo Testamento a dimensões inatingíveis pela religiosidade natural. Mas na Nova Lei é elevada a uma dimensão de graça que inclui o homem na própria santidade de Deus. Agora o homem, vivificado por Deus mesmo, pode prestar-lhe culto do modo mais conveniente, e assim Deus é plenamente glorificado e o homem radicalmente santificado com a própria santidade do Pai, do Filho e do Espírito Santo. Com tudo isso a virtude moral da religião é

F. X. Funk, *Patres Apostolici* I, Tubinga, 1901, p. 218], mediador entre Deus e os homens [Cf. *1Tim* 2, 5]. A sua humanidade foi, na unidade da pessoa do Verbo, o instrumento da nossa salvação. Por isso, em Cristo «se realizou plenamente a nossa reconciliação e se nos deu a plenitude do culto divino» [Sacramentário de Verona (Leoniano): C. Mohlberg, Roma, 1956, n. 1265, p. 162]. Esta obra da redenção dos homens e da glorificação perfeita de Deus, prefigurada pelas suas grandes obras no povo da Antiga Aliança, realizou-a Cristo Senhor, principalmente pelo mistério pascal da sua bem-aventurada Paixão, Ressurreição dos mortos e gloriosa Ascensão, em que «morrendo destruiu a nossa morte e ressurgindo restaurou a nossa vida» [Missal Romano, Prefácio pascal].

(36) *Catecismo,* n. 1280.

assumida pela vida de comunhão com as pessoas divinas para a qual o crente é chamado em Cristo, que será tratada em seguida.

2.2. Natureza da virtude da religião: o homem diante de Deus

Já falamos anteriormente da atualidade da religião no panorama do homem contemporâneo. Agora, uma vez considerada sumariamente a base bíblica, interessa-nos explicar com exatidão a natureza da religião, não enquanto realidade antropológica ou enquanto fenômeno social e cultural, mas enquanto «virtude», isto é: enquanto atitude existencial que aperfeiçoa a pessoa humana no que diz respeito à sua relação com Deus.

2.2.1. Definição e papel da religião no conjunto das virtudes

«Religião é a virtude pela qual prestamos a Deus, nosso Criador e Senhor absoluto, a devida honra, e lhe manifestamos a nossa submissão»[37].

O próprio ato com que o homem reconhece naturalmente a Deus a partir das Suas obras traz consigo a necessidade de dar-lhe graças pelos seus dons, de confiar-se amorosamente a Ele, de fazer, em suma, «tudo pela glória de Deus» (*1 Cor* 10, 31); tudo isso se expressa naturalmente mediante atos de reverência a Deus, pelos quais, por um lado damos, testemunho de seus atributos e, por outro, manifestamos a absoluta dependência da criatura em relação a Ele e suplicamos as suas bênçãos. Dado que a criatura racional se dá conta livre e conscientemente desta dependência ontológica, a atualização específica das suas consequências pessoais não é um mero efeito da sua constituição ontológica, mas também um dever moral, porque consiste num bem da pessoa; trata-se, portanto, de uma disposição da vontade que tem como objeto, em sentido estrito, «o bem que é para o homem ma-

(37) J. Mausbach, *op. cit.*, vol. II, p. 218.

nifestar livremente a honra devida a Deus[38], e que podemos definir como a virtude moral por meio da qual nos dispomos voluntaria e estavelmente a prestar a Deus o culto devido enquanto Criador e Senhor universal».

A necessidade de honrar Deus Criador e providente é intrínseca à natureza humana, ainda que o modo como se concretiza dependa de muitos fatores históricos, conjunturais, consuetudinários, legais etc., e algumas vezes não esteja isenta de ambiguidades frequentemente derivadas de uma imagem de Deus e do homem distorcida em alguns aspectos. Só com a Revelação divina o homem pode finalmente prestar culto a Deus «em espírito e verdade» (*Jo* 4, 24). A religião é uma virtude natural no homem, porque «a norma da razão natural exige que a pessoa pratique ações para reverenciar a Deus. Mas que faça isso ou aquilo, não é estabelecido pela norma da razão natural, mas por instituição do direito divino ou pelo direito humano»[39]. É interessante notar como São Paulo considera que os pagãos, capazes de reconhecer a Deus com as luzes naturais da razão, «não têm desculpa [porque] apesar de conhecerem a Deus, não o glorificaram como Deus nem lhe deram graças» (*Rom* 1, 21): quer dizer que os pagãos são culpados porque não seguiram as exigências da reta razão que leva a reconhecer o Criador, a dar-lhe graças e a honrá-lo como tal.

São Tomás sublinha que «a religião não é virtude teológica nem intelectual, mas moral, porque é parte da justiça»[40], e que merece um lugar preeminente entre as virtudes morais[41]. Como se explica essa aparente contradição, que uma parte potencial de uma das virtudes

---

(38) Cf. *S.Th.*, II-II, q. 81, a. 4, co.: «Bonum autem ad quod ordinatur religio est exhibere Deo debitum honorem»; *S.Th.*, II-II, q. 81, a. 8, co.: «religio dicitur secundum quod exhibet Deo debitum famulatum in his quae pertinent specialiter ad cultum divinum».

(39) *S.Th.*, II-II, q. 81, a. 2, ad 3: «de dictamine rationis naturalis est quod homo aliqua faciat ad reverentiam divinam, sed quod haec determinate faciat vel illa, istud non est de dictamine rationis naturalis, sed de institutione iuris divini vel humani».

(40) *S.Th.*, II-II, q. 81, a. 5, ad 3: «religio non est virtus theologica neque intellectualis, sed moralis, cum sit pars iustitiae».

(41) Cf. *S.Th.*, II-II, q. 81, a. 6, co.: «Religio autem magis de propinquo accedit ad Deum quam aliae virtutes morales: in quantum operatur ea quae directe et immediate ordinantur in honorem divinum. Et ideo religio praeeminet inter alias virtutes morales».

cardeais deva ser considerada como a primeira das virtudes morais? O homem, como já foi explicado, adverte naturalmente o dever de honrar o Criador como um dever de justiça[42]; de certo modo se pode dizer que a razão natural vê a reverência a Deus como algo *devido*. Obviamente, neste caso, não se trata de uma relação de justiça no sentido estrito, uma vez que falta igualdade entre as partes. O homem e Deus, com efeito, naturalmente não se encontram no mesmo plano, mas em todo caso nada impede falar de algo que é devido em justiça a Alguém mais excelente[43] situado num plano diferente do nosso. De acordo com Tomás, «pertence à religião prestar reverência a um só Deus por um único motivo, a saber: porque Deus é o primeiro princípio da criação e do governo das coisas»[44]. O reconhecimento do Criador leva a honrá-lo por tudo aquilo que Ele fez e pelo modo admirável como conduz todas as coisas no Seu plano de sabedoria e amor.

A essa altura poderia surgir a pergunta: mas por que Deus necessita da nossa honra? É justamente a resposta a esta pergunta que manifesta por que a religião é a mais alta das virtudes morais. Na verdade, Deus não tem nenhuma necessidade das nossas honras: nada lhe falta e a sua glória é infinita. Poder honrá-lo e glorificá-lo é um dom da sua bondade, que convém a nós e do qual depende a nossa máxima perfeição enquanto criaturas racionais, necessitadas de ordenar-se a Ele com todo o seu ser[45]. Em realidade, «a finalidade do culto divino é que o homem dê glória a Deus e a Ele se submeta pelo espírito e pelo

(42) Cf. *Catecismo,* n. 1807: «A justiça é a virtude moral que consiste na vontade constante e firme de dar a Deus e ao próximo o que lhes é devido. A justiça para com Deus chama-se "virtude de religião"».

(43) Cf. *S.Th.*, II-II, q. 81, a. 4, ad 3: «obiectum autem honoris vel reverentiae est aliquid excellens».

(44) *S.Th.*, II-II, q. 81, a. 3, co.: «Ad religionem autem pertinet exhibere reverentiam uni Deo secundum unam rationem, inquantum scilicet est primum principium creationis et gubernationis rerum».

(45) Cf. *S.Th.*, II-II, q. 81, a. 7, co.: «Deo reverentiam et honorem exhibemus non propter ipsum, qui in seipso est gloria plenus, cui nihil a creatura adiici potest, sed propter nos, quia videlicet per hoc quod Deum reveremur et honoramus, mens nostra ei subiicitur, et in hoc eius perfectio consistit»; *S.Th.*, II-II, q. 81, a. 1, co.: «religio proprie importat ordinem ad Deum».

corpo»[46], tarefa que de certa forma nunca está plenamente concluída e por isso compromete o homem em todo o seu peregrinar terreno rumo a uma perfeição que sempre pode aumentar. Precisamente por isto, na medida em que ordena a pessoa à máxima realização como criatura, a religião é a mais alta virtude moral, a que mais aproxima de Deus a criatura racional.

2.2.2. A religião e as virtudes teologais

A virtude da religião, portanto, não tem Deus como seu objeto imediato, mas a glorificação de Deus pelas criaturas racionais; isto é, tem como objeto próprio a chamada glória externa de Deus, que se realiza mediante atos de culto. Diferentemente das virtudes teologais, que têm Deus como objeto imediato, «é próprio da religião prestar reverência a Deus»[47]; portanto «tudo pelo que o homem demonstra reverência a Deus pertence à religião»[48], o que nos leva a querer um bem criado, isto é, a glória extrínseca de Deus na criatura racional. As virtudes teologais, ao contrário, produzem uma união direta com Deus na Verdade e no Amor que constituem a dinâmica específica da sua vida trinitária. Em certo sentido, manifestamos com a religião a infinita distância entre o Criador e a criatura, que, mesmo mantendo-se assim, converte-se em proximidade imediata na inabitação e na vida teologal: «Religião em sentido amplo significa o complexo das relações entre o homem e a divindade, relações morais de ordem natural ou racional (religião natural) e sobrenatural (religião revelada)»[49].

A religião, em consequência, nasce como virtude no âmbito do acesso natural do homem a Deus, mas é sempre dirigida à plenitude gratuita desse acesso, que se dá na ordem da graça. Nessa linha, é inte-

(46) *S.Th.*, II-II, q. 93, a. 2, co.: «Finis autem divini cultus est ut homo Deo det gloriam, et ei se subiiciat mente et corpore».

(47) *S.Th.*, II-II, q. 84, a. 1, co.: «religionis proprium est reverentiam Deo exhibere».

(48) *S.Th.*, II-II, q. 83, a. 3, co.: «omnia illa per quae Deo reverentia exhibetur pertinent ad religionem».

(49) P. Palazzini, *Vita e virtù cristiane*, Edizioni Paoline, Roma, 1975, p. 23.

ressante notar que a virtude da religião tem acima de tudo uma dupla relação com a vida teologal. Por um lado, requer e pressupõe a virtude da fé na medida em que não é possível honrar um Deus em cuja existência não se acredita (fé natural, na medida em que o acesso natural também envolve uma relação pessoal com a divindade); juntamente com a fé natural, a confiança e o amor a Deus são também elementos essenciais da religião. Somente nesse sentido prévio à elevação sobrenatural pode-se afirmar que os atos de fé, confiança e amor de Deus são de algum modo ordenados à religião, assim como todas as ações humanas naturais, sendo a primeira das virtudes morais; desse ponto de vista se entende porque Tomás afirma que os atos de conhecimento, confiança e amor de Deus pertençem *materialiter* à virtude da religião[50].

Por outro lado, porém, dada a elevação sobrenatural, sabemos que é por meio da graça e das virtudes teologais que toda ação humana é ordenada à comunhão definitiva com Deus em um novo nível, inacessível à capacidade operativa humana. De acordo com essa perspectiva, a religião, como todas as outras virtudes morais, é ordenada à caridade e recebe *formaliter*[51] da vida teologal a sua perfeição última. «As virtudes teologais da fé, esperança e caridade dão forma às virtudes morais e as vivificam. Assim, a caridade nos leva a dar a Deus aquilo que em toda justiça lhe devemos enquanto criaturas. A virtude da religião nos dispõe a esta atitude»[52]. Propriamente falando, pode-se afirmar que «a religião é uma espécie de manifestação da fé, da esperança e da caridade, pelas quais os homens se ordenam a Deus de maneira primordial»[53].

---

(50) Cf. *Super De Trinitate*, pars 2, q. 3, a. 2, co. 5: «actus fidei pertinet quidem materialiter ad religionem, sicut et actus aliarum virtutum, et magis, in quantum actus fidei est primus motus mentis in Deum. Sed formaliter a religione distinguitur, utpote aliam rationem obiecti considerans. Convenit etiam fides cum religione praeter hoc, in quantum fides est religionis causa et principium. Non enim aliquis eligeret cultum Deo exhibere, nisi fide teneret Deum esse creatorem, gubernatorem et remuneratorem humanorum actuum. Ipsa tamen religio non est virtus theologica».

(51) Mais adiante se estudará como a virtude teologal da caridade é de fato a forma de todas as virtudes.

(52) *Catecismo,* n. 2095.

(53) *S.Th.*, II-II, q. 101, a. 3, ad 1: «religio est quaedam protestatio fidei, spei et caritatis, quibus homo primordialiter ordinatur in Deum».

Além do sentido estrito que descrevemos no parágrafo anterior, pode-se falar de religião num sentido mais amplo e genérico, que abrange todos os atos das virtudes teologais, que, mesmo não sendo muitas vezes atos de culto propriamente dito, são atos que concernem à nossa relação pessoal com o Deus vivo. Nesse sentido amplo se poderia dizer que todo o agir humano é destinado a se tornar, por meio da fé, da esperança e da caridade, um ato religioso, um «culto espiritual» (*Rom 12, 1*) a Deus[54].

O sentido religioso natural do homem o impele a buscar a Deus; mas a imagem que o homem elabora de Deus com as próprias forças não é isenta de erros que facilmente o induzem a formas mais ou menos pervertidas de superstição. Deus mesmo, com a Revelação, iluminou o homem com uma nova luz, uma verdade certa, que procede do alto e ilumina de forma definitiva a identidade de Deus e o modo pelo qual o homem é chamado a prestar-lhe culto. Em Cristo nos é revelado o rosto do Pai (cf. *Jo* 19, 4) e nos foi dada «a plenitude do culto divino»[55]; Cristo mesmo é o homem religioso por excelência. Retomaremos este assunto, na sequência lógica deste manual, quando forem objeto de estudo as virtudes que nos identificam especificamente com Cristo.

2.3. Os principais atos religiosos do homem

Como foi dito, a virtude da religião é uma virtude moral, isto é, um hábito que torna estável uma disposição da vontade no que diz respeito ao culto devido a Deus. Os atos produzidos pela virtude da religião não se resumem apenas em disposições interiores, mas graças à natureza corpóreo-espiritual da pessoa humana se manifestam externamente de vários modos, como mostra a história da humanidade.

---

(54) «Como o homem feito à imagem de Deus já é capaz por natureza e dentro de suas faculdades de um relacionamento moral livremente exercido com Deus, pode-se falar de uma virtude teologal natural, que atinge sua mais alta perfeição na vida das virtudes sobrenaturais». Mausbach, *op. cit.*, vol II, p. 29

(55) Concílio Vaticano II, Const. *Sacrosanctum Concilium*, n. 5; *Sacramentarium Veronense (Leonianum)*, C. Mohlberg (ed.), Roma 1956, n. 1265, p. 162.

Não somente as pessoas singulares, tomadas isoladamente, percebem a necessidade de exteriorizar as disposições interiores e assim prestar um culto exterior a Deus, mas também as diversas comunidades humanas, pertencentes às mais variadas tradições religiosas, enquanto tais sentem necessidade de prestar culto público a Deus. Compete às autoridades civis garantir o exercício desse direito fundamental, dentro, obviamente, das exigências do bem comum e, simultaneamente, reconhecendo a sua incompetência em matéria de verdade religiosa. Na realidade, «cada um tem o dever e consequentemente o direito de procurar a verdade em matéria religiosa»[56].

Isso contrasta bastante com a tendência da modernidade de considerar os atos da religião como simples expressões da vida moral em geral, segundo a qual manifestar a devida reverência a Deus não seria mais do que comportar-se de acordo com os ditames da reta razão (Kant e a religião dentro dos limites da simples razão). Já nos referimos à última fase da modernidade indicada por Scheffczyk, para quem o processo da imanência leva a uma profanização dos aspectos religiosos do ser humano, entre os quais não há espaço para a adoração sagrada de um Ser Absoluto e se afirma a necessidade de viver um cristianismo arreligioso (Bonhoeffer), que seria coerente com o «ser no mundo com os demais».

A virtude da religião, como todas as outras virtudes, manifesta-se em diversos atos, que a tornam operativa, mas que não têm igual importância. Agora pretendemos tratar de modo geral somente dos atos da religião relativos à sua dimensão natural; na lógica do manual, depois da explanação sobre as virtudes teologais ficará claro como estes atos são conduzidos à plenitude da vida da graça, tornando-se em sentido próprio a *quedam protestatio fidei, spei et caritatis* de que falava São Tomás. Dessa forma, nos distanciamos de uma outra postura própria da modernidade pós-cartesiana, típica das posições fideístas, que consiste em ver os atos religiosos como exclusivamente dependentes do universo da fé sobrenatural, sem nenhuma ligação com a dimensão racional do ser humano.

---

(56) Concílio Vaticano II, Decl. *Dignitatis humanae*, n. 3.

Pode-se afirmar que «a *adoração* é o primeiro ato da virtude da religião. Adorar a Deus é reconhecê-lo como tal, Criador e Salvador, Senhor e Dono de tudo quanto existe, Amor infinito e misericordioso»[57]. A adoração se reveste de uma importância especial porque «é a primeira atitude do homem que se reconhece criatura diante do seu Criador»[58]. É um ato elementar de justiça que a criatura racional reconheça a verdade da sua condição diante de Deus, bem como a grandeza do Criador. Esse ato de reconhecimento envolve todas as dimensões da pessoa e se expressa na adoração, que é principalmente um ato interior, mas tem também uma dimensão externa[59].

Na sua expressão mais básica, a adoração devida a Deus se manifesta mediante o conceito, muito presente no âmbito bíblico, de *temor de Deus,* pelo qual a grandeza da divindade se impõe à nossa finitude. «A deferência para com o seu nome exprime a que é devida ao mistério do próprio Deus e a toda a realidade sagrada que ele evoca. O sentido do sagrado deriva da virtude da religião»[60]. Do verdadeiro temor se passa a um desejo de união e comunhão com a divindade, que obviamente adquire conteúdos diversos segundo a natureza específica de cada religião. Em todo caso, a busca da comunhão com a divindade inclui a consciência de próprio limite existencial, que conduz ao encontro na onipotência divina de resposta e conforto. Unida a essa atitude de busca e petição, dá-se a consciência dos bens recebidos que leva ao agradecimento perante a bondade e a generosidade divinas. Finalmente, diante da ideia da imutabilidade, a adoração da divindade implica a consciência dos limites da liberdade humana, de modo que à certeza das próprias culpas sobrevêm o desejo de reparação, de expiação.

Uma dimensão importante da adoração, que em certo sentido compreende boa parte das passagens acima indicadas, é a *de-*

---

(57) *Catecismo,* n. 2096.

(58) *Catecismo*, n. 2628.

(59) Cf. *S.Th.*, II-II, q. 84, a. 2, ad 2: «adoratio principaliter quidem in interiori Dei reverentia consistit, secundario autem in quibusdam corporalibus humilitatis signis, sicut genu flectimus nostram infirmitatem significantes in comparatione ad Deum; prosternimus autem nos quasi profitentes nos nihil esse ex nobis».

(60) *Catecismo*, n. 2144.

voção[61], que consiste na disposição da vontade[62] mediante a qual o homem se dedica com presteza e generosidade a tudo que diz respeito ao serviço divino[63]. A consideração dos atributos divinos, a bondade, a misericórdia etc., é o que move o homem à devoção. Como a mente humana, devido à sua finitude e debilidade, encontra dificuldade para considerar diretamente as coisas divinas, normalmente necessita partir das realidades sensíveis mais próximas a elas, entre as quais, no caso concreto da religião revelada, situa-se em primeiro lugar a humanidade santíssima de Cristo[64]. A devoção

(61) O conceito *devotio* de São Tomás coincide praticamente com o significado do termo adoração no Catecismo da Igreja Católica ao qual nos referimos antes: cf. CEC, nn. 2096, 2628. Prümmer oferece uma distinção dos significados do termo devoção: «1. Certa quaedam exercitia pietatis [...] 2. Attentio et quaedam consolatio spiritualis in oratione [...] 3. Primus actus virtutis religionis», D. M. Prümmer, *Manuale theologiae moralis secundum principia S. Thomae Aquinatis*, vol. II, Herder, Barcelona 1961, p. 278

(62) Cf. *S.Th.*, II-II, q. 82, a. 1, ad 3: «devotio est actus appetitivae partis animae, et est quidam motus voluntatis». É evidente que aqui a palavra *devoção* é tomada num sentido muito diferente de quando se refere aos sentimentos de arroubo afetivo na vida de piedade ou a determinados atos de culto chamados às vezes de «devoções».

(63) Cf. *S.Th.*, II-II, q. 82, a. 1, co.: «devotio nihil aliud esse videtur quam voluntas quaedam prompte tradendi se ad ea quae pertinent ad Dei famulatum»; *S.Th.*, II-II, q. 82, a. 3, co.: «devotio est quidam voluntatis actus ad hoc quod homo prompte se tradat ad divinum obsequium»; *S.Th.*, II-II, q. 82, a. 1, ad 1: «devotio sit actus voluntatis hominis offerentis seipsum Deo ad ei serviendum». Cf. *S.Th.*, II-II, q. 82, a. 1, ad 3: «devotio est actus appetitivae partis animae, et est quidam motus voluntatis». Devemos levar em conta que, como Mennessier indica, a devoção não deve ser entendida no sentido em que esse termo é usado na linguagem espiritual de hoje, mas deve ser entendida como sinônimo do termo adoração, como se depreende na *S.Th.* II-II, q. 82 a. 1 co.: «devotio dicitur a devovendo, unde devoti dicuntur qui seipsos quodammodo Deo devovent, ut ei se totaliter subdant. Propter quod et olim apud gentiles devoti dicebantur qui seipsos idolis devovebant in mortem pro sui salute exercitus, sicut de duobus Deciis Titus Livius narrat. Unde devotio nihil aliud esse videtur quam voluntas quaedam prompte tradendi se ad ea quae pertinent ad Dei famulatum. Unde Exod. XXXV dicitur quod multitudo filiorum Israel obtulit mente promptissima atque devota primitias domino. Manifestum est autem quod voluntas prompte faciendi quod ad Dei servitium pertinet est quidam specialis actus. Unde devotio est specialis actus voluntatis». Cf. A. I. Mennessier, *Iniciación teológica, vol. II (Teología Moral)*, Herder, Barcelona 1959, p. 651.

(64) Cf. *S.Th.*, II-II, q. 82, a. 3, ad 2: «ea quae sunt divinitatis sunt secundum se maxime excitantia dilectionem, et per consequens devotionem, quia Deus est super omnia diligendus. Sed ex debilitate mentis humanae est quod sicut indiget manuduci ad cognitionem divinorum, ita ad dilectionem, per aliqua sensibilia nobis nota. Inter quae praecipuum est humanitas Christi».

tem como efeito próprio a alegria do coração[65]. A soberba e a presunção, pelo contrário, dificultam a devoção, na medida em que dificultam a capacidade humana de apreender os atributos divinos, da qual nasce o fenômeno religioso. Por essa razão, a devoção requer também um amor de abnegação: quando a pessoa se sabe toda de Deus, a abnegação se converte numa espécie de dívida imperiosa, uma obrigação de justiça[66].

Uma expressão fundamental da devoção, que manifesta o reconhecimento da divindade, a necessidade de ajuda, o agradecimento e o pedido de perdão, é a *oração*. Devido à sua importância e variedade, será estudada em separado mais adiante. Por ora, é suficiente dizer que a oração manifesta a honra de Deus de diversos modos, enquanto louva a Sua excelência, reconhece a Sua providência, confia-se à Sua misericórdia etc.

Também os *sacrifícios* oferecidos a Deus são, na mesma linha, atos próprios da virtude da religião. Com eles se manifesta a adoração mediante o oferecimento a Deus de uma realidade para reconhecer o domínio, para dar-lhe graças, para pedir os seus benefícios. De acordo com São Tomás, «oferecer sacrifícios é de direito natural»[67], como testifica a

---

(65) Cf. *S.Th.*, II-II, q. 82, a. 4, co.: «devotio per se quidem et principaliter spiritualem laetitiam mentis causat».

(66) Cf. M.-J. Lagrange, *Études sur le religions sémitiques*, V. Lecoffre, Paris, 1905, p. 8. Segundo Lottin, o ato natural da alma que ele admira é a absoluta abnegação, sem retorno a si mesma, a doação total de todo ser. Quando a pessoa reconhece em Deus o autor e o fim de todas as criaturas, inclusive de si mesma, o amor à abnegação se torna justiça eminente; tudo o que a pessoa é e pode fazer se torna uma maneira de se relacionar com quem lhe deu o ser e dá sentido ao seu agir. Por meio da abnegação, isto é, o dom da vida e do agir, a própria vida e o seu agir são considerados um tributo de adoração, de louvor, de admiração, de ação de graças, de submissão. Deus tem, por assim dizer, o direito à abnegação mais do que outra criatura, porque esse direito pertence exclusivamente a Ele. Bem supremo, digno de todo respeito e desinteresse, Deus também é o próprio bem, o único que pode nos fazer felizes. Cf. O. Lottin, *Morale fondamentale*, Desclée, Paris, 1954, pp. 351-352

(67) *S.Th.*, II-II, q. 85, a. 1, co.: «oblatio sacrificii pertinet ad ius naturale». A este propósito Josef Pieper comenta que o fato de a oferta do sacrifício ser uma obrigação de direito natural se entende melhor «se o unimos à ideia de um débito insolvível, ou seja, à ideia de um débito que, mesmo subsistindo realmente, não pode ser "regulado" adequadamente», porque o débito, por sua natureza, não pode ser plenamente satisfeito, por mais que o devedor esteja bem disposto, como acontece, por exemplo, no que diz respeito ao dom da vida com relação a Deus ou aos genitores. No entanto, embora seja impossível satisfazer

história das religiões e da humanidade em geral; «mas a determinação de qual seja o sacrifício é de instituição divina ou humana»[68]. Os sacrifícios exteriores oferecidos a Deus significam os sacrifícios interiores e espirituais nos quais o homem oferece a si mesmo a Deus[69]. O *Catecismo da Igreja Católica* afirma que «é justo que se ofereçam a Deus sacrifícios, em sinal de adoração e de reconhecimento, de súplica e de comunhão»[70].

Finalmente, o *voto* e o *juramento* podem considerar-se atos extraordinários da virtude da religião, que teremos ocasião de examinar com mais detalhe, ainda que brevemente.

Existem muitos atos de outras virtudes que são frequentemente imperados pela religião, como por exemplo, o jejum ou a esmola, que em si mesmos pertencem à abstinência[71] e à misericórdia[72], respectivamente. Assim, em sentido amplo, pode-se afirmar que, por exemplo, a esmola e o jejum, quando direcionados à glória de Deus, são atos da virtude da religião[73].

---

essa dívida, existe uma relação de obrigação debitória com base na qual o homem tenta recompensar na medida da sua capacidade. Isto produz, continua Pieper, «o sentido de confusão e, ao mesmo tempo, de impotência: ao não ser possível fazer aquilo que "propriamente" seria feito» que leva à característica própria da superabundância, do exceder-se na tentativa de corresponder, que se manifesta, por exemplo, na destruição do bem sacrificado: J. Pieper, *La giustizia*, Massimo, Bréscia, 2000, pp. 122-126. S. Tomás explica como este «excesso» é uma característica própria de todo ato religioso: Cf. *S.Th.*, II-II, q. 85, a. 3, ad 2.

(68) *S.Th.*, II-II, q. 85, a. 1, ad 1: «Sed determinatio sacrificiorum est ex institutione humana vel divina».

(69) Cf. *S.Th.*, II-II, q. 85, a. 2, co.: «oblatio sacrificii fit ad aliquid significandum. Significat autem sacrificium quod offertur exterius, interius spirituale sacrificium, quo anima seipsam offert Deo».

(70) *Catecismo,* n. 2099.

(71) Cf. *S.Th.*, II-II, q. 147, a. 2, ad 2: «nihil prohibet actum unius virtutis pertinere ad aliam virtutem, secundum quod ad eius finem ordinatur [...]. Et secundum hoc, nihil prohibet ieiunium pertinere ad religionem».

(72) *Super Sententiis,* l. 4, d. 15, q. 2, a. 1, qc. 3, co.: «eleemosyna est actus misericordiae»; *S.Th.*, II-II, q. 85, a. 3, co.: «Contingit autem etiam ea quae secundum alias virtutes fiunt, in divinam reverentiam ordinari, puta cum aliquis eleemosynam facit de rebus propriis propter Deum, vel cum aliquis proprium corpus alicui afflictioni subiicit propter divinam reverentiam».

(73) *Catecismo*, n. 1969: «A Nova Lei pratica os atos da religião – a esmola, a oração e o jejum –, ordenando-os ao "Pai que vê no segredo", em contraste com o desejo "de ser visto pelos homens". Sua oração é o "Pai-Nosso"».

2.3.1. Culto a Deus

O desejo próprio da devoção que quer submeter toda a vida a Deus como um ato supremo de justiça, necessita ser posto em prática; assim como o homem justo não é somente aquele que reconhece o direito dos outros, mas o que se empenha em dar a cada um o que é seu para que possa fruir do seu direito, ao homem religioso não basta o desejo de submeter-se inteiramente a Deus: deve manifestar a sua devoção com obras. Foi já recordado que a pessoa necessita servir-se de realidades sensíveis para manifestar a sua submissão, a sua vontade de prestar a honra devida a Deus. É precisamente esse o bem para o qual se ordena a virtude da religião, como indica São Tomás[74]. O culto, nesse sentido, é considerado como a dimensão *objetiva* da adoração e da devoção, que de algum modo ultrapassa a subjetividade pessoal, mesmo quando seja absolutamente interno e privado.

Falando de modo genérico, pode-se dizer que «a religião consiste, de fato, no culto divino»[75], dado que a ele se ordenam todos os seus atos de um modo ou de outro. Concretamente podemos dizer que «a finalidade do culto divino é que o homem dê glória a Deus e a Ele se submeta pelo espírito e pelo corpo»[76], donde deriva que os atos da religião possuem uma dupla finalidade intrínseca: a glorificação de Deus e a ordenação de todo o homem a Ele.

O termo «culto» deriva de *colere*, que significa honrar, venerar; em sentido amplo pode-se falar de culto sempre que se manifeste um mínimo de reverência ou reconhecimento a alguma pessoa superior em idade, sabedoria, dignidade, autoridade etc. Nesse sentido, o elemento objetivo é a superioridade que se reconhece no outro, da qual o sujeito que presta culto é consciente e tem a vontade de honrá-la e submeter-se a ela. Noutro sentido mais restrito, o termo culto per-

---

(74) *S.Th.*, II-II, q. 81 a. 4 co. «Bonum autem ad quod ordinatur religio est exhibere Deo debitum honorem».

(75) *Contra gentiles*, lib. 3, cap. 130, n. 6: «Religio enim in cultu divino consistit».

(76) *S.Th.*, II-II, q. 93, a. 2, co.: «Finis autem divini cultus est ut homo Deo det gloriam, et ei se subiiciat mente et corpore».

tence ao domínio religioso e se refere à honra, ao amor e à submissão que o homem presta à divindade. Normalmente, por culto se entende o conjunto de atos sensíveis que uma pessoa, comunidade ou grupo realiza para honrar e manifestar a sua submissão à divindade e comunicar-se com ela.

Em todas as culturas se constatam práticas cultuais que variam com o tempo e a região geográfica na forma, nos seus elementos materiais, mas a raiz da qual deriva o culto é sempre o conhecimento e a consciência do homem que descobre a si mesmo em dependência da ou das divindades. Mediante o culto o homem tenta manifestar e estabelecer uma relação com a divindade. É o meio para estabelecer esta relação; é a expressão visível do sentimento religioso de submissão do homem perante Deus. O culto com as suas formas, modos e elementos específicos é determinado em cada caso pela ideia de divindade própria de cada religião, bem como pelos aspectos sociológicos, históricos e culturais nos quais a religião se desenvolve.

Nos termos da religião católica, podemos distinguir os atos de culto a Deus segundo diversos critérios:

a) *Pelo modo como se realiza o culto:* atos internos e atos externos. Os atos internos de culto são os mais importantes, já que o culto deve ser, acima de tudo, interior. Os atos internos se restringem às faculdades internas, especialmente as espirituais (inteligência e vontade). São atos internos a oração mental, a contemplação. Os atos externos são expressão e símbolo da atitude interior, caso contrário, seriam vazios de significado. São atos externos a oração vocal, os sacrifícios etc.

b) *Pelo sujeito que rende culto:* atos de culto público e privado. Os atos de culto público são aqueles em que a comunidade dos crentes presta a Deus um culto externo, normalmente seguindo ritos e orações determinados pela autoridade competente. Por exemplo, aos atos de culto público pertencem as cerimônias litúrgicas. Os atos de culto privado são aqueles em que as pessoas singularmente rendem culto a Deus (por exemplo a oração pessoal).

c) *De acordo com a obrigatoriedade:* atos de culto obrigatórios e recomendados. Por exemplo, são atos de culto obrigatórios para os fiéis católicos, a participação na Eucaristia aos domingos e festas de preceito[77], bem como o jejum na Quarta-feira de Cinzas e na Sexta-feira Santa[78]. Diferentemente, aconselha-se aos sacerdotes a celebração cotidiana da Eucaristia[79].

d) *Pela sua relação com a praxe religiosa:* atos de culto ordinários e extraordinários. São atos de culto ordinários, por exemplo, a celebração eucarística ou a recitação do terço em família. Ao contrário, consideram-se atos de culto extraordinário o juramento e o voto que examinaremos mais detalhadamente em seguida.

e) *Pelo seu objeto, material ou formal:* Atos de culto supremos (ou absolutos) e inferiores (ou relativos). O culto supremo ou absoluto, também chamado de *latria,* se presta somente a Deus. Ao contrário, o culto inferior ou relativo, a que também se dá o nome de *dulia,* é aquele em que se veneram pessoas ou coisas santas e, por meio delas, se honra a Deus que é a «fonte de toda santidade»[80]. Um ato de culto supremo, por exemplo, é a adoração eucarística, visto que na Eucaristia está presente o próprio Cristo, segunda pessoa da Santíssima Trindade[81]. Um ato de culto inferior ou relativo é, por exemplo, a veneração dos santos por meio das orações dirigidas a eles. Note-se, contudo, que os santos não se encontram no mesmo nível das coisas sagradas: na verdade, devido à sua livre colaboração com a ação divina, são corresponsáveis, ainda que de modo secundário, pela sua excelência e por isso de certo modo o seu culto não é simplesmente relativo. Acima de todos os santos, ocupa um lugar singularíssimo a Mãe de Deus, a quem é devida uma veneração toda especial, chamada de *hiperdulia.*

---

(77) Cf. *Código de Direito Canônico*, cân. 1247.

(78) Cf. *Código de Direito Canônico*, cân. 1251.

(79) Cf. *Código de Direito Canônico*, cân. 904.

(80) *Missal Romano*, Oração eucarística II.

(81) Cf. *Catecismo,* n. 1374; Concílio de Trento, Sess. 13ª, *Decretum de ss. Eucharistia*, cân. 1: *DH* 1651.

Dada a finalidade dos atos de culto, a sua realização concreta transcende a capacidade de decisão da pessoa singular: diferentemente dos atos genéricos de adoração ou devoção, um ato cultual, ainda que interior e privado, é regulado pelas normas litúrgicas que em toda religião determinam as formas de prestar culto à divindade: trata-se de atos rituais. Em geral, cumpre dizer que a transgressão voluntária de uma norma litúrgica acarreta uma ofensa à divindade, mais ou menos grave na medida em que a própria obrigatoriedade da norma ritual preveja, tanto com relação ao rito em si, como na preparação e nas disposições pessoais necessárias para um determinado ato de culto.

2.3.2. Oração

«A oração é a elevação da alma a Deus ou o pedido feito a Deus de bens convenientes»[82], ou do ponto de vista da virtude da religião elevada pela graça, «a oração cristã é uma relação de Aliança entre Deus e o homem em Cristo»[83]. Tal Aliança implica «uma relação viva e pessoal com o Deus vivo e verdadeiro»[84], fonte de todo bem. O homem tem «sede» desta relação vital (cf. *Sl* 41, 3; *Sl* 62, 2) e por isso apercebe-se da necessidade natural da oração. Essa inclinação natural ao diálogo com Aquele que encontramos no nosso coração é obra do Criador, porquanto se pode dizer que «o Deus vivo e verdadeiro chama incansavelmente cada pessoa ao misterioso encontro da oração»[85]. Ele espera o olhar de cada coração. Lá onde houver homens[86], em qualquer circunstância histórica, Deus fará surgir a oração nos corações humildes.

A oração é uma constante religiosa da humanidade: pode ser encontrada em todos os tempos e em todos os povos que tiveram algu-

---

(82) S. João Damasceno, *De fide orthodoxa*, 3, 24: PG 94, 1089D.

(83) *Catecismo*, n 2564.

(84) *Catecismo*, n. 2558.

(85) *Catecismo*, n. 2567.

(86) Cf. *S.Th.*, II-II, q. 83, a. 10, ad 2: «oratio esse proprium rationalis creaturae».

ma experiência religiosa. Todos os homens são chamados a esse diálogo amoroso com Deus que é a oração. A natureza religiosa da pessoa, à qual nos referimos anteriormente, faz com que não restem dúvidas quanto ao dever da oração, enquanto manifestação do reconhecimento da natureza pessoal da divindade e dos seus atributos. Dirigir-se a Deus é uma expressão necessária, cuja obrigatoriedade é a mesma do culto, e que encontra o seu fundamento último na capacidade de reconhecer a Deus em todas as suas obras. Este dever, fundamentado sobre a condição de criaturas, é elevado à condição filial no âmbito da graça; então a oração se torna uma manifestação da piedade e do amor filial que serão objetos de estudo mais adiante (virtudes teologais).

O homem ora com todas as dimensões do seu ser: «Meu coração e minha carne exultam no Deus vivo» (*Sl* 84, 3). Em primeiro lugar, com a sua inteligência, que é alimentada por todas as outras potências cognoscitivas. O homem sabe descobrir por trás dos acontecimentos cotidianos a mão dAquele que rege todas as coisas, a quem ele se confia mediante atos da vontade que dirigem todas as suas tendências. «A oração [...] é a relação com Deus nos acontecimentos da história»[87]. Depois, com a sua afetividade que, como em toda relação interpessoal, também está envolvida e é capaz de elevar e «humanizar» esse diálogo humano-divino.

Finalmente, a própria corporeidade, o canto, a vestimenta, o lugar, o tempo e muitos outros fatores ajudam a «encarnar» o encontro espiritual da oração. No *livro dos Salmos* – livro de orações cujo autor principal é o próprio Deus – se encontra presente essa antropologia integral da oração que atingiu a sua máxima realização e expressão na oração de Jesus. «Rezados e realizados em Cristo, os salmos são sempre essenciais à oração de sua Igreja»[88].

A oração pode assumir diversas formas. As principais são: a adoração, a bênção, a petição (ou súplica), a intercessão, a ação de graças, a meditação e o louvor. Estas formas não se excluem entre si, mas todas elas se complementam.

---

(87) *Catecismo,* n. 2568.

(88) *Catecismo,* n. 2586.

A oração também pode ser dividida em oração vocal ou mental. A oração vocal deve ser expressão exterior de um coração que ora; do contrário, é inútil. Por isso o Senhor repreende o seu povo, dizendo: «esse povo me procura só de palavra, honra-me apenas com a boca, enquanto o coração está longe de mim» (*Is* 29, 13).

Existem várias condições que favorecem a oração. Ela deve ser resultado de uma verdadeira relação interpessoal com a divindade, portanto feita de coração, com a atenção da mente[89] e a devoção de uma vontade humilde[90]. Pela índole social da pessoa humana, a oração é favorecida quando se expressa também exteriormente[91], melhor ainda se acompanhada pelo canto[92] e em comunidade[93]. Obviamente, a oração deve ser contínua[94] e perseverante[95].

A oração produz diversos frutos: a conversão do coração a Deus, a iluminação recebida dEle, o aumento da graça, o crescimento nas virtudes teologais e morais, o recolhimento e o revigoramento da alma, o seu repouso em Deus[96].

Uma das primeiras características da oração consiste em ser manifestação privilegiada da *devoção*, enquanto verdadeiro reconhecimento de Deus, expressão da sua glorificação e da vontade eficaz de união com Ele[97]. A devoção na oração pouco tem a ver com as manifestações sensíveis com que se pode experimentar a proximidade de Deus

---

(89) Cf. *S.Th.*, II-II, q. 83, a. 13, co.

(90) Cf. *Lc* 18, 10-14; *Catecismo*, n. 2559: «A humildade é o fundamento da oração».

(91) *Catecismo*, n. 2562: «Qualquer que seja a linguagem da oração (gestos e palavras), é o homem todo que reza».

(92) Cf. Santo Agostinho de Hipona, *Enarratio in Psalmos*, 72, 1: CCL 39, 986 (PL 36, 614).

(93) *Mt* 18, 19-20: «se dois de vós estiverem de acordo, na terra, sobre qualquer coisa que quiserem pedir, meu Pai que está nos céus o concederá. Pois onde dois ou três estiverem reunidos em meu nome, eu estou ali, no meio deles».

(94) Cf. *S.Th.*, II-II, q. 83, a. 14, co.

(95) Cf. *Lc* 11, 5-8.

(96) Cf. *S.Th.*, II-II, q. 83, a. 13, co.: «effectus orationis est quem praesentialiter efficit, scilicet quaedam spiritualis refectio mentis».

(97) Cf. Mausbach, *op. cit.*, vol. II, p. 242.

(alegria, sentimento...)[98]. A verdadeira devoção é compatível com estados de aridez interior e de grande dificuldade na concentração que manifestam, precisamente no meio das dificuldades, a firme vontade de união com Deus[99].

Com efeito, muitas vezes há disposições afetivas (sentimentos, estados de ânimo, tentações, preocupações etc.) que facilitam ou dificultam a oração. Essas disposições, como não dependem da nossa vontade, não têm relevância moral, o que não significa indiferença em relação a elas. O homem ora com todo o seu ser e, portanto, é chamado a integrar também a sua dimensão afetiva na oração de um modo ativo e positivo. Isto quer dizer que ele deve se empenhar, na medida do possível, em favorecer aquelas disposições afetivas que ajudam a oração e em superar aquelas que a dificultam.

Faz parte da devoção a *intenção* prioritária de orar, isto é, de falar com Deus. Esta intenção pode faltar algumas vezes em muitas formas de oração vocal e mesmo de oração mental, seja por consistirem numa mera repetição de fórmulas, seja porque as distrações ou outros fatores façam com que a mente, ainda que formalmente em diálogo com Deus, esteja movida por outras intenções.

A oração também requer *atenção,* tanto interior como exterior, de modo que haja uma fundamental concordância entre as palavras (pronunciadas com a boca ou com o coração) e a intensidade com que a pessoa se dirige a Deus naquele instante e se concentra neste diálogo. Do ponto de vista interno, isso exige luta contra as distrações, e do ponto de vista externo, o esforço de compenetrar-se no sentido das palavras e na sua referência a Deus ou aos mistérios da fé.

Entre todas as formas de oração, merece atenção especial a oração de súplica, devido à sua importância para a vida humana e às suas características peculiares. Muitas vezes na linguagem corrente a palavra

(98) «O sentimento, a excitação do ânimo vivamente tocado pela oração, não é necessário nem para a essência nem para a perfeição da oração», *ibidem.*

(99) «A aridez espiritual se deve com frequência a causas naturais ou é permitida por Deus para provar a devoção, como vice-versa a consolação na oração é um dom da graça. Muitas vezes, o encontrar maiores ou menores consolações depende da índole natural de quem reza», *ibidem.*

«oração» é entendida justamente como oração de súplica ou petição. O pedido deve ser feito com confiança[100], sem duvidar no coração[101], com abandono[102] e especial insistência[103]. A oração de súplica exprime, por um lado, o reconhecimento da nossa limitação e incapacidade de vencer o mal apenas com as nossas forças e, por outro, a segurança em Deus onipotente, para quem «nada é impossível» (*Lc* 1, 37), em cuja bondade e misericórdia esperamos. Na raiz da súplica há certamente um movimento de amor-próprio, mas este amor leva o homem a sair de si mesmo e a confiar no poder e na bondade de Deus. Este ato da virtude da religião glorifica a Deus, porque implica reconhecer-se como criatura e colocar-se nas mãos do Criador[104].

2.3.3. Atos extraordinários da virtude da religião: o voto e o juramento

Consideram-se atos extraordinários da virtude da religião o voto e o juramento, porque devido à sua natureza não são tão frequentes como os outros que acabamos de examinar e de certo modo também se pode dizer que não são estritamente necessários nem obrigatórios. Todos os homens são chamados à oração e à adoração, mas fazer votos e juramentos depende da livre iniciativa de cada um.

O voto é «a promessa deliberada e livre feita a Deus de um bem possível e melhor»[105]. Uma vez feito cria um dever de justiça para com Deus, e por isso «deve cumprir-se por virtude da religião»[106]. «A fidelidade às promessas feitas a Deus é uma manifestação do respeito devido à majestade divina e do amor para com o Deus fiel»[107].

---

(100) Cf. *Mt* 21, 22: «Tudo o que, na oração, pedirdes com fé, vós o recebereis».

(101) Cf. *Tg* 1, 6: «Mas peça com fé, sem duvidar».

(102) Cf. *Lc* 22, 42: «Pai, se quiseres, afasta de mim este cálice; contudo, não seja feita a minha vontade, mas a tua».

(103) Cf. *Tg* 5, 16: «A oração fervorosa do justo tem grande poder».

(104) Cf. *Catecismo,* n. 2629.

(105) *Código de Direito Canônico*, cân. 1191, § 1.

(106) *Ibidem.*

(107) *Catecismo,* n. 2101.

O que significa exatamente um bem possível e melhor? Segundo São Tomás, ele é um «maior bem em comparação com o bem que comumente é de necessidade de salvação»[108], portanto, se pode dizer que vai além dos meios minimamente necessários para salvar-se. Obviamente, tais bens possíveis e melhores são exclusivamente aqueles que se encontram sob o poder de quem realiza o voto. Não teria sentido prometer a Deus algo cuja realização não está em meu poder[109].

No Antigo Testamento, há muitas passagens que nos ajudam a entender que o costume de fazer votos a Deus era bastante frequente e difundido. No Novo Testamento, há menos testemunhos, mas revelam que nesse ponto havia continuidade com as tradições de Israel[110].

As razões pelas quais se fazem votos são variadas. Podemos dizer que mediante o voto o nosso compromisso no serviço divino se torna mais estável, o divino auxílio é impetrado e as nossas obras virtuosas se elevam à categoria de um ato de culto[111].

Os votos se classificam em diversos tipos:

a) Votos *absolutos* ou *condicionados*, dependendo da existência ou não de uma condição que limita a disposição da vontade.

b) Votos *pessoais*, *reais* ou *mistos*. Os pessoais se referem a uma ação a ser realizada, os reais, por sua vez, prometem um valor mate-

---

(108) *S.Th.*, II-II, q. 88, a. 2, co.: «dicitur esse maius bonum in comparatione ad bonum quod communiter est de necessitate salutis».

(109) Cf. *S.Th.*, II-II, q. 88, a. 1, ad 2: «voluntas movet rationem ad promittendum aliquid circa ea quae eius voluntati subduntur».

(110) Cf. por exemplo: *Gen* 28, 20-22: «Jacó fez, então, este voto: Se Deus estiver comigo e me proteger nesta viagem, se ele me der pão para comer e roupa para vestir, e se eu voltar são e salvo para a casa de meu pai, então o Senhor será meu Deus. Esta pedra que ergui como coluna sagrada será transformada em casa de Deus, e eu te darei o dízimo de tudo o que me deres»; *1Sam* 1, 11:«Fez a seguinte promessa: "Senhor dos exércitos, se olhares para a aflição de tua serva e de mim te lembrares, se não te esqueceres da tua escrava e lhe deres um filho homem, eu o oferecerei a ti por toda a vida, e não passará navalha sobre a sua cabeça"»; *At* 18, 18: «Paulo permaneceu ainda vários dias em Corinto. Despedindo-se dos irmãos, embarcou para a Síria, em companhia de Priscila e Áquila. Em Cencreia, Paulo rapou a cabeça, pois tinha feito uma promessa».

 (111) Cf. *S.Th.*, II-II, q. 88, aa. 5-6.

rial. Os mistos envolvem tanto uma ação a ser feita quanto um valor material[112].

c) Votos *determinados* ou *disjuntivos*. Nos primeiros o conteúdo da promessa feita é determinado detalhadamente, os outros, ao contrário, admitem uma múltipla concretização.

d) Votos *públicos* ou *privados*. «O voto é público, se for recebido em nome da Igreja pelo legítimo Superior; do contrário, é privado»[113].

e) Votos *solenes* ou *simples*. É «solene, se pela Igreja for reconhecido como tal; do contrário, é simples»[114].

A autoridade eclesiástica pode dispensar, por motivos razoáveis, os fiéis de seus votos:

> Além do Romano Pontífice, por justa causa podem dispensar dos votos privados, contanto que a dispensa não lese o direito adquirido por outros: 1) o Ordinário do lugar e o pároco, relativamente a todos os seus súditos e também aos peregrinos; 2) o Superior do instituto religioso ou da sociedade de vida apostólica, se forem clericais e de direito pontifício, relativamente aos súditos e aos noviços e às pessoas que dia e noite residem na casa do instituto ou sociedade; 3) aqueles a quem a Sé Apostólica ou o Ordinário do lugar tiverem delegado o poder de dispensá-los[115].

Quanto à comutação, o Código de Direito Canônico estabelece que «a obra prometida por voto privado pode ser comutada pelo próprio vovente em um bem maior ou igual; em um bem menor, por aquele que dispõe da faculdade de dispensar, nos termos do cân. 1196»[116].

(112) Cf. *Código de Direito Canônico*, cân. 1192, § 3.

(113) *Código de Direito Canônico*, cân. 1192, § 1.

(114) *Código de Direito Canônico*, cân. 1192, § 2.

(115) *Código de Direito Canônico*, cân. 1196.

(116) *Código de Direito Canônico*, cân. 1197.

Outro ato extraordinário da virtude da religião é o juramento, «invocação do Nome de Deus como testemunha da verdade»[117]. Pelo fato de envolver explicitamente o testemunho de Deus, esse ato deve ser realizado «na verdade, na justiça e no direito» (*Jer* 4, 2). Por «invocar a veracidade divina como garantia da própria veracidade»[118], deve haver motivos proporcionais. «A santidade do Nome de Deus exige que não se recorra a ele por questões fúteis»[119]. «Quem jura livremente haver de fazer qualquer coisa, tem obrigação peculiar de religião de cumprir aquilo que confirmou com juramento»[120].

Os juramentos podem ser divididos em diversos tipos:

a) Juramento *assertivo* ou *promissório.* O assertivo tem a finalidade de garantir a veracidade de fatos passados ou presentes, enquanto o promissório diz respeito a um compromisso futuro em que Deus é invocado como garantidor.

b) Juramento *invocatório* ou *execratório.* Em ambos se invoca Deus como testemunha, mas no segundo Deus também é invocado expressamente como juiz da falsidade ou da infidelidade.

c) Juramento *simples* ou *solene.* O juramento solene se distingue do simples, porque é realizado em determinadas cerimônias religiosas ou civis e frequentemente é acompanhado por alguns gestos simbólicos (por exemplo, colocar a mão sobre a Bíblia).

d) Juramento *com invocação direta* de Deus ou *com invocação indireta.* Na invocação indireta se apela às realidades divinas (por exemplo, a Cruz, o Céu).

São atos gravemente contrários à virtude da religião tanto o juramento falso como o perjúrio, isto é, as falsas promessas feitas sob juramento.

---

(117) *Código de Direito Canônico,* cân. 1199, § 1.

(118) *Catecismo,* n. 2150.

(119) *Catecismo,* n. 2155.

(120) *Código de Direito Canônico,* cân. 1200, § 1.

2.4. *O agir humano contrário à virtude da religião*

Pode-se pecar contra a virtude da religião por omissão, não realizando os atos religiosos devidos à honra de Deus e convenientes à natureza humana, e por comissão, isto é, cometendo atos que objetivamente vão contra o fim da virtude da religião. Estes últimos costumam ser divididos em: aqueles que se afastam do fim da virtude da religião por excesso e os que se afastam por defeito. O vício que se afasta da virtude moral da religião por excesso é chamado genericamente de *superstição,* na qual se diviniza indevidamente aquilo que na realidade não é divino[121]. A superstição compreende a idolatria, a adivinhação e a magia. No outro extremo, o vício que se afasta do fim da virtude da religião por defeito, e que consequentemente implica em não tratar com a devida honra as realidades divinas ou outras realidades intimamente ligadas a elas, se denomina *irreligião,* e compreende a blasfêmia, as imprecações, o sacrilégio, a simonia e o ateísmo.

Em síntese, pode-se afirmar que «a superstição representa, de certo modo, um excesso perverso de religião; a irreligião é um vício oposto por defeito à virtude da religião»[122]. O estudo dos pecados de comissão por excesso contra a virtude da religião têm um grande interesse nos nossos dias, devido à facilidade com que a busca de formas falsas de religiosidade pode apresentar-se no panorama cultural atual.

2.4.1. As formas de superstição

«A superstição é um desvio do culto que prestamos ao verdadeiro Deus. Manifesta-se na idolatria, bem como nas diferentes formas de adivinhação e magia»[123].

Entre os vícios que se opõem à virtude da religião por excesso encontramos, em primeiro lugar, a *idolatria.* «A idolatria não diz respeito somente aos falsos cultos do paganismo. Ela é uma tentação constante

(121) Cf. *S.Th.*, II-II, q. 94, a. 1, co.: «cuicumque creaturae divinus cultus exhibeatur, superstitiosum est».

(122) *Catecismo,* n. 2110.

(123) *Catecismo,* n. 2138.

da fé. Consiste em divinizar o que não é Deus. Existe idolatria quando o homem presta honra e veneração a uma criatura em lugar de Deus, quer se trate de deuses ou de demônios (por exemplo, o satanismo), do poder, do prazer, da raça, dos antepassados, do Estado, do dinheiro, etc.»[124]. O Senhor advertiu muitas vezes o seu povo contra este perigo: «Não terás outros deuses além de mim. Não farás para ti ídolos, nem figura alguma do que existe em cima, nos céus, nem do que há embaixo, na terra, nem do que existe nas águas, debaixo da terra. Não te prostrarás diante deles, nem lhes prestarás culto, pois eu sou o Senhor teu Deus, um Deus ciumento» (*Dt* 5, 7-9). E ainda: «Não façais para vós deuses falsos. Não levanteis para vós ídolos ou colunas sagradas. Não coloqueis em vossa terra nenhuma pedra esculpida para vos prostrardes diante dela, porque eu sou o Senhor vosso Deus» (*Lev* 26, 1).

Na sua essência, «a idolatria nega o senhorio exclusivo de Deus; é, portanto, incompatível com a comunhão divina»[125]. Nesta linha o Senhor Jesus nos recorda que: «Ninguém pode servir a dois senhores: ou vai odiar o primeiro e amar o outro, ou aderir ao primeiro e desprezar o outro. Não podeis servir a Deus e ao Dinheiro» (*Mt* 6, 24).

> Em vez da fé em Deus, prefere-se adorar o ídolo, cujo rosto se pode fixar e cuja origem é conhecida, porque foi feito por nós. Diante do ídolo, não se corre o risco de uma possível chamada que nos faça sair das próprias seguranças, porque os ídolos «têm boca, mas não falam» (*Sal* 115, 5). Compreende-se assim que o ídolo é um pretexto para se colocar a si mesmo no centro da realidade, na adoração da obra das próprias mãos. Perdida a orientação fundamental que dá unidade à sua existência, o homem dispersa-se na multiplicidade dos seus desejos; negando-se a esperar o tempo da promessa, desintegra-se nos mil instantes da sua história[126].

A idolatria se pode dividir em *formal,* quando a vontade quer prestar culto ao ídolo intencionalmente, ou *material,* quando por qual-

---

(124) *Catecismo*, n. 2113

(125) *Catecismo,* n. 2113.

(126) Francisco, Enc. *Lumen fidei* n. 13.

quer razão simula-se um ato que externamente tem a aparência de um culto idolátrico. A idolatria material, que obviamente é menos perversa que a formal, também deve ser considerada um grave pecado, porque, mesmo não sendo diretamente querida, nunca há motivos que a tornam licitamente tolerável. Com efeito, a honra de Deus é o maior de todos os bens.

A *adivinhação* é o desejo mórbido de conhecer eventos escondidos ou futuros – que só Deus pode conhecer – através da ajuda explícita ou implícita de poderes diabólicos[127]. Segundo São Tomás, as potências angélicas, boas ou más, pela sua própria natureza têm um certo domínio sobre o movimento das realidades corpóreas, e podem iluminar os homens com imagens sensíveis, agindo sobre a sua imaginação e sobre os outros sentidos externos e internos; podem ainda incitar os homens a agir numa certa direção excitando as suas paixões[128]. Podem inclusive realizar prodígios surpreendentes aos olhos dos homens, embora sejam incapazes de fazer verdadeiros milagres[129].

(127) Cf. *S.Th.*, II-II, q. 95, a. 2, co.: «Omnis autem divinatio ex operatione Daemonum provenit, vel quia expresse Daemones invocantur ad futura manifestanda; vel quia Daemones se ingerunt vanis inquisitionibus futurorum, ut mentes hominum implicent vanitate»; *ibidem*, a. 3, co.: «omnis divinatio utitur ad praecognitionem futuri eventus aliquo Daemonum consilio et auxilio. Quod quidem vel expresse imploratur, vel praeter petitionem hominis, se occulte Daemon ingerit ad praenuntiandum quaedam futura quae hominibus sunt ignota, ei autem cognita».

(128) Cf. *S.Th.*, I, qq. 110-111.

(129) Cf. *S.Th.*, I, q. 110, a. 4, ad 2: «miracula simpliciter loquendo, dicuntur, ut dictum est, cum aliqua fiunt praeter ordinem totius naturae creatae. Sed quia non omnis virtus naturae creatae est nota nobis, ideo cum aliquid fit praeter ordinem naturae creatae nobis notae, per virtutem creatam nobis ignotam, est miraculum quoad nos. Sic igitur cum Daemones aliquid faciunt sua virtute naturali, miracula dicuntur non simpliciter, sed quoad nos. Et hoc modo magi per Daemones miracula faciunt»; *ibidem*, q. 114 a. 4 co.: «si miraculum proprie accipiatur, Daemones miracula facere non possunt, nec aliqua creatura, sed solus Deus, quia miraculum proprie dicitur quod fit praeter ordinem totius naturae creatae, sub quo ordine continetur omnis virtus creaturae. Dicitur tamen quandoque miraculum large, quod excedit humanam facultatem et considerationem. Et sic Daemones possunt facere miracula, quae scilicet homines mirantur, inquantum eorum facultatem et cognitionem excedunt. Nam et unus homo, inquantum facit aliquid quod est supra facultatem et cognitionem alterius, ducit alium in admirationem sui operis, ut quodammodo miraculum videatur operari. Sciendum est tamen quod, quamvis huiusmodi opera Daemonum, quae nobis miracula videntur, ad veram rationem miraculi non pertingant; sunt tamen quandoque verae res. Sicut magi Pharaonis per virtutem Daemonum veros serpentes et ranas fecerunt».

Assim sendo, podemos dizer que a adivinhação é um ato que pela sua natureza implica sempre um pacto com os demônios, donde deriva a sua especial gravidade[130]. Por isso, Deus advertiu repetidamente o seu povo a respeito: «Não recorrais aos que evocam os espíritos, nem consulteis os adivinhos, para não vos tornardes impuros. Eu sou o Senhor vosso Deus» (*Lev* 19, 31); «O homem ou a mulher que evocarem espíritos ou praticarem adivinhação serão mortos por apedrejamento. Seu sangue cairá sobre eles» (*Lev* 20, 27); «Quando tiveres entrado na terra que o Senhor teu Deus te dá, não imites as práticas abomináveis dessas nações. Não haja em teu meio quem faça passar pelo fogo o filho ou a filha, nem quem consulte adivinhos, ou observe sonhos ou agouros, nem quem use a feitiçaria; nem quem recorra à magia, consulte oráculos, interrogue espíritos ou evoque os mortos. Pois o Senhor abomina quem se entrega a tais práticas. É por tais abominações que o Senhor teu Deus deserdará diante de ti estas nações» (*Dt* 18, 9-12); «Venho até vós para fazer um julgamento. Serei um vigia atento contra os feiticeiros» (*Mal* 3, 5).

São Tomás classifica a adivinhação em vários tipos dentro de dois grandes grupos, conforme a invocação dos demônios seja mais ou menos explícita. Quando há invocação explícita dos demônios, a adivinhação se faz mediante aparições ou vozes de aparência humana (*praestigium*), sonhos (*divinatio somniorum*), invocação dos mortos (*nigromantia*), pessoas possuídas (*pythones*)[131], interpretação de sinais que aparecem em objetos inanimados (*geomantia*), no ar (*aeromantia*), na água (*hydromantia*), no fogo (*pyromantia*) ou nas vísceras de animais imolados aos demônios (*aruspicium*).

Quando não há invocação explícita dos demônios, a adivinhação é feita mediante a interpretação do movimento ou posição dos astros (*astrologia*), do comportamento dos pássaros (*augurium*), dos presságios pronunciados por pessoas (*omen*), pela disposição figurativa de

---

(130) Cf. *S.Th.*, II-II, q. 95, a. 2, ad 2: «divinatio pertinet ad cultum Daemonum, inquantum aliquis utitur quodam pacto tacito vel expresso cum Daemonibus»; *ibidem*, q. 96, a. 1, ad 3: «exquirere cognitionem futurorum a Daemonibus non solum est peccatum propter hoc quod ipsi futura non cognoscunt, sed propter societatem cum eis initam».

(131) Cf. *At* 16, 16.

corpos que se observam (*figura*), pela leitura das linhas da mão (*chiromantia*), pela interpretação da espátula de alguns animais (*spatulimantia*) e pela disposição casual de certos objetos (*sortes*)[132].

Sem fazer uma análise tão detalhada, o *Catecismo da Igreja Católica* simplesmente declara que

> todas as formas de adivinhação hão de ser rejeitadas: recurso a Satanás ou aos demônios, evocação dos mortos ou outras práticas que erroneamente se supõe «descobrir» o futuro. A consulta aos horóscopos, a astrologia, a quiromancia, a interpretação de presságios e da sorte, os fenômenos de visão, o recurso a médiuns escondem uma vontade de poder sobre o tempo, sobre a história e, finalmente, sobre os homens, ao mesmo tempo que um desejo de ganhar para si os poderes ocultos. Essas práticas contradizem a honra e o respeito que, unidos ao amoroso temor, devemos exclusivamente a Deus[133].

Finalmente, a superstição encontra-se também na *magia.* A magia consiste na tentativa de obter determinados efeitos fazendo coisas que por si mesmas não têm a natural capacidade de obtê-los e por isso é acompanhada de um pedido de ajuda ilícita, explícita ou implícita, aos demônios[134]. Costuma distinguir-se entre a magia negra, quando se procura causar dano a alguém, e a magia branca, quando se pretende alcançar determinado bem. Em todos os casos, a magia se apresenta sempre como gravemente imoral, uma vez que implica, à semelhança da adivinhação, um pacto implícito ou explícito com os

---

(132) Cf. *S.Th.*, II-II, q. 95, a. 3, co.

(133) *Catecismo,* n. 2116.

(134) Cf. *S.Th.*, II-II, q. 96, a. 2, ad 1: «si simpliciter adhibeantur res naturales ad aliquos effectus producendos ad quos putantur naturalem habere virtutem, non est superstitiosum neque illicitum. Si vero adiungantur vel characteres aliqui, vel aliqua nomina, vel aliae quaecumque variae observationes, quae manifestum est naturaliter efficaciam non habere, erit superstitiosum et illicitum»; *ibidem,* ad 3: «nullo modo licet homini Daemonum auxilio uti per pacta tacita vel expressa»; *ibidem*, I, q. 110, a. 4, ad 2: «cum magus aliquid facit per pactum initum cum Daemone, hoc fit quasi per quendam privatum contractum».

demônios[135]. Associados à magia estão certos costumes ou o uso de certos objetos considerados eficazes num sentido mágico, como por exemplo, acreditar que o número 13 traz má sorte, ou que fazer uso de determinados objetos ou sinais é «eficaz» para os acontecimentos da vida[136].

A Igreja, intérprete autêntica da Palavra de Deus, ensina que «todas as práticas de magia ou de feitiçaria com as quais a pessoa pretende domesticar os poderes ocultos, para colocá-los a seu serviço e obter um poder sobrenatural sobre o próximo – mesmo que seja para proporcionar-lhe a saúde –, são gravemente contrárias à virtude da religião»[137], e que «o uso de amuletos também é repreensível»[138]. «O espiritismo implica frequentemente práticas de adivinhação ou de magia»[139].

2.4.2. As formas de irreligião

Peca-se por defeito contra a virtude da religião quando não se dá a devida honra a Deus ou às coisas divinas. Nisto consiste o vício da irreligião, que pode assumir diversas formas[140].

Uma primeira forma de irreligião é a *blasfêmia,* que «consiste em proferir contra Deus – interior ou exteriormente – palavras de ódio, de ofensa, de desafio, em falar mal de Deus, faltar-lhe deliberadamente com o respeito, ao abusar do nome de Deus»[141]. Implica sempre um tratar as coisas divinas sem o devido respeito, uma profanação. Concretiza-se, por exemplo, «em usar o nome de Deus, de

---

(135) Cf. *Contra gentiles,* lib. 3, cap. 105, n. 6: «Relinquitur igitur quod effectus huiusmodi compleantur per aliquem intellectum ad quem sermo proferentis huiusmodi voces dirigitur. Huius autem signum est: nam huiusmodi significativae voces quibus magi utuntur, invocationes sunt, supplicationes, adiurationes, aut etiam imperia, quasi ad alterum colloquentis»; *De potentia,* q. 6, a. 10.

(136) Cf. *S.Th.*, II-II, q. 96, a. 4.

(137) *Catecismo,* n. 2117.

(138) *Catecismo,* n. 2117.

(139) *Catecismo,* n. 2117.

(140) Cf. *Catecismo,* n. 2139.

(141) *Catecismo,* n. 2148.

Jesus Cristo, da Virgem Maria e dos santos de maneira injuriosa»[142]. Pela sua natureza intrínseca, a blasfêmia é em si um ato gravemente contrário à caridade e por isso se configura como um pecado grave *ex toto genere suo,* mesmo quando o motivo próximo seja a ira ou o desespero. «Quem blasfemar o nome do Senhor será punido de morte» (*Lev* 24, 16).

Diferentes da blasfêmia são as *pragas.* «As pragas, que fazem intervir o nome de Deus, sem intenção de blasfêmia, são uma falta de respeito para com o Senhor»[143]. Consistem em invocações vãs e inoportunas do nome de Deus que ferem a honra e o respeito a Ele devidos.

As *maldições,* por meio das quais se deseja o mal a alguém, envolvendo Deus de algum modo, são também atos de irreligião. Com elas se pretende associar o poder de Deus aos nossos propósitos maldosos relativos ao próximo, com frequência movidos pelo desejo de vingança ou pela inveja.

Outra forma de irreligião consiste em duvidar e pôr à prova os atributos divinos, e a isto se chama *tentar a Deus*[144]. Esse ato vai contra a virtude da religião porque leva a duvidar da excelência divina, o que é uma irreverência para com Deus[145]. Mas se colocamos Deus à prova, por exemplo, rogando o Seu auxílio numa dificuldade, não movidos pela dúvida na Sua bondade, mas por um propósito virtuoso, então esta ação não constitui um ato de irreligião, mas de virtude. Portanto, rogar a intervenção de Deus nem sempre é tentá-lo. «A ação de tentar a Deus consiste em pôr à prova, em palavras ou em atos, sua bondade e sua onipotência»[146].

Também é um ato de irreligião o *sacrilégio,* que «consiste em profanar ou tratar indignamente os sacramentos e as outras ações litúrgicas, bem como as pessoas, as coisas e os lugares consagrados a Deus. O sacri-

---

(142) *Catecismo,* n. 2162.

(143) *Catecismo,* n. 2149.

(144) Cf. *S.Th.*, II-II, q. 97, a. 2, co.: «tentare est experimentum sumere. Nullus autem experimentum sumit de eo de quo est certus».

(145) Cf. *S.Th.*, II-II, q. 97, a. 3, co.: «tentare aliquem ad irreverentiam eius pertinet, nullus enim praesumit tentare eum de cuius excellentia certus est».

(146) *Catecismo,* n. 2119.

légio é um pecado grave, sobretudo quando cometido contra a Eucaristia, pois neste sacramento o próprio Corpo de Cristo se nos torna substancialmente presente»[147]. Implica sempre uma falta do devido respeito ao lidar com aquilo que é de algum modo sagrado. Não por acaso Jesus, movido por uma santa ira, se lança contra aqueles que profanavam a casa do Seu Pai (cf. *Jo* 2, 14; *Mt* 21, 12). Já no Antigo Testamento o uso profano das realidades sagradas era censurado e punido em várias ocasiões (cf. *Lev* 10, 1; *1 Re* 2, 17; 4, 11; *2 Re* 6, 7; *Dan* 5, 2ss.).

A *simonia* é outro ato de irreligião cujo nome deriva de Simão, o Mago, aquele que tentou comprar dos Apóstolos o poder conferido pelo Espírito Santo por meio da imposição das mãos (cf. *At* 8, 18-24). Podemos defini-la como «a compra ou a venda de realidades espirituais»[148]. Essas realidades não são objeto de comércio, mas dons de Deus, e ainda que estejam à disposição dos ministros, eles não são seus proprietários, mas apenas administradores (cf. *1 Cor* 4, 1). Por isso Jesus os exorta: «De graça recebestes, de graça deveis dar!» (*Mt* 10, 8).

A mera pretensão de adquirir as realidades espirituais já supõe erroneamente que se poderia dar em troca delas algo de valor equivalente. Tal atitude faz com que os ministros do culto não sejam mais ministros, mas comerciantes dos dons de Deus, e isso ofende a honra do Criador. Os dons de Deus são *dons* que devem ser acolhidos como dádivas e mover-nos à gratidão e ao louvor: «Que retribuirei ao Senhor por todo o bem que me deu? [...] Vou oferecer um sacrifício de louvor e invocarei o nome do Senhor». (*Sl* 116, 11.16). Ao mesmo tempo, os dons são *de Deus* e por isso os ministros não os possuem, mas os custodiam para distribuí-los aos fiéis; não devem, portanto, apropriar-se deles como se fossem sua propriedade[149].

Tudo isso não exclui que os fiéis possam, e às vezes devam, dar *ofertas* para sustentar os ministros sagrados, muitas vezes por ocasião dos benefícios espirituais recebidos de Deus por meio deles.

---

(147) *Catecismo*, n. 2120.

(148) *Catecismo*, n. 2121.

(149) Cf. *S.Th.*, II-II, q. 100, a. 1, ad 1: «in hoc quod aliquis vendit donum spiritus sancti, quodammodo se protestatur esse dominum spiritualis doni; quod est haereticum».

Tal oferta não tem o intuito de comprar um dom de Deus, mas simplesmente de ajudar o sustento daqueles que dedicaram a sua vida a ser instrumentos de Deus para o bem dos outros. O Senhor mesmo recorda que «o trabalhador tem direito a seu salário» (*Lc* 10, 7), e São Paulo diz que «o Senhor estabeleceu para os que pregam o evangelho, que vivam do evangelho» (*1 Cor* 9, 14). É nesta linha que a Igreja ensina que os fiéis têm a obrigação de sustentar os seus ministros sagrados[150].

Por fim temos o *ateísmo,* que se configura como uma atitude de não reconhecimento da existência do Criador, e por isso, justamente «na medida em que rejeita ou recusa a existência de Deus, [...] é um pecado contra a virtude da religião»[151]. Mais concretamente se deve dizer que é um ato de irreligião. Entre os que adotam esta atitude existencial se encontram tanto aqueles que «negam explicitamente a Deus»[152], como aqueles que o negam não de forma explícita, mas vivendo «como se Deus não existisse»[153]. Mesmo que no ambiente cultural ocidental o fenômeno do ateísmo se tenha difundido notavelmente, «considerado no seu conjunto, não é algo original»[154]. O homem, como foi dito, graças à luz da razão é um ser naturalmente religioso e não naturalmente ateu. Por isso, «não estão imunes de culpa todos aqueles que procuram voluntariamente expulsar Deus do seu coração e evitar os problemas religiosos, não seguindo o ditame da própria consciência»[155].

---

(150) Cf. *Código de Direito Canônico,* cân. 222 – §1.

(151) *Catecismo,* n. 2125.

(152) *Gaudium et spes,* n. 19.

(153) Cf. *Catecismo,* n. 2124: «O termo ateísmo abrange fenômenos muito diversos. Uma forma freqüente é o materialismo prático, de quem limita suas necessidades e suas ambições ao espaço e ao tempo».

(154) Concílio Vaticano II, Cost. past. *Gaudium et spes,* n. 19.

(155) Concílio Vaticano II, Cost. past. *Gaudium et spes,* n. 19.

Capítulo II

A VIDA TEOLOGAL: AS TRÊS VIRTUDES DIVINAS

A fé, a esperança e a caridade são como três estrelas que se acendem no céu da nossa vida espiritual para nos guiarem rumo a Deus. São, por excelência, as virtudes «teologais»: põem-nos em comunhão com Deus e conduzem-nos a Ele. Elas compõem um tríptico que tem o seu vértice na caridade, o ágape, cantado egregiamente por Paulo num hino da primeira Carta aos Coríntios. Ele é marcado pela seguinte declaração: «Agora, portanto, permanecem estas três coisas: a fé, a esperança e o amor. A maior delas, porém, é o amor» (13, 13).

São João Paulo II, *Audiência geral,* 22 de novembro de 2000.

3. Os limites da religiosidade natural e a abertura teologal a Deus

Ao estudo do capítulo precedente deve-se acrescentar que a virtude da religião, no seu nível natural, não é capaz de dar uma resposta definitiva às questões últimas do homem, que incluem a própria questão religiosa: é um tema cuja resposta ultrapassa a capacidade natural. Manifestando esta insuficiência, o fenômeno religioso natural abre o espírito humano ao dom gratuito da graça que acolhe a Revelação sobrenatural, portadora de respostas definitivas. A graça trará consigo uma nova condição da pessoa, que se tornará capaz de participar do conhecimento e do amor de Deus. Esta capacidade se torna operativa por meio das três virtudes teologais: fé, esperança e caridade.

O âmbito do acesso natural do homem a Deus apresenta uma tensão ética que se manifesta inicialmente, mas não só, na virtude da religião. A resultante ética deste nível natural tem estreita relação com as dimensões dogmática e cultual que junto a ela compõem a religiosidade natural: toda religião, com efeito, inclui um conteúdo para crer (dogma), um culto para honrar a Deus e uma consequente dimensão moral[1].

Do ponto de vista do conteúdo dogmático, as religiões naturais tendem a "complicar" a ideia de Deus progressivamente. O aumento das funções exigidas da divindade leva, com efeito, a um enriquecimento da ideia de Deus ou, conforme os casos, a uma multiplicação das divindades. Em todo caso, aparece o problema da posterior justificação da imagem humana da divindade, que faz surgir, ao lado do original sentimento religioso no sentido antropológico (divindade como resposta às questões fundamentais do homem), uma nova dimensão de tipo racional, que procura garantir o «caráter divino» da divindade. O homem quer, por assim dizer, certificar-se da consistência transcendente de Deus. Por isso, as religiões que normalmente partem da descoberta de uma divindade onipotente e providente que escuta as súplicas da nossa indigência existencial tendem, com o seu desenvolvimento, a uma ideia de tipo mais metafísico, a um Ser Absoluto que garanta e assegure o ser limitado da criatura.

A primeira esfera religiosa é precedente, do ponto de vista cronológico, e se coloca no âmbito da necessidade de salvação, da limitação existencial que o homem encontra em si mesmo. Tende a antropomorfizar a divindade, a encerrá-la na história. Quase sempre a divindade é entendida como pessoal, como um «Tu» ao qual dirigir-se para rezar e, de algum modo, falar. Um Deus assim concebido cuida

(1) No que diz respeito ao desenvolvimento das religiões, cf. J. Ries, *Storia delle religioni*, Jaca book, Milão, 1993; G. Filoramo, *Storia delle religioni*, Laterza, Bari-Roma, 1994-1997; M. Eliade, *Trattato di storia delle religioni*, Bollati Boringhieri, Turim, 1999.

do destino dos homens e os escuta (do contrário, que sentido teria a oração?). Os seus atributos fundamentais, além da onipotência, são a misericórdia e a justiça, entendidas de maneira muito antropomórfica. Tal esfera tem diversas manifestações na história das religiões: às vezes, como entre os povos nômades, tende aos modelos míticos das divindades paternas. Outras vezes, como entre os povos sedentários, a uma personalização das forças da natureza.

A segunda esfera, de tipo racional, fruto da ulterior necessidade de certeza, é a base daquilo que com o tempo será a demonstração racional da existência de Deus. O homem sempre procurou estruturar a imagem de Deus fornecida pela religião natural, seja através do pensamento transcendental (idealismo, filosofias do finito: possibilidade de transcender as limitações humanas), seja através da filosofia do ser (Parmênides, Aristóteles: chegar ao Absoluto a partir da multiplicidade dos seres), seja através do pensamento crítico (o homem *incurvatus* do pensamento imanente). Nesta esfera, os antropomorfismos vão sendo pouco a pouco eliminados e o caráter de Absoluto metafísico da divindade vai fazendo com que perca os traços pessoais. Conduz-se, assim, a uma transcendência tão distante que afinal já não pode mais ser objeto de oração ou de compromisso religioso.

São, portanto, duas imagens da divindade que se contrapõem: o Deus que pode ser buscado religiosamente como apoio da nossa condição limitada, e o Deus princípio absoluto do ser. Ainda que não sejam mutuamente convergentes, provêm e correspondem a uma mesma e única dimensão fundamental da pessoa humana: a sua natureza religiosa. Obviamente, essa tensão precisa ser alentada, mas, de fato, a *interconvertibilidade* de ambas as esferas permanece sempre um dos problemas fundamentais do ser humano[2], talvez o elemento mais insidioso do problema de Deus. A falta da *interconvertibilidade* não diminui o dever ético que o ser religioso traz consigo, mas sem dúvida torna muito difícil o seu cumprimento. Daí a insuficiência da via natural para fundar de fato a chamada do homem a ser religioso. É claro que nos encontramos diante de uma questão central, cuja so-

(2) Cf. C. Fabro, *L'uomo e il rischio di Dio*, Studium, Roma, 1967.

lução comporta a orientação ética global da pessoa: o seu ser consigo mesmo, o seu ser no mundo, o seu ser com os outros.

É possível para o homem, com a descoberta das chaves da *interconvertibilidade,* alentar essa tensão com as suas próprias forças? A resposta é complexa, e remete aos motivos pelos quais Tomás de Aquino considerava «moralmente» necessária a revelação sobrenatural das verdades naturais de ordem religiosa. Sem essa revelação, o homem, abandonado a si mesmo e às forças da própria razão unicamente, teria se deparado com três dificuldades insuperáveis, devido às quais poucas pessoas chegariam ao conhecimento de Deus, com muita dificuldade e depois de muito tempo e, em todo caso, não seria nunca alcançada a certeza necessária, já que a fraqueza do intelecto e as interferências das coisas sensíveis fazem muitos erros se misturarem com a verdade[3].

Do ponto de vista histórico, é fato que a solução do problema foi alcançada, «bela e pronta», com a revelação judaico-cristã, cujo Deus é, ao mesmo tempo, absoluto e pessoal. A abertura à Revelação, definitivamente, permite manter unidos os dois conceitos fundamentais, Ser e Amor, indicados por Paulo VI na Solene Profissão de Fé:

> Cremos que este Deus único é tão absolutamente uno em sua essência santíssima como em todas as suas demais perfeições: na sua onipotência, na sua ciência infinita, na sua providência, na sua vontade e no seu amor. Ele é Aquele que é, conforme Ele próprio revelou a Moisés (cf. *Ex* 3, 14); Ele é Amor como nos ensinou o Apóstolo São João (cf. *1 Jo* 4, 8); de tal maneira que estes dois nomes, Ser e Amor, exprimem inefavelmente a mesma divina essência Daquele que se quis manifestar a nós e que, habitando uma luz inacessível (cf. *1 Tim* 6, 16), está, por si mesmo, acima de todo nome, de todas as coisas e de todas as inteligências criadas[4].

Nosso percurso deve continuar, portanto, fazendo referência ao modo como o dom gratuito da graça nos permite dar uma resposta

---

(3) Cf. *Contra gentiles,* 1.1, c. 4.

(4) *Insegnamenti di Paolo VI,* VI (1968) p. 306.

definitiva ao nosso ser religioso. Isso exige ver a pessoa humana numa óptica estritamente teologal.

Chegados a esse ponto, poderíamos colocar uma última questão metodológica: sendo a virtude da religião a primeira das virtudes morais, no momento em que se torna «infusa», mediante a graça, não passaria a identificar-se com as teologais? É verdade que as virtudes da vida teologal, que logo mais estudaremos, ocupam o primeiro lugar na vida religiosa do cristão («são religião *per eminentiam*»[5]), mas é importante afirmar, precisamente no parágrafo sobre a insuficiência da religião natural, que a religião infusa mantém a própria distinção das virtudes teologais, na medida em que não se ocupa diretamente da comunhão com Deus na Verdade e no Amor, mas antes dos atos que manifestam esta realidade teologal como glória de Deus. Atos que, enquanto humanos e independentemente da sua determinação, são *naturais* num homem que *por natureza* é aberto a Deus. Por isso, as virtudes teologais, que posteriormente definirão estes atos como operações sobrenaturais de conhecimento e amor, não só não excluem a necessidade da virtude da religião, mas a levam à plenitude. A virtude moral da religião pode ser chamada de «virtude teologal natural»[6].

4. A graça como identificação com Cristo

Concluiu-se o parágrafo anterior com a afirmação da incapacidade radical da religião de dar uma resposta definitiva às questões que ela mesma levanta. Isto não significa, evidentemente, uma «crítica» à religião, mas antes uma manifestação do seu caráter mais elevado, que dispõe o homem à abertura a um além que Deus preenche gratuitamente com o seu amor redentor. Uma religião natural que tivesse a pretensão de dar todas as respostas seria uma religião muito pequena,

(5) Mausbach, *op. cit.*, vol. II, p. 216.

(6) *Ibidem*, p. 219.

indigna desse nome. A religiosidade natural, retamente vivida, propicia, portanto, as disposições adequadas para receber o dom gratuito e imerecido da graça divina.

Não podemos esquecer que, no nosso contexto cultural, há muitas pessoas que, embora não reconhecendo em si mesmas o dom da fé, todavia vivem uma busca sincera do sentido último e da verdade definitiva acerca da sua existência e do mundo. Esta busca é um verdadeiro «preâmbulo» da fé, porque move as pessoas pela estrada que conduz ao mistério de Deus[7].

Ao mesmo tempo que remetemos o leitor aos tratados de Antropologia Teológica para um estudo mais aprofundado[8], resta-nos a tarefa de ilustrar como a abertura para Deus, presente naturalmente no homem e regulada pela virtude moral da religião, pode ser levada à plenitude mediante o dom gratuito da Palavra divina. Quando o homem a acolhe, a vida nova que ela produz não é mais a simples abertura assintótica que tende, sem que lhe seja possível, a alcançar uma plenitude de sentido, mas total cumprimento da ânsia humana de infinito. Com base no princípio da Encarnação, Cristo, Palavra de Deus que se tornou homem, é a expressão plena e radical do ser religioso. A Ele pertence em sentido próprio o culto religioso de adoração: é impensável uma relação do homem com Deus superior àquela que se realiza na Encarnação, nem é possível uma ação humana que manifeste melhor a glória de Deus.

Enquanto para os gregos a piedade para com os deuses (*eusèbèia*) não implicava a observância dos diferentes princípios morais, a vida moral no cristianismo é formalmente uma vida religiosa, na lógica da consagração batismal, da pertença a Cristo, da santificação-

(7) Bento XVI, Carta apostólica *Porta Fidei*, n. 10.

(8) Cf. P. O'Callaghan, *Figli di Dio nel mondo: un trattato di antropologia teologica*, EDUSC, Roma, 2013; A. Scola, *Questioni di antropologia teologica*, Ares, Milão, 1993; J. M. Galván, *Elementi di antropologia teologica*, EDUSC, Roma, 2002.

-purificação pelo Espírito Santo. Viver de forma cristã será «viver piedosamente em Cristo Jesus» (*2 Tim* 3, 12)[9].

Como todos os outros aspectos da fé em Jesus, a chave cristológica da religião necessita, pois, de um fundamento trinitário: a chave da cristologia, com efeito, é a afirmação do Filho, que revela o Pai, sob o agir do Espírito. Por isso a escuta da Revelação, Palavra de Deus que chega até nós através da Encarnação da mesma Palavra, exige a elevação do homem a uma nova ordem, a sua transformação numa nova criatura mediante a graça. O conteúdo último dessa transformação é a real filiação divina, por meio da qual somos assimilados ao Filho eterno mediante a ação do Espírito.

Se bem considerarmos esse divino princípio de vida e atividade, dado por Cristo, enquanto constitui a própria fonte de todos os dons e graças criadas, compreenderemos facilmente que não é outra coisa senão o Espírito Paráclito que procede do Pai e do Filho e de modo peculiar se diz «Espírito de Cristo» ou «Espírito do Filho» (*Rom* 8, 9; *2 Cor* 3, 17; *Gal* 4, 6). Com esse Espírito de graça e de verdade ornou o Filho de Deus a sua alma logo no imaculado seio da Virgem; esse Espírito deleita-se em habitar na alma do Redentor, como no seu templo predileto; esse Espírito no-lo mereceu Cristo derramando o próprio sangue; e, soprando sobre os apóstolos, comunicou-o à Igreja para perdoar os pecados (cf. *Jo* 20, 22); e ao passo que só Cristo o recebeu sem medida (cf. *Jo* 3, 34), aos membros do corpo místico dá-se da plenitude de Cristo e só na medida que ele o quer dar (cf. *Ef* 1, 8; 4, 7). Depois que Cristo foi glorificado na cruz, o seu Espírito é comunicado à Igreja em copiosíssima efusão para que ela e cada um dos seus membros se

(9) « Mais alors que chez les Grecs, la pitié envers les dieux (*eusèbèia*) n'entraînait pas l'observation des divers devoirs moraux, dans le christianisme, la vie morale est formellement una vie religieuse, dans la logique de la consécration baptismale à Dieu, de l'appartenance au Christ, de la sanctification-purification par le Saint-Esprit. Vivre chrétiennement se dira: "Vivre pieusement dans le Christ Jésus" (*2 Tim* 3 , 12) », C. Spicq, *Théologie morale du Nouveau Testament*, vol. I, Lecoffre, Paris, 1965, pp. 103-104.

pareçam cada vez mais com o Salvador. É o Espírito de Cristo que nos faz filhos adotivos de Deus (cf. *Rom* 8, 14-17; *Gal* 4, 6-7), para que um dia «todos, contemplando a face descoberta, a glória do Senhor, nos transformemos na sua própria imagem cada vez mais resplandecente» (cf. *2 Cor* 3, 18)[10].

O ser religioso, portanto, se realiza na graça que nos identifica com Cristo Filho[11]. Assim como a graça não exclui a natureza, a religião infusa se torna uma manifestação (*«quaedam protestatio»*) da vida teologal. O primeiro aspecto da graça, do ponto de vista teológico, é a verdadeira participação de todo cristão na vida de Cristo, cujo agir redentor não se resume nos atos pessoais com que realiza a nossa salvação e envia o Espírito, mas se cumpre na plena incorporação a Ele, na fé e nos sacramentos na presente hora e, de modo definitivo, na glória de todos os homens, chamados à comunhão eterna com a Trindade. O cristão, destinatário da Revelação, é aquele que se reveste da glória de Cristo ressuscitado, identificando-se com Ele na inocência e na santidade, e que pode, portanto, dizer com verdade «eu vivo, mas não eu: é Cristo que vive em mim» (*Gal* 2, 20). A nova vida em Cristo não é uma condição exterior, mas uma semelhança com Ele «a partir de dentro», como uma verdadeira renovação, um novo nascimento (cf. *Tit* 3, 4-5). O homem em Cristo, com efeito, torna-se um homem novo (cf. *Col* 3, 9-10; *Ef* 4, 22; *Rom* 13, 14). Somente quem vive na graça se torna, em Cristo, imagem de Deus. Como o Filho é a imagem sem diferença do Pai, assim o homem se torna imagem na medida em que se identifica com Cristo[12]: «Para mim, de fato, o viver é Cristo» (*Fil* 1, 21).

---

(10) Pio XII, Enc. *Mystici corporis*, n. 54

(11) Cf. F. Ocáriz, *Hijos de Dios en Cristo*, EUNSA, Pamplona, 1972; J. M. Galván, *Gracia*, in J. L. Illanes (ed.) *Diccionario de San Josemaría Escrivá de Balaguer*, Monte Carmelo, Burgos 2013, pp. 579-585.

(12) «Todos nós, porém, com o rosto descoberto, refletimos a glória do Senhor e, segundo esta imagem, somos transformados, com uma glória cada vez maior, pelo Espírito do Senhor» (*2 Cor* 3, 18). «E como já trouxemos a imagem do terrestre, traremos também a imagem do celeste» (*1 Cor* 15, 49). «E vos revestistes do homem novo, o qual vai sendo sempre renovado à imagem do seu criador» (*Col* 3, 10).

João desenvolve o tema da comunhão de vida do cristão com Cristo utilizando-se de diversas imagens, entre as quais podemos destacar duas. Em primeiro lugar, a identificação com Cristo se realiza mediante a comunhão com Ele no conhecimento. Cristo se torna a Luz do homem, o que equivale a dizer que se torna princípio vital, justamente na medida em que a vida nova consiste em conhecer o Pai e aquele que o Pai enviou (cf. *Jo* 17, 1-3). A luz de Cristo que ilumina o Pai diz respeito principalmente ao próprio Cristo, como Filho eterno, mas também à filiação participada do homem (cf. *Jo* 14, 20; 15, 3).

Em segundo lugar, João mostra como essa Luz, que é Cristo, realiza uma união vital, de caráter profundo e permanente, entre Ele e o homem. Não se trata de uma mera iluminação externa, mas de uma verdadeira e própria comunidade de vida, manifestada sobretudo na parábola da videira e dos ramos (cf. *Jo* 15, 1-7), segundo a qual o cristão não pode viver se não for enxertado em Cristo, de quem recebe a seiva vital. João repete a mesma ideia diversas vezes, referindo-se à recíproca inerência existencial entre Cristo e o cristão (cf. *Jo* 6, 5 6; 14, 10.20.23; 15, 9-10; 17, 21-26).

5. A vida da graça como participação na vida trinitária

Em síntese, recordando os princípios fundamentais da teologia trinitária e da antropologia sobrenatural, a missão visível da segunda pessoa (sem confusão, mas indissoluvelmente ligada à missão da terceira pessoa) é a causa da missão invisível, que consiste na presença dinâmica das pessoas divinas no indivíduo singular[13]. Ao aprofundarmos na relação entre a missão visível e a missão invisível das pessoas divinas, fica evidente recordar que a pessoa pode estar presente fora da Trindade somente na medida em que o está com base na sua processão eterna, única causa da sua distinção e do seu próprio ser pessoa. Nesse sentido, Cristo está presente no crente na medida em que Ele é

(13) Cf. J.-H. Nicolas, *Synthèse dogmatique: de la Trinité à la Trinité*, vol. 1, Beauchesne, Paris, 1985, pp. 238-265.

enviado pelo Pai, na comunhão do Espírito Santo. A terceira pessoa é o amor do Pai e do Filho: se a comunicação de Deus ao homem se realiza através do Filho, e essa comunicação não pode ser motivada senão pelo gratuito amor divino, é óbvio, dado o caráter pessoal da doação, que esta se realiza precisamente no Espírito Santo, nexo *ad intra* e *ad extra* da Trindade. A terceira pessoa se torna o dom incriado, recebido pelo homem justificado, que lhe permite viver «o amor de Deus derramado em nossos corações pelo Espírito Santo que nos foi dado» (*Rom* 5, 5).

Ao receber como dom a terceira pessoa da Trindade, o homem é introduzido no que é próprio da personalidade do Espírito Santo: o seu caráter relacional. O homem se identifica com Cristo justamente pela ação do Espírito que o conduz ao Filho e, no Filho, ao Pai. O Pai nos assume como filhos mediante o Espírito Santo, que nos torna uma só coisa com o Filho eterno. De fato, a *inabitação,* mesmo que tenha como início a presença da terceira pessoa em nós, é uma ação trinitária originada no Pai: a pessoa do Espírito Santo, com efeito, tem origem no Pai, do qual procede através do Filho, e refere-se ao Pai em toda a sua realidade pessoal, fechando a circularidade da comunhão interpessoal através do Filho[14]. O homem justificado é introduzido pelo Pai nesta circularidade, sendo amado mediante a ação do amor pessoal (a terceira pessoa) que chega pelo Filho. O homem responde no Espírito, sendo nEle incorporado ao Filho, e, do Filho, se dirige ao Pai, numa ação de doação e oferta filial. Este agir das três pessoas é magnificamente resumido por Paulo na despedida da segunda carta aos Coríntios: «A graça do Senhor Jesus Cristo, o amor de Deus e a comunhão do Espírito Santo estejam com todos vós» (*2 Cor* 13, 13).

Além disso, quando o Espírito Santo se apropria da pessoa humana para conduzi-la no Filho ao Pai, fá-la participar não só daquilo que é próprio do seu ser pessoal, mas também da sua essência divina,

(14) Cf. G. Philips, *L'union personelle avec le Dieu vivant : essai sur l'origine et le sens de la grâce crée*, Leuven University Press, Lovaina 1989; J.-H. Nicolas, *Les profondeurs de la grâce*, Beauchesne, Paris, 1969; J. Daniélou, *La Trinità e il mistero dell'esistenza*, Queriniana, Bréscia, 1989; J. M. Galván, *Inhabitación trinitaria*, in J. L. Illanes (ed.) *Diccionario de San Josemaría Escrivá de Balaguer*, Monte Carmelo, Burgos 2013, pp. 633-639.

na qual se comunica relacionalmente com as outras pessoas. Assim, o homem se torna verdadeiramente partícipe da natureza divina, segundo o ensinamento de Pedro: «O seu divino poder nos presenteou com tudo o que contribui para a vida e para a piedade, mediante o conhecimento daquele que nos chamou por sua glória e força poderosa. Por elas foram-nos concedidos os bens prometidos, os maiores e mais valiosos, a fim de que vós vos tornásseis participantes da natureza divina» (*2 Pe* 1, 3-4).

6. As três virtudes teologais

Assim como a virtude moral natural da religião constitui a expressão dos deveres morais que o acesso natural do homem a Deus traz consigo, uma nova obrigação moral é exigida do homem que se torna objeto da autodoação divina em Cristo acima descrita. É claro que a pessoa humana não é capaz de cumprir essa obrigação com as suas forças naturais: para tanto, a elevação da graça inclui necessariamente um princípio operativo. Este princípio operativo é recebido pela pessoa gratuitamente, mas não passivamente: não se acrescenta externamente à sua liberdade. Paulo expressa bem esta dupla realidade de dom de Deus e resposta humana: «É pela graça de Deus que sou o que sou. E a graça que ele reservou para mim não foi estéril; a prova é que tenho trabalhado mais que todos eles, não propriamente eu, mas a graça de Deus comigo» (*1 Cor* 15, 10).

Nesse sentido, mesmo sendo totalmente «assumido», o homem é tornado capaz desse dom operativo, formado pelas virtudes infusas[15], e é capaz de conservar livremente, na própria interioridade, as condições que permitem ou impedem o seu desenvolvimento, na medida em que pode permitir ou impedir a sua própria assunção no Espírito. Tais condições, quando negativas, constituem a realidade do pecado,

(15) Sobre a natureza das virtudes infusas em geral se falou na parte correspondente do primeiro volume deste manual. Cf. E. Colom – A. Rodriguez Luño, *Escolhidos em Cristo para ser santos. I. Moral Fundamental*, Quadrante, São Paulo 2015, pp. 267-276.

impossibilitando a adequação entre a interioridade do homem (razão e vontade) e a dimensão relacional do Espírito Santo. Este último remete às processões divinas do intelecto e da vontade: assim a liberdade humana possui a misteriosa e tremenda capacidade de evitar a «presença» do Espírito e, consequentemente, a inabitação das três pessoas na alma. Na linguagem corrente, com efeito, se diz que a condição de pecado comporta o «não estar em graça». Quando, pelo contrário, a razão e a vontade humanas não se tornam incompatíveis com a presença do Espírito, são assumidas pelo amor de Deus, cuja interioridade (razão e vontade divinas) se converte, de modo misterioso, mas real, interioridade do homem. Nisto consiste propriamente a vida das virtudes teologais:

> «As virtudes teologais dispõem os cristãos a viver em relação com a Santíssima Trindade. Têm a Deus por origem, motivo e objeto, Deus conhecido pela fé, esperado e amado por causa de si mesmo»[16].

O intelecto humano, movido pela graça, se torna apto para conhecer como Deus conhece (virtude teologal da fé); a sua vontade, igualmente, se torna capaz de amar como Deus ama (virtude teologal da caridade). A vontade humana elevada pela graça, no entanto, não apenas possui o bem que Deus é, mas, em sua condição histórica, tende confiadamente a Ele e o deseja (virtude teologal da esperança)[17]. Deus mesmo, enquanto veracidade, fidelidade e amabilidade infinitas se une (*inhaeret*) à sua criatura[18]. Os deveres religiosos de adoração e de culto a Deus, que provêm do natural recebimento do dom criador, realizam-se mediante estes atos de conhecimento e amor, que, se

(16) *Catecismo,* n. 1840.

(17) «Fides est in intellectu, spes autem et caritas in voluntate», *Super Sententiis*, l. 3, d. 34, q. 1, a. 2, ad 1.

(18) «Charitas ergo facit hominem Deo inhaerere propter seipsum, mentem hominis uniens Deo per affectum amoris. Spes autem et fides faciunt hominem inhaerere Deo sicut cuidam principio, ex quo aliqua nobis proveniunt. De Deo autem provenit nobis et cognitio veritatis, et adeptio perfectae bonitatis. Fides ergo facit hominem Deo adhaerere, in quantum est nobis principium cognoscendi veritatem; credimus enim ea vera esse quae nobis a Deo dicuntur. Spes autem facit Deo adhaerere, prout est in nobis principium perfectae bonitatis, in quantum scilicet per spem divino auxilio innitimur ad beatitudinem obtinendam», *S. Th.*, II-II, q. 17, a. 6.

por um lado são a expressão exata da vida da graça e da inabitação, por outro, são a manifestação da resposta livre do homem inabitado. Dessa forma «a Fé eleva e potencializa o conhecimento; a Caridade, a vontade; a Esperança, a estimação»[19].

Por virtudes teologais se entendem, portanto, «aquelas virtudes sobrenaturais que se referem imediatamente a Deus e têm Deus por objeto próximo e por motivo»[20]. Paulo menciona diversas vezes três virtudes teologais: «Damos sempre graças a Deus por todos vós, lembrando-nos de vós em nossas orações. Continuamente, diante de nosso Deus e Pai, lembramo-nos da ação de vossa fé, do esforço de vosso amor e da constância de vossa esperança em nosso Senhor Jesus Cristo» (*1 Tes* 1, 2-3. Cf. *Rom* 5, 1-5; *1 Cor* 13, 13; *Gal* 5, 5; *Col* 1, 4-5). O Concílio de Trento reafirma esse modo de se referir à vida teologal do cristão em termos de três virtudes:

> Embora ninguém possa ser justo senão pela comunicação dos méritos da Paixão de nosso Senhor Jesus Cristo, a justificação do ímpio se produz quando, por mérito da mesma santíssima Paixão, o amor de Deus é difundido mediante o Espírito Santo nos corações [cf. *Rom* 5, 5] daqueles que são justificados e a eles se torna inerente. Com isso, ao ser justificado, o homem recebe junto com a remissão dos pecados, por meio de Jesus Cristo no qual é enxertado, todos estes dons infusos: fé, esperança e caridade[21].

O homem em graça possui, portanto, um novo ser recebido de Deus que abrange toda a sua existência e que se manifesta também em cada uma das suas operações. A graça santificante também é prin-

(19) G.-B. Mondin, *L'uomo secondo il disegno di Dio*, Edizioni Studio Domenicano, Bolonha, 1992, p. 313.

(20) Mausbach, *op. cit.*, vol. II, p. 28.

(21) «Quamquam nemo possit esse iustus, nisi cui merita passionis Domini nostri Iesu Christi communicantur, id tamen in hac impii iustificatione fit, dum eiusdem sanctissimae passionis merito per Spiritum Sanctum caritas Dei diffunditur in cordibus (cf. *Rom* 5, 5) eorum, qui iustificantur, atque ipsis inhaeret. Unde in ipsa iustificatione cum remissione peccatorum haec omnia simul infusa accipit homo per Iesum Christum, cui inseritur: fidem, spem et caritatem». Concílio de Trento Dec. *De iustificatione*, sess. VI, 7. *DH* 1530.

cípio operativo, por meio dos dons e das virtudes teologais infusas[22]. Uma vez que, tanto no ser como no agir, essa qualidade permanente depende do diálogo com a Trindade, diálogo no qual se insere todo o ser criado do homem, pode-se afirmar que, na pessoa em graça, nada fica de fora do desígnio divino.

No homem em graça não há, com efeito, nenhuma dimensão do seu ser espiritual e corporal que não reflita a condição filial. Não há nenhum agir humano que não possa ser abarcado pela conduta orientada ao Pai de Cristo[23]: «quer comais, quer bebais, quer façais qualquer outra coisa, fazei tudo para a glória de Deus» (*1 Cor* 10, 31). Também na sua dimensão operativa, a graça santificante reconduz ao desígnio originário da criação à imagem e semelhança de Deus.

Por isso as virtudes teologais são o fundamento último de toda a vida moral:

> As virtudes teologais fundamentam, animam e caracterizam o agir moral do cristão. Informam e vivificam todas as virtudes morais. São infundidas por Deus na alma dos fiéis para torná-los capazes de agir como seus filhos e merecer a vida eterna. São o penhor da presença e da ação do Espírito Santo nas faculdades do ser humano[24].

Toda virtude moral tem, de algum modo, Deus como objeto. As virtudes teologais, no entanto, se referem a Ele de modo direto e imediato, orientando a razão e a vontade para Deus e assim possibilitam a toda ação propriamente humana tê-lo como fim. A vida teologal, expressa na fé, na esperança e na caridade para com Deus, não pode

---

(22) E. Colom – A. Rodriguez Luño, *Escolhidos em Cristo para ser santos. I. Moral Fundamental*, Quadrante, São Paulo, 2015, pp. 315-318.

(23) Cf. Bento XVI, *Guardare Cristo: esercizi di Fede, Speranza e Carità*, Jaca Book, Milão, 1989.

(24) *Catecismo,* n. 1813. Sobre o papel específico das virtudes teologais na vida moral cf. P. Delhaye, *Rencontre de Dieu et de l'homme*, Desclée, Tournai 1957; J. Daujat, R. Garrigou--Lagrange, *La vita soprannaturale*, Ares, Milão, 1958; A. Royo Marin, *Teologia della perfezione cristiana*, Paoline, Roma, 1960.

deixar de manifestar-se também como firme compromisso de amor pelos irmãos e por toda a criação: as três virtudes são expressão adequada da liberdade dos filhos de Deus e fundamento de todo agir moral na graça.

Essa nova capacidade operativa, recebida como graça pelos filhos de Deus, exige, além disso, uma contínua predisposição das suas potências finitas mediante os assim chamados dons do Espírito Santo[25]. Estes dons não constituem graças extraordinárias, na medida em que são necessários, sobretudo pela desproporção entre o *habitus* proporcionado pela graça e as potências correspondentes: a razão e a vontade humanas, unidas intrinsecamente aos apetites irascível e concupiscível, necessitam ser predispostas antes de poder ser iluminadas pelos fins intencionais da razão e da vontade divinas[26]. Os dons do Espírito Santo são, assim, essenciais, não só por causa dessa desproporção natural, mas também porque a debilidade intrínseca e a condição temporal (por isso sucessiva) das potências humanas implicam, em todo caso, a necessidade de um suporte. Este suporte é necessário, em primeiro lugar, por causa do nunca suficiente arraigamento, no sujeito, do objeto do *habitus.* Em segundo lugar, para manter a árdua perseverança durante o tempo indispensável para este arraigamento. E por último, pela sempre inadequada determinação das forças humanas para afirmar o *habitus.*

Enumeram-se tradicionalmente sete dons, estudados especificamente no âmbito da Antropologia Teológica e da Teologia Espiritual, mas aqui podemos recordar, brevemente, que, de todos eles, três se dirigem à perfeição da razão especulativa (o dom do *Entendimento*, que possibilita um profundo conhecimento das verdades divinas, o dom da *Ciência,* que permite o justo juízo sobre as coisas criadas enquanto orientadas para Deus e o dom da *Sabedoria,* para julgar de acordo

(25) Cf. R. Garrigou-Lagrange, R. Maritain, *Les dons du Saint-Esprit*, P. Téqui, Paris, 1958; M.-M. Philipon, *I doni dello Spirito Santo: testi e studi teologici*, Ancora, Milão, 1965; S. Ramirez, *Los Dones del Espíritu Santo*, Biblioteca de Teológos Españoles, Madri, 1978.

(26) «Sed in ordine ad finem ultimum supernaturalem, ad quem ratio movet secundum quod est aliqualiter et imperfecte formata per virtutes theologicas; non sufficit ipsa motio rationis, nisi desuper adsit instinctus et motio Spiritus Sancti». *S.Th.*, I-II, q. 68, a. 3.

com a vontade divina), um se dirige à razão prática (dom de *Conselho*, para as decisões referentes ao agir de acordo com Deus), um move a vontade para Deus e para os outros (dom da *Piedade*), um se orienta ao reto uso do apetite irascível (dom da *Fortaleza*), e um se dirige ao apetite concupiscível (dom do *Temor de Deus*).

> E o homem justo, que já vive a vida da divina graça e opera por congruentes virtudes, como a alma por suas potências, tem necessidade daqueles sete dons que se chamam próprios do Espírito Santo. Graças a estes a alma se dispõe e se fortalece para seguir mais fácil e prontamente as divinas inspirações: é tanta a eficácia destes dons, que a conduzem ao topo da santidade; e tanta sua excelência, que perseveram intactos, ainda que mais perfeitos, no reino celestial[27].

(27) Leão XIII, Enc. *Divinum illud munus*, n. 12.

Capítulo III

FÉ

A Marta, em lágrimas pela morte do irmão Lázaro, Jesus diz--lhe: «Eu não te disse que, se acreditares, verás a glória de Deus?» (*Jo* 11, 40). Quem acredita, vê.

Francisco, *Lumen fidei*, n. 1.

7. A virtude teologal da fé

7.1. Introdução: atualidade de um discurso ético sobre a fé

Damos início agora ao estudo da primeira virtude teologal. O esquema expositivo começa com a consideração geral da natureza da fé como expressão própria do ser humano (1.1), para depois continuar com a apresentação da dificuldade moderna em aceitar a fé como verdadeira forma de conhecimento, causada pelo fechamento da razão na ciência experimental. Recentemente, porém, a atualidade de um discurso sobre a fé foi posta em evidência devido à forte demanda *pós-moderna* de relacionalidade, que reclama a abertura da razão à alteridade (*razão acompanhada*) (1.2). Tendo em vista esta demanda, nos debruçaremos mais adiante sobre a Sagrada Escritura para nela encontrar o fundamento da atitude de fé do homem perante Deus e a plenitude do crer em chave cristológica.

7.1.1. A fé como ato próprio do ser humano

«Crer é um ato autenticamente humano»[1]. Dificilmente se pode encontrar uma fonte de conhecimento mais ampla do que a fé. A pessoa humana, caracterizada pela mediação cultural, adquire uma grandíssima parte da sua bagagem de saber, tanto teórico como prático, na base do testemunho dos outros; testemunho que se acolhe mediante a fé como apreensão espiritual da verdade. Muitas verdades que *verdadeiramente* consideramos como tais, e que exercem um influxo decisivo sobre a orientação central da nossa vida, não provêm da dedução ou da capacidade de análise, e nem sequer da própria experiência, mas são apresentadas pelos outros. São fruto do intercâmbio e do compartilhamento da verdade, que caracterizam o ser humano e a sua dimensão social e simbólica: somos seres dialógicos, e, mais do que isso, somos capazes de determinar livremente os nossos símbolos.

A capacidade natural de determinação simbólica faz do homem a única criatura capaz de alterar voluntariamente a correspondência da própria linguagem com a realidade. Somos o único «animal» capaz de mentir. Daí deriva o fato de a transmissão simbólica da verdade ser uma tarefa ética; a natureza pessoal da linguagem humana impõe a obrigação de dizer a verdade, e à verdade dita corresponde a fé *ex auditu*. Sem fé uns nos outros não haveria nem sociedade nem cultu-

(1) *CEC*, n. 154: «Crer só é possível pela graça e pelos auxílios interiores do Espírito Santo. Mas não é menos verdade que crer é um ato autenticamente humano. Não contraria nem a liberdade nem a inteligência do homem confiar em Deus e aderir às verdades por Ele reveladas. Já no campo das relações humanas, não é contrário à nossa própria dignidade crer no que outras pessoas nos dizem sobre si mesmas e sobre suas intenções e confiar nas promessas delas (como, por exemplo, quando um homem e uma mulher se casam), para entrar assim em comunhão recíproca. Por isso, é ainda menos contrário à nossa dignidade "prestar, pela fé, à revelação de Deus plena adesão do intelecto e da vontade" (Concílio Vaticano II, Const. dogm. *Dei Verbum*, 5) e entrar, assim, em comunhão íntima com ele».

ra: o matrimônio e a família, o trabalho e o intercâmbio econômico, as regras elementares da vida em sociedade e da convivência pacífica, dependem em grande medida da fé entre os seres humanos[2].

A fé é o assentimento da razão motivado pelo valor de um testemunho. Na vida cotidiana, funcionamos em grande parte com essa forma de conhecimento e, no campo científico, ela não está ausente. Inclui elementos de inteligência, porque ninguém dá fé a quem não a merece; inclui elementos volitivos, porque não há autoridade que possa obrigar a razão como a obriga uma demonstração matemática ou filosófica; e inclui sentimentos, pois eles podem influenciar a aceitação de uma doutrina em vez de outra[3].

A fé é, acima de tudo, um ato da razão que passa a conhecer algo que antes não conhecia, a partir de um testemunho pessoal. Nela, o essencial não é o saber, mas o saber recebido de outro em quem se tem confiança. Existem, portanto, dois elementos determinantes do ato de fé: a *aquisição de uma verdade testemunhada e a adesão* afetiva e efetiva ao testemunho.

Minha mãe dizia-me, quando era já grandinho: Em pequeno foste muito doente; tive de te levar de médico em médico, e velar-te noites inteiras; acreditas? Como poderia eu dizer: – Mãezinha,

---

(2) Ainda hoje é de grande atualidade o que Santo Agostinho escreveu no *De utilitate credendi*, 26: «Quaero enim, si quod nescitur, credendum non est, quomodo serviant parentibus liberi, eosque mutua pietate diligant, quos parentes suos esse non credant. Non enim ratione ullo pacto sciri potest: sed interposita matris auctoritate de patre creditur; de ipsa vero matre plerumque nec matri, sed obstetricibus, nutricibus, famulis. Nam cui furari filius potest, aliusque supponi, nonne potest decepta decipere? Credimus tamen, et sine ulla dubitatione credimus, quod scire non posse confitemur. Quis enim non videat pietatem, nisi ita sit, sanctissimum generis humani vinculum, superbissimo scelere violari? Nam quis vel insanus eum culpandum putet, qui eis officia debita impenderit quos parentes esse crediderit, etiamsi non essent? Quis contra non exterminandum iudicaverit, qui veros fortasse parentes minime dilexerit, dum ne falsos diligat metuit? Multa possunt afferri, quibus ostendatur nihil omnino humanae societatis incolume remanere, si nihil credere statuerimus, quod non possumus tenere perceptum».

(3) M. Cordovese, *Fede,* in *Enciclopedia Italiana Treccani*, Istituto dell'Enciclopedia Italiana, Roma, 1949, vol. XIV, p. 931.

não te acredito? Sim, acredito-te, acredito no que me dizes, mas acredito especialmente em ti[4].

Quanto ao primeiro momento, é evidente que o conteúdo deste novo conhecimento não pode ser uma verdade evidente em si mesma, ou que possa ser demonstrada ou experimentada; a aquisição do conhecimento deve depender unicamente do fato de se *querer acreditar em alguém*: com palavras de Agostinho, «*credere non potest nisi volens*»[5]; e Tomás ressalta que «*credere actus est intellectus determinati ad unum ex império voluntatis*»[6]. Em nenhum ato humano é talvez tão claro o papel da liberdade, já que é impossível crer quando não se quer crer, e ninguém pode ser obrigado ao ato de fé.

Em segundo lugar, crê-se sempre naquele em quem se confia. Na fé, a razão é movida pela vontade a aceitar a verdade na medida em que aquele que dá testemunho se apresenta como alguém em quem se pode crer. Isso exige por sua vez que a testemunha não seja crente, mas alguém que certamente tenha consigo a verdade: crer em um crente exige uma posterior busca de testemunhas e de motivos de credibilidade. A verdadeira testemunha possui a autoridade do saber.

> Um motivo especialmente importante da fé, ainda que não o único, é a *confiança no saber e na veracidade de uma testemunha,* um homem de quem sabemos que está bem informado e é digno de crédito. Esta confiança se relaciona com o respeito e a obediência, quando a testemunha possui uma autoridade que pode obrigar-nos à aceitação de uma verdade garantida por ela. Sobretudo para os fa-

(4) João Paulo I, *Audiência geral* 13 de setembro de 1978.

(5) Santo Agostinho, *In Johannis evangelium*, 26, 2.

(6) *S.Th.* II-II q. 4, a. 1, co. Outro importante texto de Tomás é a *quaestio disputata De Veritate*, q. 14, a. 1: «Quandoque vero intellectus non potest determinari ad alteram partem contradictionis neque statim per ipsas definitiones terminorum, sicut in principiis, nec etiam virtute principiorum, sicut est in conclusionibus demonstrationis; determinatur autem per voluntatem, quae eligit assentire uni parti determinate et praecise propter aliquid, quod est sufficiens ad movendum voluntatem, non autem ad movendum intellectum, utpote quia videtur bonum vel conveniens huic parti assentire. Et ista est dispositio credentis, ut cum aliquis credit dictis alicuius hominis, quia videtur ei decens vel utile».

tos e as verdades que sobrepassam a própria experiência e a própria capacidade intelectual, a fé no testemunho e na autoridade alheia é o caminho ordinário para alcançar a verdade[7].

7.1.2. A crise moderna e as razões pós-modernas do crer

Durante a modernidade, no entanto, o ato de fé parecia estar excluído do âmbito do conhecimento humano, ou ao menos reduzido a uma categoria inferior de conhecimento. O paradigma cientificista levava a considerar como verdadeiro apenas o que é demonstrável, e pôr à margem da racionalidade qualquer afirmação não redutível à matemática: não se crê no testemunho com base na sua autoridade, mas com base na sua capacidade de demonstrar racionalmente a verdade que transmite. Isso não contradiz apenas a natureza mesma do crer, mas coincide também com a tendência ao esquecimento da pessoa, própria desse período da história humana. Sem a confiança na pessoa e na sua liberdade, o ato de fé é impossível ou muito difícil. Com efeito, o que no início do processo da modernidade era uma afirmação da fé como esfera separada do âmbito da racionalidade (fideísmo), termina por ser uma redução da fé às leis da razão pura, divorciada do amor: se reduz, assim, o verdadeiro diálogo a simples comunicação.

É conhecido o modo como o filósofo Ludwig Wittgenstein explicou a ligação entre a fé e a certeza. Segundo ele, acreditar seria comparável à experiência do enamoramento, concebida como algo de subjetivo, impossível de se propor como verdade válida para todos. [cf. G. H. von Wright (coord.), *Vermischte Bemerkungen / Culture and Value* (Oxford 1991), 32-33 e 61-64.] De fato, aos olhos do homem moderno, parece que a questão do amor

(7) Mausbach, *op. cit.*, vol. II, p. 37.

> não teria nada a ver com a verdade; o amor surge, hoje, como uma experiência ligada, não à verdade, mas ao mundo inconstante dos sentimentos[8].

O mundo moderno era marcado por uma carga cultural e sociológica proveniente da afirmação do princípio da imanência e do idealismo: isso implicou o aparecimento progressivo e concatenado das fases de *secularismo, autonomia, imanentização, profanização,* às quais nos referimos no Capítulo I. Essa linha sequencial, embora superada no âmbito da cultura evoluída, continua a exercer um forte impulso na realidade existencial do nosso tempo, impulso que consiste na pretensão de absolutização do pensamento científico, indicado como a única via de redenção frente à consciência dos limites da humanidade. Com base nisso, se deveria esperar do âmbito intramundano (profano) uma resposta de sentido para as questões fundamentais do homem, resposta que, de fato, não chegou. Esta dessacralização relega a fé a um subproduto irracional, marginaliza-a. A ciência se torna, assim, a nova divindade, à qual se tem acesso mediante uma nova religião, ou seja, a técnica.

São João Paulo II, no começo do seu pontificado, manifestava com clareza como estes pressupostos podem condicionar mesmo o uso da razão, criando condições para um desligamento radical entre fé e conhecimento.

> Se a ciência é entendida fundamentalmente como "ciência técnica", então ela pode ser concebida como a busca de um sistema que conduza a um êxito de tipo técnico. Tem valor como "conhecimento" aquilo que conduz ao êxito. O mundo, a nível de dado científico, torna-se um simples conjunto de fenômenos manipuláveis, e o objeto da ciência uma conexão funcional, analisada unicamente pela sua funcionalidade. Uma ciência assim só se pode conceber como pura função. O conceito de verdade torna-se, portanto, supérfluo, e por vezes é mesmo explicitamente recusado.

(8) Francisco, Enc. *Lumen fidei*, n. 27.

> A própria razão aparece afinal como simples função ou como instrumento de um ser que encontra o sentido da sua existência fora do conhecimento e da ciência, talvez no simples fato de viver. [...] Uma ciência livre e comprometida unicamente com a verdade não se deixa aprisionar pelo modelo do funcionalismo ou a outro do gênero, que limite o âmbito cognoscitivo da racionalidade científica. A ciência deve ser aberta, mesmo multiforme[9].

A crise da modernidade e a redescoberta pós-moderna da pessoa como fundamento último da racionalidade abriu caminho para a importância antropológica do crer. A causa última da mudança do paradigma moderno não se encontra unicamente na incapacidade do sistema para dar uma resposta a aspectos concretos da relação do homem com a realidade objetal (por exemplo, a crise ecológica e a injusta distribuição de recursos). Tem a ver antes com a perda global da confiança num sistema filosófico e cultural que se demonstrou inseguro, para não dizer incapaz, em dar uma resposta aos interrogantes radicais do homem: dor, culpa, morte[10].

Em concreto, os elementos indicados por João Paulo II manifestavam com clareza a futilidade de uma situação autorreferencial do homem, na qual não se admitia resposta de nenhuma instância que não fosse o próprio indivíduo ou a sua história: toda possível esperança só poderia provir do âmbito da imanência. Essa «fé» na autorredenção do homem, tão radicada na cultura popular, provavelmente devida ao forte impacto exercido pelo progresso técnico nas consciências, não existe mais. Inclusive causa admiração que tenha existido, visto que a única resposta que a ciência empírica por si só pode dar à questão da teleologia do ser humano consiste na ideia de progresso. Mas «progresso» é um conceito finalisticamente vazio: o seu único sentido consiste em dar sempre um passo a mais, não se sabe até quando ou até onde. O homem se torna assim uma espécie

(9) São João Paulo II, *Discurso*, Colônia 15/11/1980, in *Insegnamenti di Giovanni Paolo II*, vol. III/2 (1980) pp. 1200-1211.

(10) Cf. *Gaudium et spes* 21c.

de «formiga incansável»[11], cuja imagem literária pode ser encontrada no Sísifo de Camus[12].

A fé na autorredenção foi substituída pela certeza de que as instâncias intra-humanas não poderão jamais dar uma resposta definitiva às questões últimas. Se o homem pós-moderno não se decidir a abandonar os seus pressupostos culturais dominantes, ver-se-á obrigado a escolher entre a busca desesperada de um sistema de redenção imanente (neognosticismos pós-modernos), ou a renúncia definitiva a qualquer resposta às questões radicais do ser e da história (*pensiero debole*).

Isso posto, uma conclusão aparece como possível: existe uma certeza difusa sobre o fato de que a racionalidade puramente científica, com o seu domínio objetivo da realidade, não pode chegar à verdade das coisas. A verdade não pode encerrar-se em asserções universais e absolutas. Conhecer não é dominar, mas participar da realidade, compartilhar empaticamente. Somos conscientes de que não podemos manter uma forma objetiva e não comprometida de conhecimento: o nosso conhecimento da realidade deve ser aberto ao encontro, atraente e responsivo, criador de vínculos.

Na estrada do terceiro milênio não é possível caminhar com a «só» razão: precisamos de uma razão «acompanhada». Tal consciência parece constituir um dos poucos fundamentos comuns da humanidade nesta mudança de século: está presente naqueles que consideram a verdade como consenso (Habermas), ou em quem vê a solução do ser histórico do homem numa nova hermenêutica *debolista* da caridade (Vattimo), ou na ideia de razão que está na base da doutrina de São

---

(11) Cf. L. Polo, *La originalidad de la concepción cristiana de la existencia*, in «Palabra» 54 (1970) pp. 17-25; note-se que sobre esta matéria se pode citar uma abundantíssima bibliografia, mas me parece especialmente significativa a data desta pequena obra, quase profética, de Polo.

(12) «Deixo Sísifo no sopé da montanha! Sempre se reencontra seu fardo. Mas Sísifo ensina a fidelidade superior que nega os deuses e levanta os rochedos. Ele também acha que tudo está bem. Esse universo doravante sem senhor não lhe parece nem estéril nem fútil. Cada um dos grãos dessa pedra, cada clarão mineral dessa montanha cheia de noite, só para ele forma um mundo. A própria luta em direção aos cimos é suficiente para preencher um coração humano. É preciso imaginar Sísifo feliz», A. Camus, *O mito de Sísifo*, Record, Rio de Janeiro 2004, p. 141.

João Paulo II, na encíclica *Fides et ratio,* onde se sublinha que só uma razão que se sabe acompanhada é capaz de abrir-se a um diálogo criativo com a fé.

Essas diversas posturas coincidem numa mudança de consideração da transcendência: enquanto na modernidade não se podia entender a transcendência a não ser como esfera de domínio objetivador que começava imediatamente naquilo que não sou eu, agora se tornou imprescindível estabelecer um vínculo relacional com ela. O mais claro sintoma que permite diagnosticar a diferença entre modernidade e pós-modernidade se encontra, precisamente, no tipo de relação que se dá entre imanência e transcendência: o que mudou foi esta relação[13]. Em última análise, esse impor-se da razão *acompanhada* obriga a sair de si mesmo e ir ao encontro do outro, que fundamenta a possibilidade da companhia, a *crer.* Essa necessidade de transcendência é, portanto, uma redescoberta da questão metafísica: a esta instância devemos nos voltar para assegurar que aquilo que me é transcendente também pode ser o destino do meu ser em novidade de vida. Em outras palavras, é preciso descobrir o nexo referencial com a transcendência que permite interpretar o eu e o não-eu como realidades relacionais.

Sobre a base sólida dessa conexão relacional se poderá apoiar o «vale a pena» da autorrealização na doação. A resposta cristã à questão do ser com a ideia de criação e providência divina corresponde perfeitamente a esta exigência: «É a fé que incita a razão a sair de qualquer isolamento e a abraçar de bom grado qualquer risco por tudo o que é belo, bom e verdadeiro. Desse modo, a fé torna-se advogada convicta e convincente da razão»[14].

Por isso, não parece arriscado afirmar que os tempos pós-modernos podem tornar-se ocasião de um reflorescimento da fé. Só a fé sobrenatural, no entanto, pode dar uma resposta definitiva ao homem. Daí a importância de reportar-se à Sagrada Escritura para redescobrir o verdadeiro sentido cristão de crer.

---

(13) Cf. P. Donati, *Dio, relazione e alterità: la matrice teologica della società civile dopo-moderna*, in *Divus Thomas* 101 (1998), pp. 124-146.

(14) São João Paulo II, Enc. *Fides et ratio*, n. 56.

7.2. A virtude da fé na Sagrada Escritura

A consideração da fé do ponto de vista teologal deve começar sempre pela escuta da Palavra, cuja dimensão mais imediata enquanto Palavra traduzida em linguagem humana é a Sagrada Escritura. Se em todo estudo teológico o embasamento bíblico é fundamental, é mais ainda quando se trata de estudar precisamente a capacidade concedida ao homem de acolher no próprio coração a verdade revelada por Deus na Sagrada Escritura. Vale lembrar, como pressuposto metodológico, que não é intenção dessa seção fazer um estudo profundo da teologia bíblica sobre a virtude teologal da fé, mas evidenciar os elementos essenciais que permitem o início da sistematização própria da teologia moral. De fato, muitas das referências bíblicas importantes para determinados aspectos da teologia da fé serão inseridas pouco a pouco, na medida em que forem úteis. Dito isto, dividiremos o estudo entre o Antigo (2.1) e o Novo Testamento (2.2).

7.2.1. A fé no Antigo Testamento

Do ponto de vista antropológico, talvez o elemento mais característico do Antigo Testamento seja a necessidade radical da fé no Deus que se revela e a consequente confiança nEle: o Senhor toma a iniciativa e envolve o homem numa história em que ele é chamado a responder pessoalmente a Deus. A fé constitui a chave última dessa resposta. Toda a narração veterotestamentária ganha sentido na medida em que se entende o agir do homem como tarefa de confiar-se livremente, enquanto criatura, ao Criador, embora Deus não revele ainda muito do seu mistério e esse permaneça em grande parte oculto, mais que incompreensível. Com efeito, JHWH não desvela o seu misterioso ser, mas se manifesta sobretudo com base nas suas «funções», no âmbito da história: é Senhor, Salvador, Criador. Todas essas manifestações do seu agir salvífico estão contidas no tetragrama sagrado e se apoiam na ideia de *santidade,* que assegura em Deus um ser capaz de desenvolver transcendentalmente as suas funções sem ficar aprisionado na história ou submetido a ela. Ainda não se manifesta o conteúdo último da tríplice santidade divina, mas a adesão pela fé ao fato de que «JHWH é santo» sustenta e fundamenta o ser religioso do povo. Nesse sentido se trata de uma fé fundamentalmente pessoal: confia-se no Santo de Israel, o único que pode salvar, mesmo que a verdade sobre Ele permaneça ainda encoberta; ainda que não se confunda com a esperança messiânica (enquanto real certeza cognoscitiva da salvação), destaca-se sobretudo o aspecto da fé *fiducial*.

É difícil encontrar uma página em que não se destaque essa postura de fundo. A fé é, portanto, em primeiro lugar, uma resposta: à livre iniciativa divina que se manifesta na eleição e na Aliança deve seguir a resposta incondicionada do homem. A Aliança mesmo, enquanto amorosa iniciativa divina para com Israel, delineia-se simultaneamente como conteúdo da fé e como motivo de credibilidade. Crer é estar certos da promessa do Deus vivo, confiar, esperar e perseverar em Deus. Ele fez a promessa, estabeleceu a Aliança com o seu povo, é fiel ao pacto. Por isso quem crê na fidelidade de Deus amolda a sua vida aos requerimentos divinos, cumpre os seus mandamentos: o objeto da fé permanece sempre Deus mesmo[15]. A fé, portanto, está na base da consideração histórico-salvífica do Antigo Testamento: «quem não crê não sobrevive» (*Is* 7, 9).

Encontramos esta atitude sobretudo em Abraão[16], o pai da fé: «Ele teve fé no Senhor, que levou isso em conta de justiça» (*Gn* 15, 6); a sua fé é inquebrantável mesmo quando o Senhor o chama para colocá-lo à

(15) Cf. J. Alfaro, *Esistenza cristiana. Temi biblici. Sviluppo teologico-storico. Magistero*, Pontificia Università Gregoriana, Roma, 1996, pp. 2-5.

(16) «A fé desvenda-nos o caminho e acompanha os nossos passos na história. Por isso, se quisermos compreender o que é a fé, temos de explanar o seu percurso, o caminho dos homens crentes, com os primeiros testemunhos já no Antigo Testamento. Um posto singular ocupa Abraão, nosso pai na fé. Na sua vida, acontece um fato impressionante: Deus dirige-lhe a Palavra, revela-Se como um Deus que fala e o chama pelo nome. A fé está ligada à escuta. Abraão não vê Deus, mas ouve a sua voz. Deste modo, a fé assume um caráter pessoal: o Senhor não é o Deus de um lugar, nem mesmo o Deus vinculado a um tempo sagrado específico, mas o Deus de uma pessoa, concretamente o Deus de Abraão, Isaac e Jacó, capaz de entrar em contato com o homem e estabelecer com ele uma aliança. A fé é a resposta a uma Palavra que interpela pessoalmente, a um Tu que nos chama pelo nome». Francisco, Enc. *Lumen fidei*, n. 8.

prova, chegando à decisão de imolar seu único filho Isaac (cf. *Gn* 22, 1). Trata-se de uma fé plena que engloba toda a pessoa e todas as suas potências, da qual Abrão não é apenas o iniciador, mas também o modelo.

Na mesma linha se situa também Moisés, na sua resposta ao chamado da sarça ardente (cf. *Ex* 3, 4), ou Samuel que responde a Deus que o chama de noite (cf. *1 Sam* 3, 4-10); assim todos os patriarcas e os profetas vivem a fé em Deus e se empenham por infundi-la no povo eleito, principal sujeito do ato de fé no Antigo Testamento, ao menos na primeira parte da história de Israel.

> A fé significa aceitação cheia de agradecimento da oferta da Aliança, fidelidade ao pacto, atuação das consequências que dele derivam mediante a vida moral. Nisso pode-se entrever quanto é rico o conteúdo da atitude de fé veterotestamentária e como não se pode reduzi-la a um mero «considerar verdadeiro» intelectualmente [...]. O Antigo Testamento coloca em primeiro plano o povo eleito no seu conjunto, deixando na sombra o indivíduo singular. Isso repercute também no seu conceito de fé. É acima de tudo o povo que crê, teme a Deus e a Ele se confia (por exemplo, *Ex* 4, 31; 14, 31; *Sl* 106, 12). Mas, como em última análise a fé é uma atitude pessoal do indivíduo singular, não se capta plenamente a sua riqueza na fé do povo, como acontece na literatura profética (por exemplo, *Is* 28, 16; 40, 31) e em vários salmos (por exemplo, *Sl* 46; 91; 116), onde a fé do indivíduo singular se coloca em primeiro plano[17].

Note-se que, embora a fé veterotestamentária não consista apenas, nem fundamentalmente, em «considerar verdadeiro» um determinado conteúdo intelectivo, isso não exclui que, de fato, a postura do crente seja sobretudo o acolhimento e a abertura à verdade divina, ainda que esta, como dizíamos no começo, seja conhecida apenas no mistério inatingível e de certa forma paradoxal da ideia de *santidade*. A fé é compromisso do homem na sua totalidade: inteligência e vontade, e

---

(17) A. Günthör, *Chiamata e risposta*, San Paolo, Cinisello Balsamo (Milão) 1988, vol. 2, pp.78-79.

não só sentimento. O homem corresponde à Revelação em liberdade e obediência com todas as suas potências; só o insensato não crê (cf. *Sl* 13). Precisamente porque o conteúdo do ser pessoal de Deus ainda não é plenamente revelado, como o será no Novo Testamento, o Antigo pede com força que a fé pessoal ou do povo seja um tipo de postura religiosa fundamental que abranja todas as dimensões da pessoa, interiores ou exteriores, públicas ou privadas: JHWH, o Santo, também é um Deus ciumento que pede tudo à criatura amada, mas ao mesmo tempo deseja dela uma resposta livre e consciente, que consiste numa fé pessoal fruto do correspondente amor.

> Esta descoberta do amor como fonte de conhecimento, que pertence à experiência primordial de cada homem, encontra uma expressão categorizada na concepção bíblica da fé. Israel, saboreando o amor com que Deus o escolheu e gerou como povo, chega a compreender a unidade do desígnio divino, desde a origem à sua realização. O conhecimento da fé, pelo fato de nascer do amor de Deus que estabelece a Aliança, é conhecimento que ilumina um caminho na história. É por isso também que, na Bíblia, verdade e fidelidade caminham juntas: o Deus verdadeiro é o Deus fiel, Aquele que mantém as suas promessas e permite, com o decorrer do tempo, compreender o seu desígnio. Através da experiência dos profetas, no sofrimento do exílio e na esperança de um regresso definitivo à Cidade Santa, Israel intuiu que esta verdade de Deus se estendia mais além da própria história, abraçando a história inteira do mundo a começar da criação. O conhecimento da fé ilumina não só o caminho particular de um povo, mas também o percurso inteiro do mundo criado, desde a origem até à sua consumação[18].

7.2.2. A fé crística do Novo Testamento

Segundo R. Schnackenburg, «a diferença entre a fé do Novo Testamento e a fé testemunhada no Antigo Testamento é quase imper-

(18) Francisco, Enc. *Lumen fidei*, n. 28.

ceptível, mas novo é o princípio que agora a fundamenta e nova a perspectiva em que é vista»[19]. A lógica do Novo Testamento continua a ser a mesma, mas nela se dá a radical novidade da presença do Senhor Jesus, que revela o mistério da *santidade* divina, ainda que esta não perca a sua condição de mistério: revela o mistério enquanto mistério trinitário. Frente à iniciativa salvífica divina, só a fé e a confiança em Deus podem salvar; por isso o Senhor se revelou: «Estes, porém, foram escritos para que creiais que Jesus é o Cristo, o Filho de Deus, e para que, crendo, tenhais a vida em seu nome» (*Jo* 20, 31). Estas novidades significam que a virtude da fé exerce um papel central no conjunto das exigências morais do Novo Testamento, claramente superior àquele que exercia no Antigo[20].

> Em Cristo, a religião deixa de ser um «procurar Deus como que às apalpadelas» (cf. *At* 17, 27), para se tornar *resposta de fé* a Deus que Se revela: resposta na qual o homem fala a Deus como seu Criador e Pai; resposta feita possível por aquele Homem único, que ao mesmo tempo é o Verbo consubstancial ao Pai, no qual Deus fala a cada homem, e cada homem se torna capaz de responder a Deus. Mais ainda, nesse Homem responde a Deus a criação inteira. Jesus Cristo é o novo início de tudo: tudo n'Ele se reencontra, é acolhido e reconduzido ao Criador de Quem teve origem. Deste modo, *Cristo é o cumprimento do anelo de todas as religiões do mundo, constituindo por isso mesmo o seu único e definitivo ponto de chegada.* Se por um lado Deus em Cristo fala de Si à humanidade, por outro, no mesmo Cristo, a humanidade inteira e toda a criação falam de si a Deus – melhor, dão-se a Deus. Assim, tudo volta ao seu princípio. Simultaneamente *Jesus Cristo é a recapitulação* (cf. *Ef* 1, 10) e o cumprimento de todas as coisas em Deus: cumprimento que é glória de Deus. A religião, que se funda em Jesus Cristo, é *religião da glória*, é um

(19) R. Schnackenburg, *Il messaggio morale del Nuovo Testamento*, Paideia, Bréscia, 1989-1990, vol. 1, p. 61.

(20) «La foi est la notion la plus complexe du Nouveau Testament, la plus dense aussi, puisqu'elle englobe normalement l'espérance et la charité, qu'elle engage toutes les facultés du juste et commende sa vie morale», Spicq, *op. cit.*, vol. I, p. 229.

existir em novidade de vida para louvor da glória de Deus (cf. *Ef* 1, 12). Na realidade, toda a criação é manifestação da sua glória; de modo particular, o homem (*vivens homo*) é epifania da glória de Deus, chamado a viver da plenitude da vida em Deus[21].

7.2.2.1. Os sinópticos

Para Schnackenburg, o texto que resume a natureza da fé do Novo Testamento é *Mc* 1, 15: «Completou-se o tempo, e o Reino de Deus está próximo. Convertei-vos e crede no Evangelho». A fé que Jesus pede aos seus «não implica uma compreensão plena, mas um deixar-se tocar pelo evento divino que se cumpre diante dos seus olhos»[22].

Em síntese, o conteúdo fundamental da fé é que o Reino se realiza plenamente em Cristo: Ele é a sua realização histórica, manifestada no perdão dos pecados, no ensinamento em nome do Pai, no poder sobre a Lei Antiga ou sobre o Sábado... só Ele é o Mestre (cf. *Mt* 23, 10). É uma fé de tipo escatológico, aberta ao futuro, revelada em e por meio de Jesus, no qual se manifesta a plenitude da obra de Deus. Não é fé numa verdade abstrata, mas numa pessoa. Não é uma fé messiânica ou terrena, mas uma fé escatológica e celeste. Sobrevem assim a radical novidade da fé neotestamentária: JHWH manifesta a santidade do seu ser revelando a dinâmica de amor da vida intratrinitária: Jesus é JHWH Filho de JHWH, portanto nos mostra, junto à sua divindade, um JHWH Pai. Ambos envolvem como terceira pessoa divina o seu comum amor, JHWH Espírito Santo.

O texto que, ancorado no Antigo Testamento, dá início a esta especificidade neotestamentária, é a anunciação a Maria (*Lc* 1, 26-38), em quem a Encarnação do Filho por obra do Espírito Santo manifesta o desígnio salvífico e amoroso do Pai numa plenitude insuperável. Essa passagem está ligada a um testemunho de fé superior àquela de Abraão: implica o acolhimento humano máximo da Palavra e das suas consequências salvíficas: «Feliz aquela que acreditou, pois o que lhe foi dito

---

(21) São João Paulo II, Carta apostólica *Tertio millennio adveniente*, n. 6.

(22) Schnackenburg, *op. cit.* p. 63.

da parte do Senhor será cumprido» (*Lc* 1, 45). Maria é o modelo da fé do Novo Testamento, e como Abraão se torna pela fé pai do povo de Israel, a crente Maria se tornará Mãe do novo Israel, a Igreja.

A Virgem Maria realiza, do modo mais perfeito, a «obediência da fé». Na fé, Maria acolheu o anúncio e a promessa trazidos pelo anjo Gabriel, acreditando que «a Deus nada é impossível» (*Lc* 1, 37) e dando o seu assentimento: «Eis a serva do Senhor, faça-se em mim segundo a tua palavra» (*Lc* 1, 38). Isabel saudou-a: «Feliz aquela que acreditou no cumprimento de quanto lhe foi dito da parte do Senhor» (*Lc* 1, 45). É em virtude desta fé que todas as gerações a hão de proclamar bem-aventurada. Durante toda a sua vida e até à última provação, quando Jesus, seu filho, morreu na cruz, a sua fé jamais vacilou. Maria nunca deixou de crer «no cumprimento» da Palavra de Deus. Por isso, a Igreja venera em Maria a mais pura realização da fé[23].

Tudo isso requer uma doação divina gratuita, dado que o homem por si só não pode merecer nem alcançar esta nova profundidade da verdade, e muito menos fazer que o seu conteúdo se torne o início da salvação. Nos Sinópticos, em continuidade com o Antigo Testamento, se ressalta a iniciativa divina sem a qual a fé não é possível: «Ninguém conhece o Filho, senão o Pai, e ninguém conhece o Pai, senão o Filho e aquele a quem o Filho o quiser revelar» (*Mt* 11, 27; cf. 16, 17). A fé é, portanto, consequência da graça, pela qual «a vós é confiado o mistério do Reino de Deus» (*Mc* 4, 11); mas a graça exige por sua vez a disposição humana da escuta (cf. *Mt* 17, 5)

Uma manifestação evidente da prioridade da graça da fé se encontra nos milagres: fica claro na sua imensa maioria que a fé é uma atitude pessoal exigida previamente ao favor recebido. Não se pode, com efeito, receber a ação miraculosa se não se professa antes a fé em Cristo. Na narração de *Mc* 5, 25-34, por exemplo, a mulher se aproxima em segredo porque crê que Jesus é homem de Deus. Uma vez desco-

(23) *Catecismo*, nn. 148-149.

berta, sente medo, mas vence o temor, aproxima-se de Jesus e se lança aos seus pés: então escuta a frase *«a tua fé te salvou»*. A fé é necessária para os milagres. Não são os milagres que a causam. No caso do moço epilético (*Mc* 9, 14-29) os momentos centrais são: a condenação da geração incrédula, a figura do pai que crê (v. 23: «tudo é possível para quem crê»), a confissão de fé (v. 24), e a repreensão aos discípulos (vv. 28-29: os discípulos não poderão curar ninguém enquanto não tiverem fé). Em sua terra, «Jesus não fez muitos milagres, por causa da incredulidade deles» (*Mt* 13, 58), enquanto «tudo é possível para quem crê» (*Mc* 9, 23). A mesma forma se repete com Maria, pois ainda que à primeira vista o milagre das bodas de Caná da Galileia (*Jo* 2, 1-11) não parece exigir a fé nos destinatários, mas antes parece destinado a mover a fé dos primeiros discípulos (cf. v. 11), é evidente que procede da fé antecedente da Mãe, para quem «nada é impossível a Deus» (*Lc* 1, 37): «feliz aquela que acreditou» (*Lc* 1, 45).

A fé, ato fundamentalmente interno, implica uma dedicação total, seguimento pleno, conversão do coração e arrependimento radical dos próprios pecados. A fé nos coloca diante de uma decisão radical para a salvação que não admite hesitações: «quem crer e for batizado será salvo. Quem não crer será condenado» (*Mc* 16, 16).

7.2.2.2. O *corpus* paulino

Para Paulo, o conteúdo fundamental da fé é a Páscoa do Senhor: «Eu vos transmiti, antes de tudo, o que eu mesmo tinha recebido, a saber: que Cristo morreu pelos nossos pecados, segundo as Escrituras, foi sepultado e, ao terceiro dia, foi ressuscitado, segundo as Escrituras; e apareceu a Cefas e, depois aos Doze» (*1 Cor* 15, 3-5). A fé na ressurreição é a pedra de toque da nova vida da graça: «se Cristo não ressuscitou, a vossa fé não tem nenhum valor e ainda estais nos vossos pecados (*1 Cor* 15, 17).

Paulo pede ao cristão uma atitude básica de acolhimento de Jesus Cristo: passar da adesão às promessas da Aliança à adesão às promessas de Cristo. A fé é fundamentalmente fé em Cristo ressuscitado, como caminho de salvação: «Se, pois, com tua boca confessares que Jesus é Senhor e, no teu coração, creres que Deus o ressuscitou dos mortos, serás salvo» (*Rom* 10, 9). É obediência que torna semelhante ao crucificado-ressuscitado e que doa o Espírito dos filhos de Deus, no qual confessamos que Jesus é o Senhor (cf. *Rom* 10, 9) e reconhecemos o Pai como *Abba.* Este é o mistério escondido e agora revelado (cf. *Col* 1, 26; *1 Cor* 2, 6), no qual o homem é salvo. Acolher tal mistério na fé é a única via para obter a salvação e também a única garantia da mesma salvação (cf. *Rom* 4, 1-5.16-24; cf. o texto já citado de *Jo* 15, 6 e tantos outros textos paulinos onde se fala da justificação pela fé: *Rom* 1, 17; 8, 25; 5, 1; *Gal* 2, 20; 3, 11; *Fil* 3, 9, etc.). A fé chama o homem a um compromisso de toda a vida que se manifesta como caridade: «o que vale é a fé agindo pelo amor» (*Gal* 5, 6).

> Poderá a fé cristã prestar um serviço ao bem comum relativamente à maneira correta de entender a verdade? Para termos uma resposta, é necessário refletir sobre o tipo de conhecimento próprio da fé. Pode ajudar-nos esta frase de Paulo: «Acredita-se com o coração» (*Rom* 10, 10). Este, na Bíblia, é o centro do homem, onde se entrecruzam todas as suas dimensões: o corpo e o espírito, a interioridade da pessoa e a sua abertura ao mundo e aos outros, a inteligência, a vontade, a afetividade. O coração pode manter unidas estas dimensões, porque é o lugar onde nos abrimos à verdade e ao amor, deixando que nos toquem e transformem profundamente. A fé transforma a pessoa inteira, precisamente na medida em que ela se abre ao amor; é neste entrelaçamento da fé com o amor que se compreende a forma de conhecimento própria da fé, a sua força de convicção, a sua capacidade de iluminar os nossos passos. A fé conhece na medida em que está ligada ao amor, já que o próprio amor traz uma luz. A compreensão da fé é aquela que nasce quando recebemos o grande amor de Deus, que nos transforma interiormente e nos dá olhos novos para ver a realidade[24].

(24) Francisco, Enc. *Lumen fidei*, n. 26.

A fé, portanto, é irreduzível ao nível das criaturas. Ela permanece sempre mistério, mas simultaneamente é um ato propriamente humano que encontra o seu fundamento na nossa abertura natural a Deus, «através de suas obras» (*Rom* 1, 20). A partir da sua realidade material, limitante, mas portadora de abertura, o homem na fé recebe «a certeza daquilo que ainda se espera, a demonstração de realidades que não se veem» (*Heb* 11, 1).

7.2.2.3. João

Em João, o texto da Primeira Carta é central: «este é o seu mandamento: que creiamos no nome do seu Filho, Jesus Cristo, e nos amemos uns aos outros, de acordo com o mandamento que ele nos deu» (*1 Jo* 3, 23)[25]. O que devemos fazer para nos salvar? «Que acrediteis naquele que Ele enviou» (*Jo* 6, 29). No lugar das obras judaicas, João pede a fé no enviado de Deus, em Cristo. Essa abordagem se alinha com toda a teologia joânica, que é cristológica. «Particularmente, a fé joânica engloba em si duas exigências do Jesus sinóptico: *conversão e seguimento* [...]. A conversão é absorvida e abarcada pela fé. A fé compromete depois a aderir a Jesus [...] e ser discípulos [...] *se permanecerdes em minha palavra, sereis verdadeiramente meus discípulos* (*Jo* 8, 31)»[26]. Essa é a fé pedida à samaritana (4, 21: «mulher, acredita-me»), ao cego de nascença (9, 35-38: «Jesus ficou sabendo que o tinham expulsado. Quando o encontrou, perguntou-lhe: Tu crês no Filho do Homem? Ele respondeu: Quem é, Senhor, para que eu creia nele? Jesus disse: Tu o estás vendo; é aquele que está falando contigo. Ele exclamou: Eu creio, Senhor! E ajoelhou-se diante de Jesus»), a Marta (11, 27: «crês nisto? Ela respondeu: Sim, Senhor, eu creio firmemente que tu és o Cristo, o Filho de Deus, aquele que deve vir ao mundo»).

São João exprimiu a importância que a relação pessoal com Jesus tem para a nossa fé, através de vários usos do verbo crer. Jun-

(25) Cf. R. Schnackenburg, *op. cit.* vol. II, pp. 210 ss.

(26) *Ibidem*, pp. 212-213.

tamente com o "crer que" é verdade o que Jesus nos diz (cf. *Jo* 14, 10; 20, 31), João usa mais duas expressões: "crer a" (sinônimo de dar crédito a) Jesus e "crer em" Jesus. "Cremos a" Jesus, quando aceitamos a sua Palavra, o seu testemunho, porque Ele é verdadeiro (cf. *Jo* 6, 30). "Cremos em" Jesus, quando O acolhemos pessoalmente na nossa vida e nos confiamos a Ele, aderindo a Ele no amor e seguindo-O ao longo do caminho (cf. *Jo* 2, 11; 6, 47; 12, 44)[27].

Assim, o quarto evangelho é uma resposta atualíssima às exigências pós-modernas de um conhecimento que nasce da relação interpessoal: não só ouvir, mas também simultaneamente «ver» a pessoa em quem se crê.

A conexão entre o ver e o ouvir, como órgãos do conhecimento da fé, aparece com a máxima clareza no Evangelho de João, onde acreditar é simultaneamente ouvir e ver. A escuta da fé verifica-se segundo a forma de conhecimento própria do amor: é uma escuta pessoal, que distingue e reconhece a voz do Bom Pastor (cf. *Jo* 10, 3-5); uma escuta que requer o seguimento, como acontece com os primeiros discípulos que, «ouvindo [João Batista] falar desta maneira, seguiram Jesus» (*Jo* 1, 37). Por outro lado, a fé está ligada também com a visão: umas vezes, a visão dos sinais de Jesus precede a fé, como sucede com os judeus que, depois da ressurreição de Lázaro, «ao verem o que Jesus fez, creram nEle» (*Jo* 11 45); outras vezes, é a fé que leva a uma visão mais profunda: «Se acreditares, verás a glória de Deus» (*Jo* 11, 40). Por fim, acreditar e ver cruzam-se: «Quem crê em Mim [...] crê naquele que me enviou; e quem e vê a Mim, vê Aquele que me enviou» (*Jo* 12, 44-45). O ver, graças à sua união com o ouvir, torna-se seguimento de Cristo; e a fé aparece como um caminho do olhar em que os olhos se habituam a ver em profundidade. E assim, na manhã de Páscoa, de João – que, ainda na escuridão perante o túmulo vazio, «viu e começou a crer» (*Jo* 20, 8) – passa-se a Maria Madalena – que já vê Jesus (cf. *Jo* 20,

(27) Francisco, Enc. *Lumen fidei*, n. 18.

14) e quer retê-Lo, mas é convidada a contemplá-lo no seu caminho para o Pai – até à plena confissão da própria Madalena diante dos discípulos: «Vi o Senhor!» (*Jo* 20, 18)[28].

João insiste igualmente sobre a iniciativa divina e sobre a cooperação humana para crer, preferindo uma conotação da fé como vocação divina à qual corresponde uma confiança da parte do homem, numa espécie de dinamismo positivo entre gratuidade e liberdade. A vida de fé fica impossível sem o dom e a iniciativa divina, porque «o Espírito Santo que o Pai enviará em meu nome, ele vos ensinará tudo e vos recordará tudo o que eu vos tenho dito» (*Jo* 14, 26). O fundamento é sempre o Verbo encarnado enviado pelo Pai: «eu lhes dei as palavras que tu me deste, e eles as acolheram; e reconheceram verdadeiramente que eu saí de junto de ti e creram que tu me enviaste» (*Jo* 17, 8; cf. 8, 26). A fé é cheia de tensão escatológica que identifica conhecimento e salvação («Quem crê nEle não será condenado, mas quem não crê já está condenado, porque não acreditou no nome do Filho único de Deus», *Jo* 3, 18; cf. 17, 3;8, 24).

Concluímos estas referências ao conteúdo neotestamentário com uma menção à figura de José que, depois de sua esposa Maria, é quem melhor sintetiza as exigências do crente da Nova Lei.

Assim foi a fé de José: plena, confiante, íntegra, manifestada numa entrega eficaz à vontade de Deus, numa obediência inteligente. E, junto com a fé, a caridade, o amor. Sua fé funde-se com o Amor: com o Amor a um Deus que estava cumprindo as promessas feitas a Abraão, a Jacó, a Moisés; com o carinho de esposo para com Maria, e com o carinho de pai para com Jesus. Fé e amor na esperança da grande missão que Deus, servindo-se dele também – um carpinteiro da Galileia –, estava iniciando no mundo: a redenção dos homens[29].

---

(28) *Ibidem*, n. 30.

(29) São Josemaria Escrivá, *É Cristo que passa*, 3ª edição, Quadrante, São Paulo, 2018, n. 42.

7.3. Natureza teológica da virtude da fé

Nesta seção começamos o estudo sistemático; em primeiro lugar será examinada a noção teológica de fé, o seu caráter sobrenatural, a sua divisão (3.1). A fé como virtude se manifesta em atos, que serão analisados em seguida (3.2). Finalmente, se fará referência aos deveres éticos que provêm da virtude teologal da fé (3.3).

7.3.1. Noção teologal de fé

Como foi dito, a fé é um modo de apreensão espiritual da verdade fundado sobre o diálogo interpessoal. Este, nascendo da boa vontade, e consequentemente da consciência moral, se torna, portanto, uma verdadeira e própria virtude.

Examinemos agora a aplicação destes dois elementos (a apreensão de uma verdade testemunhada e o diálogo interpessoal do qual provém) à fé enquanto virtude teologal, isto é, à nova virtualidade estudada no capítulo precedente pela qual a vida da graça se manifesta como capacidade de conhecer a Deus como Deus se conhece. Uma vez estabelecido, também no capítulo anterior, que a fé mesma é constituída pela presença de inabitação das pessoas divinas, graças à qual somos capazes de conhecer como Deus conhece, partimos agora do conhecimento produzido em nós, para em seguida voltar a ilustrar alguns aspectos da origem divina deste conhecimento.

7.3.1.1. A fé teologal como cognição sobrenatural da verdade de Deus

No caso da fé teologal o conhecimento provém da aceitação como verdadeira da Revelação de Deus não só como genérico objeto de confiança, mas como verdade adquirida, própria e concreta. Isso não acontece senão mediante a iniciativa divina pela qual se doa à nossa inteligência criada não só a verdade íntima de Deus, mas também a mesma possibilidade de *contemplá-la.* Com efeito, não se trata só de desvelar a realidade inatingível da vida intradivina, mas também de receber a possibilidade de olhar para a sua luz infinita sem ficar cegos, isto é, com olhos espirituais capazes de contemplar, tomando parte nela, a comunhão trinitária na verdade e no amor. Trata-se, portanto, de «um ato do intelecto que adere à verdade divina sob a moção da vontade, que Deus move pela graça»[30].

Com palavras da terminologia clássica, a verdade divina revelada (autorrevelação) se torna objeto material da fé, *aquilo em que se crê;* o impulso da vontade movida pela graça se torna razão formal do crer, *o porquê acreditamos.* Também afirma o mesmo a definição da virtude teologal da fé do Concílio Vaticano I, na qual se faz referência fundamentalmente ao conteúdo do crer (aquilo que Deus revelou e a Igreja ensina, objeto material), e ao seu fundamento na ação divina que a precede e a torna possível (objeto formal). Enquanto verdade suprema comunicada e maximamente acreditável, Deus é a razão formal do assentimento do intelecto movido pela vontade:

> A fé é a virtude sobrenatural com a qual, prevenidos e ajudados pela graça de Deus, acreditamos que as coisas reveladas por Ele são verdadeiras, não por causa de sua verdade intrínseca percebida com a luz natural da razão, mas por causa da autoridade de Deus revelador, que não pode se enganar nem nos enganar[31].

A fórmula do Vaticano I remete ao fato de que a estrutura fundamental do ato de crer é única, quer se trate de fé humana, quer de fé sobrenatural. Ambas requerem um ato de vontade (querer crer) e um motivo de credibilidade com base no qual a vontade move o intelecto a aceitar a verdade recebida. O testemunho ao qual o crente se repor-

---

(30) «Credere est actus intellectus assentientis veritati divinae ex imperio voluntatis a Deo motae per gratiam», *S.Th.* II-II q. 2, a. 9 co.

(31) «Fides est virtus supernaturalis, qua, Deo aspirante et adiuvante gratia, ab eo revelata vera esse credimus, non propter intrinsecam rerum veritatem, naturali rationis lumine prespectam, sed propter auctoritatem ipsius Dei revelantis, qui nec falli nec fallere potest», Concílio Vaticano I, Const. *Dei Filius*, cap. 3, *DS* 3008.

ta na fé teologal, no entanto, é constituído pela mesma Revelação, que pode ser aceita e reconhecida como acreditável somente no plano sobrenatural, de modo que mesmo sendo uma ação autenticamente humana, o ato de crer não pode existir se não for movido pela graça, sem a qual é impossível o assentimento às verdades sobrenaturais.

Com efeito, na fé teologal estamos diante de uma crença onde a credibilidade do testemunho faz parte da própria fé acreditada, isto é, a razão formal da fé é a própria veracidade de Deus, em que se acredita imediatamente por ação da graça. Não é, portanto, um testemunho que se impõe na base de uma evidência natural, como no ato de fé humana, no qual a testemunha não pode ser ao mesmo tempo aquele que acredita; trata-se antes de uma adesão direta e imediata da vontade, movida pela graça, à revelação divina. O círculo hermenêutico se fecha somente na lógica sobrenatural de um Deus que gratuitamente se revela, que exclui, portanto, toda lógica humana ou pretensão natural da mesma revelação: isso, recorda-nos o Magistério, não pode ser feito com as próprias forças humanas[32].

O juízo pelo qual se considera razoável crer na Revelação é, portanto, movido em primeiro lugar pela graça atual, tornando-se depois permanente pela graça habitual, com base na participação da liberdade humana na vida intradivina de conhecimento e amor: o *querer crer* da fé é a mesma caridade teologal que, como veremos mais adiante, é a forma de toda virtude, tanto teologal como moral; com palavras de Tomás de Aquino, «*amare simpliciter est actus caritatis: sed amando credere est actus fidei per caritatem motae ad actum suum*»[33].

---

(32) Cf. Concílio de Orange II, cân. 5-7: *DS* 375-377.

(33) *Super Sententiis*, lib. 3, d. 23, q. 2, a. 2, qc. 2, ad 4. Nessa mesma linha que une verdade e amor são luminosas as palavras do Papa Francisco: «Se o amor tem necessidade da verdade, também a verdade precisa do amor; amor e verdade não se podem separar. Sem o amor, a verdade torna-se fria, impessoal, gravosa para a vida concreta da pessoa. A verdade que buscamos, a verdade que dá significado aos nossos passos, ilumina-nos quando somos tocados pelo amor. Quem ama, compreende que o amor é experiência da verdade, compreende que é precisamente ele que abre os nossos olhos para verem a realidade inteira, de maneira nova, em união com a pessoa amada. Nesse sentido, escreveu São Gregório Magno que "amor ipse notitia est", o próprio amor é um conhecimento, traz consigo uma lógica nova [*Homiliae in Evangelia*, II, 27, 4: *PL* 76, 1207]. Trata-se de um modo relacional de olhar o mundo, que se torna conhecimento partilhado, visão na visão do outro e visão comum sobre todas as coisas. Na Idade Média, Guilherme de Saint

Os assim chamados *motivos de credibilidade* da apologética, estudados na Teologia Fundamental, que constituem o núcleo do agir da fé sobrenatural no aspecto humano, enquanto não contrária à razão, não se confundem, apesar da idêntica denominação, com o único *motivo de credibilidade* intrínseco à crença sobrenatural: as razões apologéticas provenientes da vida da Igreja ou os motivos internos de beleza e coerência da mensagem da Revelação são apenas causas que predispõem a crer e não podem anular a preeminência da graça, nem a reta disposição interior que a mesma graça deposita no homem.

7.3.1.2. A fé teologal como adesão pessoal ao Deus trino

O Concílio Vaticano II, embora não apresente uma definição explícita de fé, ratifica tudo o que foi afirmado pelo Vaticano I e referido no parágrafo anterior; mas, ao mesmo tempo, indica o caminho para continuar a reflexão:

> A Deus que revela é devida a «obediência da fé» (*Rom* 16, 26; cf. *Rom* 1, 5; *2 Cor* 10, 5-6); pela fé, o homem entrega-se total e livremente a Deus oferecendo «a Deus revelador o obséquio pleno da inteligência e da vontade» (Concílio Vaticano I, Const. *Dei Filius,* cap. 3, DS 3008) e prestando voluntário assentimento à Sua revelação. Para prestar esta adesão da fé, são necessários a prévia e concomitante ajuda da graça divina e os interiores auxílios do Espírito Santo[34].

A obediência da fé é precedida, portanto, pela comunhão vital com Deus em Cristo mediante a ação da terceira pessoa[35]. Em pri-

---

Thierry adota esta tradição, ao comentar um versículo do Cântico dos Cânticos no qual o amado diz à amada: "Como são lindos os teus olhos de pomba!" (*Cant* 1, 15) [Cf. *Expositio super Cantica Canticorum*, XVIII, 88: *CCL*, *Continuatio Mediaevalis* 87, 67]. Estes dois olhos – explica Saint Thierry – são a razão crente e o amor, que se tornam um único olhar para chegar à contemplação de Deus, quando a inteligência se faz "entendimento de um amor iluminado" [*Ibidem*, XIX, 90: *CCL*, *Continuatio Mediaevalis* 87, 69]». Enc. *Lumen fidei*, n. 27.

(34) Concílio Vaticano II, *Dei verbum*, n. 5.

(35) Cf. G. Testa, *La fede cristiana nella sua dimensione cristologica, trinitaria, ecclesiologica,* ISU, Piacenza 1997.

meiro lugar, o agir da graça requer a participação humana, de modo que as disposições interiores são importantes para receber e conservar a fé. Tanto é assim que, não poucas vezes, a perda da fé – ou as dúvidas que possam ocorrer – se deve a um comportamento contrário à lei moral. De fato o próprio juízo de credibilidade inclui a ordenação natural da vontade para Deus, e, portanto, a consideração de que a Deus devemos amor, respeito, doação; e é com esta predisposição que a Revelação é acolhida como verdadeira. A fé representa, assim, o ato inicial da vida moral, na qual o eixo central da existência se orienta para Deus; é «o início da salvação humana, fundamento e raiz de toda justificação»[36]. Já dissemos, de qualquer modo, que não são as disposições morais da pessoa que causam a fé sobrenatural; mas a graça exige que as potências criadas estejam ordenadas para as eternas processões intradivinas: uma vontade desordenada, com efeito, impediria a inabitação trinitária, assim como a própria realidade da graça e consequentemente a presença das virtudes infusas na alma.

Daí que a fé enquanto princípio da vida teologal exija a decisão existencial fundamental de adesão a Cristo que, sendo a pessoa do Verbo encarnado, Palavra de Deus dada a nós, é a única testemunha em quem se acredita e de quem se aprende a verdade contida no ato de fé sobrenatural: «A fé é virtude sobrenatural que inclina a nossa inteligência a assentir às verdades reveladas, a responder "sim" a Cristo, Àquele que nos deu a conhecer plenamente o desígnio salvífico da Trindade Beatíssima»[37].

A adesão à verdade que é o conteúdo do ato de fé é, antes de mais nada, adesão à pessoa do Verbo encarnado, aquele que, revelando o Pai, manifesta a verdade última de Deus. Diferentemente do que acontece na fé humana, na qual o testemunho e a palavra não se

---

(36) «Cum vero Apostolus dicit, iustificare hominem "per fidem" (can. 9), et "gratis" (Rm 3, 22.24), ea verba in eo senso intelligenda sunt, quem perpetuus Ecclesiae catholicae consesus tenuit et expressit, ut scilicet per fidem ideo iustificari dicamur, quia "fides est initium humanae salutis" (Fulgentio di Ruspe, *De fide liber ad Petrum*, Prologus, n. 1 PL 40, 753), fundamentum et radix omnis iustificationis», Concílio de Trento, Sess. VI, *Decreto sulla giustificazione*, cap. 8: *DS* 1533.

 (37) São Josemaria Escrivá, *Amigos de Deus*, 4ª edição, Quadrante, São Paulo, 2020, n. 191.

identificam, na fé teologal o próprio Cristo é a Palavra na qual se crê e também a testemunha, de modo que simultaneamente acreditamos nEle, Verbo encarnado, e cremos nEle, Palavra que revela o Pai.

Mesmo nessa dimensão cristológica da fé se depreende o seu caráter estritamente sobrenatural, já que a fé é cristológica somente na medida em que é um dom gratuito da Trindade: «ninguém será capaz de dizer: "Jesus é Senhor", a não ser sob influência do Espírito Santo» (*1 Cor* 12, 3). Jesus é a Palavra do Pai pronunciada por amor desde toda a eternidade, e somente nesse amor coeterno e coigual ao Pai e ao Filho nós somos capazes de ter como nossa aquela mesma Palavra, uma vez que o Pai a pronuncia na história. Com efeito, a prioridade temporal da fé em Cristo sobre a fé na Trindade (é Jesus quem a revela), ocorre somente no contexto do dom prévio do Espírito Santo, de modo que se pode também afirmar uma prioridade «substancial» da fé trinitária ou pneumatológica. Fé em Cristo e fé trinitária possuem o mesmo valor religioso, se exigem mutuamente.

Aceitar, portanto, a Cristo como única testemunha digna de crédito requer uma comunhão vital com Ele, que se realiza em nós pela ação do Espírito Santo. Por isso o Vaticano I havia afirmado que:

> embora, porém, a adesão da fé absolutamente não seja um movimento cego da alma, ninguém pode «consentir à pregação evangélica», do modo que convém para conseguir a salvação, «sem a iluminação e a inspiração do Espírito Santo, que dá a todos suavidade no consentir e no crer na verdade» [*Concílio de Orange II*]. Pelo que já a própria fé, em si, mesmo quando não atuante pela caridade [cf. *Gal* 5, 6], é um dom de Deus e o seu exercício é uma obra que pertence à salvação e pela qual o homem presta livre obediência a Deus mesmo, consentindo e cooperando com a sua graça, à qual poderia resistir[38].

O mesmo é declarado pelo Concílio Vaticano II, que também insiste sobre o papel do Espírito Santo, que não só capacita, mas também pre-

(38) Concílio Vaticano I, Const. Dogm. *Dei Filius*, cap. 3: *DS* 3010.

dispõe o nosso intelecto com os seus dons, como veremos no parágrafo seguinte, de modo a torná-lo idôneo para viver a virtude teologal da fé:

> Para prestar esta adesão da fé, são necessários a prévia e concomitante ajuda da graça divina e os interiores auxílios do Espírito Santo, o qual move e converte a Deus o coração, abre os olhos do entendimento, e dá «a todos a suavidade em aceitar e crer a verdade» [Concílio de Orange II, can. 7, DS 377; Concílio Vaticano I, Const. *Dei Filius*, cap. 3, DS 3010]. Para que a compreensão da revelação seja sempre mais profunda, o mesmo Espírito Santo aperfeiçoa sem cessar a fé mediante os seus dons[39].

O Vaticano II sublinha ainda mais a referência da virtude da fé à comunhão pessoal com Deus Trino, na qual «a vida de Cristo se difunde nos que creem»[40] e Deus «na riqueza do seu amor fala aos homens como amigos»[41]. A abordagem de ambos os concílios é, portanto, substancialmente idêntica, mas com uma coloração mais antropológica, orientada decisivamente ao «vale a pena» crer[42], no Vaticano II.

Da mesma maneira, ambos os Concílios sublinham a dimensão *eclesial* da fé: a Igreja é a realidade na qual os homens vivem a comunhão com Cristo no Espírito e não pode haver, portanto, outra instância na história em que se possa apreender a verdade de fé: «Para que pudéssemos cumprir o dever de abraçar a verdadeira fé e perseverar constantemente nela, Deus, através de seu Filho unigênito, instituiu a Igreja e forneceu-lhe notas evidentes de sua instituição, para que pudesse ser reconhecida por todos como a guardiã e a mestra da palavra revelada»[43].

---

(39) Concílio Vaticano II, Const. Dogm. *Dei verbum*, 5.

(40) Concílio Vaticano II, Const. Dogm. *Lumen gentium*, 7; *DS* 4112.

(41) Concílio Vaticano II, Const. Dogm. *Dei verbum*, 2; *DS* 4202.

(42) Cf., por exemplo, *Gaudium et spes* 21-22, onde se afirma a necessidade da fé para dar resposta às interrogações últimas do homem não só a nível religioso, mas também em relação ao Verbo encarnado, no qual somente o mistério do homem encontra luz.

(43) Concílio Vaticano I, Const. Dogm. *Dei Filius*, cap. 3; *DS* 3012. Cf. Concílio Vaticano II, Const. Dogm. *Dei verbum*, 7-10; *DS* 4207-4214.

A Igreja, corpo místico de Cristo, é o lugar da fé teologal; esta não é tanto uma iluminação do indivíduo singular, mas a verdade compartilhada por todos aqueles que no Espírito têm «um só Senhor, uma só fé, um só batismo» (*Ef* 4, 5). Nesse sentido se fala de *fé católica*:

> É impossível crer sozinhos. A fé não é só uma opção individual que se realiza na interioridade do crente, não é uma relação isolada entre o «eu» do fiel e o «Tu» divino, entre o sujeito autônomo e Deus; mas, por sua natureza, abre-se ao «nós», verifica-se sempre dentro da comunhão da Igreja. Assim no-lo recorda a forma dialogada do Credo, que se usa na liturgia batismal. O crer exprime-se como resposta a um convite, a uma palavra que não provém de mim, mas deve ser escutada; por isso, insere-se no interior de um diálogo, não pode ser uma mera confissão que nasce do indivíduo: só é possível responder «creio» em primeira pessoa, porque se pertence a uma comunhão grande, dizendo também «cremos»[44].

Resumindo, podemos dizer que a fé na Revelação divina é fundamentalmente virtude *sobrenatural,* porque não é possível sem a graça, da qual é uma manifestação prática; é virtude *crística,* porque é Cristo Aquele em quem confiamos, tanto intelectual como vitalmente, para aceitar intimamente a verdade revelada; é virtude *eclesial,* porque a graça de Cristo e o dom do Espírito iluminam o intelecto e a vontade de cada crente individual através do agir histórico da Igreja, tanto para fazer chegar ao princípio vital pelo qual se acredita, quanto para assegurar o conteúdo da crença.

7.3.1.3. A fé e os dons do Espírito Santo

Como visto no primeiro volume deste manual[45], a ação do Espírito Santo na alma não se limita a possibilitar a participação nas eternas

(44) Francisco, Enc. *Lumen fidei*, n. 39

(45) E. Colom e A. Rodriguez Luño, *Escolhidos em Cristo para ser santos. I. Moral Fundamental,* Quadrante, São Paulo, 2015.

processões do conhecimento e do amor divinos com a nossa razão e a nossa vontade, mas também predispõe estas potências a serem atualizadas pela graça nas virtudes teologais.

> Aquele que vive uma vida de graça divina e age por meio de virtudes e faculdades adequadas, necessita daqueles sete dons que são apropriadamente atribuídos ao Espírito Santo. Por meio desses dons, a alma é provista e fortalecida de modo a poder obedecer mais facilmente e prontamente à sua voz e impulso. Portanto, esses dons são tão eficazes que levam o homem justo aos mais altos graus de santidade; e de tal excelência que eles continuam a existir até no céu[46].

Os sete dons, portanto, não são graças extraordinárias, mas elementos imprescindíveis para a perfeição das virtudes teologais: estas virtudes causam nas potências humanas operativas a capacidade de participar da vida intradivina, ao passo que os dons são como o guia que conduz as mesmas potências da sua condição limitada e imperfeita àquela novidade de vida. Esta passagem, com efeito, não pode ocorrer, numa natureza criada e limitada, de modo imediato: a desproporção entre o objetivo a ser alcançado e as forças humanas, por um lado, e por outro, a condição espaço-temporal a que as potências intelectuais e volitivas estão ligadas, exigem uma mediação que não pode ser realizada senão pelo mesmo Espírito Santo[47].

A capacidade do intelecto humano, por sua vez, evidentemente estará sempre abaixo do objeto material da fé, tanto porque há sempre mais verdade divina do que aquela que um intelecto criado pode conhecer, como porque a intensidade intelectual requerida para o ato de fé sempre será limitada pelo sujeito, e em alguns sujeitos mais ou menos do que em outros. Por isso a fé teologal requer o auxílio do Espírito Santo para adequar o intelecto humano mediante os três primeiros dons: o dom do entendimento, o dom da ciência e o dom da sabedoria.

---

(46) Leão XIII, enc. *Divinum illud munus*, 9 de maio de 1897, n. 12.

 (47) Cf. *S.Th. I-II* q. 68, a. 2.

Através da docilidade ao primeiro dos dons (entendimento), é possível alcançar uma mais perfeita percepção e penetração da verdade divina, tanto em suas fontes reveladoras como nas fórmulas dogmáticas que a contêm. Com o dom da *ciência*[48], por sua vez, a fé teologal se abre para uma visão do mundo de acordo com a vontade divina, permitindo um olhar sobre as realidades criadas que coincidem, em certo sentido, com o olhar divino. Além disso, esse dom permite a adequada interconexão entre as diferentes verdades nas quais a única verdade da fé é traduzida em palavras humanas, bem como a possibilidade de aprofundar as implicações últimas das verdades individuais da fé na vida do crente. Finalmente, o dom da *sabedoria* permite uma integração vital e existencial do conteúdo intelectivo da fé na vida do crente[49].

7.3.1.4. Corolário: as divisões da fé

Do que dissemos sobre a natureza da fé teologal podemos deduzir alguns pontos a fim de obter uma maior clareza conceitual, algumas divisões desta virtude.

Em primeiro lugar, deve-se distinguir entre a fé como *habitus* e a fé como *actus*. Essa distinção provém da natureza estritamente teologal e infusa da fé, de modo que ela pode estar presente na pessoa inabitada pela Trindade mesmo antes de que lhe seja possível realizar atos específicos através das próprias potências intelectivas. Nesse sentido, a Igreja Romana inclui na liturgia do batismo das crianças o rito do *effettá*, no qual se pede que a criança, em quem já está presente a fé habitual, possa o quanto antes ouvir autonomamente a Palavra e

(48) «A ciência que deriva do Espírito Santo não se limita ao conhecimento humano: trata-se de um dom especial, que nos leva a entender, através da criação, a grandeza e o amor de Deus e a sua profunda relação com cada criatura», Francisco, *Audiência geral,* 21 de maio de 2014.

(49) «A sapiência consiste precisamente nisto: é a graça de poder ver tudo com os olhos de Deus. É simplesmente isto: ver o mundo, as situações, as conjunturas e os problemas, tudo, com os olhos de Deus. [...] O coração do homem sábio, neste sentido, tem o gosto e o sabor de Deus», Francisco, *Audiência geral,* 9 de abril de 2014.

professar a fé. De fato, quando se chega ao uso da razão, os atos são a manifestação necessária da fé. Daqui deduzimos a dimensão moral e obrigatória dos atos de fé, como se verá mais adiante.

Intimamente ligada à divisão anterior, se encontra a distinção entre *fé formada ou perfeita (viva)* e *fé informe ou imperfeita (morta)*. Para compreender com profundidade o significado desta distinção, é importante ter presente que a virtude teologal da fé por si só não dá razão de toda a vida teologal, que exige em unidade a presença das outras duas virtudes, na mesma medida em que as duas processões do intelecto e da vontade se dão numa circularidade entre conhecer e amar que não se pode cindir. Ao contrário da vontade, que consiste apenas na tendência para o objeto, o intelecto torna presente de modo estável no sujeito cognoscente o objeto conhecido, de modo que, uma vez que a fé habitual se manifesta nos atos intelectivos da pessoa, o seu conteúdo da verdade, nas condições normais das faculdades intelectivas, não desaparece quando se perde a graça santificante. Contudo, a possibilidade de afirmar como verdadeiras as proposições da Revelação não constitui em si mesma a fé teologal, que por sua natureza deve ser informada pela caridade: a perda da graça implica a *morte* da fé no sentido de que, embora permanecendo seu conteúdo, este não se deve à comunhão com o Verbo e, portanto, não tem valor salvífico ou meritório[50]. A fé, com efeito, não é um mero conhecimento de verdades, mas o conhecimento fundado e vivificado pelo amor. Em todo caso, de acordo com Tomás, o ato cognitivo da fé precede *quoad nos* o ato de amor teologal, ainda que por sua vez seja precedido pelo dom do amor de Deus a nós: sua dimensão cognitiva, portanto, pode estar presente mesmo sem a graça[51].

---

(50) «Se eu tivesse o dom da profecia, se conhecesse todos os mistérios e toda a ciência, se tivesse toda a fé, a ponto de remover montanhas, mas não tivesse amor, eu nada seria» (*1 Cor* 13, 2). «Tu crês que há um só Deus? Fazes bem! Mas também os demônios creem isso, e estremecem de medo», (*Tg* 2, 19).

(51) «Actus fidei praecedit desiderium, quia omnis actus affectivae praesupponit actum cognitivae; desiderium autem praecedit spem, spes autem amorem; et ideo sicut fides potest esse informis, quia actus ejus praecedit actum amoris; ita et spes», *Super Sent.*, lib. 3, d. 26, q. 2, a. 3, qc. 2, co. «Fides est fundamentum omnium virtutum, praecedens omnes quantum ad naturalem ordinem actuum», *Super Sent.*, lib. 3, d. 26, q. 2, a. 3, qc. 1, co.

«O ato de fé ordena-se ao objeto da vontade, que é o bem, como a um fim. Este bem que é o fim da fé, isto é, o bem divino, é o objeto próprio da caridade. Logo, a caridade é considerada forma da fé, enquanto por ela o ato de fé se torna perfeito e formado»[52].

Quanto aos atos de fé, as distinções mais importantes são: *fé explícita* e *fé implícita, fé interna* e *fé externa.*

A primeira divisão se refere à extensão da fé acreditada. A *fé explícita* consiste na aceitação de cada uma das verdades de fé na medida em que vão sendo conhecidas, e a *fé implícita,* na aceitação geral e inclusiva (mas não específica) de tudo o que Deus revelou e a Igreja ensina. A própria natureza da fé implica a aceitação *implícita* de todas as verdades contidas na Revelação, ainda que não sejam atualmente conhecidas: o crente verdadeiro crê *em ato* em tudo o que Deus revelou independentemente do fato de conhecê-lO ou de tê-lO presente num determinado momento, ou mesmo do fato de que uma determinada verdade tenha sido ou não definida pelo Magistério eclesiástico como pertencente ao depósito revelado. Tenha-se presente que a própria limitação natural da capacidade cognoscitiva humana torna impossível que alguém seja capaz de possuir toda a verdade que Deus revelou no seu desígnio salvífico, e talvez nem mesmo aquilo que a Igreja tenha definido como tal ao longo dos séculos, de modo que boa parte dela só poderá ser acolhida de modo implícito. Contudo, a própria natureza da fé, ao ser expressão da comunhão pessoal com Deus que se revela, despertará no crente o desejo concreto de *explicitar* o quanto for possível a verdade recebida que, em última análise, não é senão a própria verdade da pessoa em quem confiamos no ato de fé. Sem este desejo real e efetivo não se poderia falar de verdadeira fé interpessoal. Por isso, além do «mínimo» de fé explícita que se deve ter, que será apontado mais adiante, esta divisão revela uma primeira e substancial tarefa moral no tocante à primeira virtude teologal, que consiste no empenho de converter o máximo possível, de acordo com as próprias circunstâncias pessoais, a fé implícita em fé explícita.

(52) *S.Th.* II-II q. 4, a. 3 co.

Em si mesmo, o ato de fé é interno, na medida em que consiste numa adesão intelectual, e, em todo caso, qualquer ato externo de fé deve corresponder ao ato interno. Mas a própria natureza somático-espiritual do homem, com a consequente dimensão simbólica dos nossos atos, bem como a condição comunitária da pessoa, implicam a necessidade moral da manifestação externa da fé[53]; mais adiante se verá em que circunstâncias tal manifestação é obrigatória.

A distinção, menos significativa do ponto de vista moral, entre *fé formal* e *fé expressa,* depende do fato de que o ato de fé se manifeste numa verdadeira e própria confissão do conteúdo (por exemplo, a recitação do *Credo*), ou pelo contrário seja uma manifestação concomitante ao exercício de outros atos ou virtudes da vida da graça (por exemplo, o ato de fé próprio da participação no sacramento da Eucaristia).

7.3.2. Características do ato de fé

Depois de ter estudado as dimensões constitutivas da virtude teologal da fé como o *habitus* presente na alma pela graça, nos deteremos agora a considerar os atos em que ela se manifesta. É evidente que, quando pode ser realizado pelas potências operativas humanas («uso de razão»), o ato é exigido para a perfeição do *habitus,* ainda que nas virtudes teologais este último preceda o próprio ato.

Não é preciso insistir mais sobre o fato de o ato de fé teologal ser sobrenatural por sua natureza, uma vez que seria impossível realizá-lo sem o auxílio prévio da graça de Deus. A fé se acha sob a ação da graça, como dissemos, por dois motivos fundamentais: em primeiro lugar, pela mesma gratuidade da Revelação sobrenatural que é acolhida por aquele que crê; em segundo lugar, porque o homem deve

(53) «Confessio autem eorum quae sunt fidei secundum suam speciem ordinatur sicut ad finem ad id quod est fidei, secundum illud II ad Cor. IV, *habentes eundem spiritum fidei credimus, propter quod et loquimur*, exterior enim locutio ordinatur ad significandum id quod in corde concipitur. Unde sicut conceptus interior eorum quae sunt fidei est proprie fidei actus, ita etiam et exterior confessio», *S.Th.* II-II q. 3, a. 1 co.

ser «habilitado» pela graça para a razão e a vontade serem capazes de atualizar-se com a verdade divina: não seria possível para as potências humanas se atualizarem ao nível exigido, nem se cumpririam as exigências que permitem o assentimento ao testemunho divino. A fé sobrenatural, portanto, se manifesta através de atos que, pela sua própria natureza devem ser *livres, plenamente certos e firmes, operativos.*

7.3.2.1. A liberdade da fé

A graça requer a livre adesão da pessoa à iniciativa divina, de modo que o ato de fé é fundamentalmente livre na sua origem, porque a graça move livremente a natureza livre do homem. Contudo, mesmo na dinâmica intrínseca do próprio ato, a fé não seria fé se a adesão do intelecto não fosse plenamente livre de qualquer condicionamento que não seja a autoridade da testemunha: «Os homens se preparam para a mesma justificação quando estimulados e ajudados pela graça divina, recebendo a fé mediante a escuta (cf. *Rom* 10, 17); eles se voltam livremente para Deus, crendo verdadeiro o que foi divinamente revelado e prometido»[54].

Já pudemos evidenciar como em nenhum caso a fé teologal provém de outro motivo de credibilidade externo (apologético) que imponha a adesão necessária da razão independentemente da intencionalidade de crer, como se as verdades fossem demonstradas ou evidentes em si mesmas. É preciso ter presente, contudo, que a graça não só possibilita, mas de algum modo faz necessário o crer: com efeito, logo veremos como é necessário crer para salvar-se, de modo que não se pode interpretar essa característica do ato de fé como indiferença entre o crer e o não crer.

---

(54) Concílio de Trento, sessão VI, capítulo VI; *DS* 1526. Na mesma linha o capítulo 3 *"De fide"* da Const. Dogm. *Dei Filius* do Vaticano I afirma sobre a fé que «actus eius est opus ad salutem pertinens, quo homo liberam praestat ipsi Deo oboedientiam gratiae eius, cui resistere posset, consentiendo et cooperando» (*DS* 3010). Finalmente, o 5º cânon do mesmo capítulo declara: «Si quis dixerit, assensum fidei christianae non esse liberum, sed argumentis humanae rationis necessario produci; aut ad solam fidem vivam, quae per caritatem operatur (cf. *Gal* 5, 6), gratiam Dei necessariam esse: anathema sit» (*DS* 3035).

O homem, mesmo a nível natural, deve crer, mas essa necessidade, que se traduzirá também em obrigatoriedade moral, não elimina nem a *liberdade de exercício* na maior ou menor aplicação da inteligência movida pela vontade à verdade testemunhada, nem a *liberdade de especificação,* pela qual o assentimento dado permanece sempre um ato do crente em primeira pessoa, fruto da voluntariedade plenamente livre que coopera com a graça. Também a nível sobrenatural ninguém crê *se não quiser crer.* Uma fé não livre não seria fé, menos ainda quando esta fé tem a pretensão de ser teologal, isto é, correspondente ao nível revelado à nossa condição natural de abertura dialógica à divindade: «não pode fazer parte da religião a imposição de uma religião»[55].

Portanto, o ato de fé teologal é em si mesmo uma ação moral, enquanto ato voluntário que acolhe a verdade revelada[56]. Nesse sentido, mesmo o próprio conteúdo da revelação acreditada só pode garantir a liberdade de quem a acolhe.

> Em todos os mistérios da nossa fé católica adeja este cântico à liberdade. A Trindade Beatíssima tira do nada o mundo e o homem, num livre esbanjamento de amor. O Verbo desce do Céu e toma a nossa carne com o timbre admirável da liberdade na submissão: *Eis que venho, segundo está escrito de mim no princípio do livro, para cumprir, ó Deus, a tua vontade* (*Heb* 10, 7). Quando chega a hora marcada por Deus para salvar a humanidade da escravidão do pecado, contemplamos em Getsêmani Jesus Cristo que sofre dolorosamente, até derramar um suor de sangue (Cf. *Lc* 22, 44), e que aceita espontânea e rendidamente o sacrifício que o Pai lhe reclama: «Como cordeiro levado ao matadouro, como ovelha muda diante dos tosquiadores» (*Is* 53, 7). Já o havia anunciado aos seus, numa dessas conversas em que derramava o seu Coração, para que os que o amam soubessem que Ele é o Caminho – não há

(55) «Sed nec religionis est cogere religionem, quae sponte suscipi debeat, non vi, cum et hostiae ab animo libenti expostulentur», Tertuliano, *Ad Scapulam*, II, 2.

(56) «Quem crer e for batizado será salvo. Quem não crer será condenado», *Mc* 16, 16.

outro – para chegar ao Pai: «Por isso meu Pai me ama, porque dou a minha vida para outra vez a assumir. Ninguém a tira de mim, mas eu por mim mesmo a dou, e tenho o poder de a dar e o poder de a reassumir» (*Jo* 10, 17-18)[57].

7.3.2.2. A certeza da fé

Da liberdade e voluntariedade do ato de fé se depreendem as duas características ligadas à própria natureza do ato livre, realizado *a principio intrinseco cum cognitione finis.* No tocante à *cognitio*, o ato de fé se apoia formalmente sobre a autoridade de Deus que se revela, e tem como fundamento a autoridade da Igreja que propõe as verdades em que se deve crer. Ambos os elementos fazem com que o ato de fé, enquanto tal, exclua toda incerteza ou dúvida da mente do crente.

«O homem pode ter muito mais certeza das coisas que Deus revela, porque Deus não pode cometer erros, do que daquelas que vê com sua própria razão, que pode cair no erro»[58].

Pode-se, portanto, considerar a certeza como a característica do ato enquanto dependente do intelecto: não se refere apenas negativamente à ausência de incertezas, mas se trata da intensidade da adesão deste ato à verdade revelada, ainda que, como é óbvio, essa certeza não elimine o conteúdo misterioso da verdade em que se crê, superior à capacidade intelectiva do homem. É possível afirmar que a fé é o conhecimento mais certo e seguro, que afasta da alma toda dúvida e incerteza, precisamente porque se apoia sobre a veracidade de Deus que nos é comunicada através da ação do Espírito Santo. A terceira pessoa, com efeito, nos conduz a «toda a verdade» (*Jo* 16, 13) que é Cristo, Verbo encarnado. Essa certeza é reforçada pela doutrina do Magistério da Igreja, que propõe as verdades reveladas por Deus. Assim, a mediação eclesial levou Paulo a afirmar que não existe outra via pela qual se possa transmitir a certeza da fé: «mesmo que nós ou um

(57) São Josemaria Escrivá, *Amigos de Deus*, n. 25.

(58) *S.Th.* II-II q. 45, a. 12 ad 2.

anjo vindo do céu vos pregasse um evangelho diferente daquele que vos pregamos, seja excluído!» (*Gal* 1, 8).

7.3.2.3. A firmeza da fé

O que a certeza do ato de fé é para a adesão do intelecto à verdade revelada, a firmeza é para o império da vontade. De fato, sendo a certeza proveniente não da evidência intrínseca da verdade, mas da firme adesão da vontade à Palavra divina, a obediência-adesão à mesma se configura como um imperativo radical: «A fé compreende que a palavra – uma realidade aparentemente efêmera e passageira —, quando é pronunciada pelo Deus fiel, torna-se no que de mais seguro e inabalável possa haver, possibilitando a continuidade do nosso caminho no tempo»[59].

É fácil relacionar esse texto de Francisco com a resposta de Pedro a Cristo num momento em que o acolhimento da Palavra tinha causado a dúvida e a recusa não só dos judeus, mas também de grande parte dos discípulos: «Simão Pedro respondeu: A quem iremos, Senhor? Tu tens palavras de vida eterna» (*Jo* 6, 68). Da sua parte, o próprio Jesus, ao afirmar que «passarão o céu e a terra, mas minhas palavras não passarão» (*Mt* 24, 35), apresenta a definitiva razão de conveniência da firmeza da adesão da fé.

Chegados a este ponto, e como corolário da exposição das características da fé no que diz respeito ao assentimento do intelecto e à adesão da vontade, poderíamos perguntar-nos se isso não exclui a presença de dúvidas ou dificuldades no próprio ato de crer. Mais adiante, na seção dedicada aos pecados contra esta virtude, trataremos da dúvida positiva de fé que, como ficou evidente, contradiz a própria fé. Mas o que dizer das dificuldades para viver a fé ou do surgimento de dúvidas negativas?

É inevitável que o assentimento a verdades que superam em absoluto a natural capacidade de compreensão deixe o intelecto criado

(59) Francisco, Enc. *Lumen fidei*, n. 10.

numa condição de impossibilidade de compreensão integral da verdade afirmada: a verdade em que se crê participa de algum modo do «já, mas não ainda» sempre presente na nossa experiência forçosamente limitada da relação entre tempo e eternidade. Por isso, do ponto de vista humano, crer será sempre difícil: sempre haverá demasiada luz na verdade acolhida, tanto que não se pode olhá-la de frente, nem sequer com um intelecto sustentado e potencializado pelos dons do Espírito Santo.

Contudo, é fácil perceber como a própria presença dessa dificuldade intrínseca constitui um modo de experimentar o caráter sobrenatural da fé: se faltasse, poderíamos dizer que o ato de fé não valeria a pena, a não ser por motivos humanos. Uma fé perfeitamente «compreensível» seria uma fé pequena demais, não seria uma fé em Deus.

Daí que as dificuldades para crer não só não obstruem a certeza do assentimento (não admite nenhum nível de incerteza), mas inclusive se tornam impulsos para o intelecto no esforço por conhecer, o quanto for humanamente possível, o conteúdo da Revelação (*fides quaerens intellectum*), pondo em prática os meios necessários para que isto ocorra (catequese, leitura atenta da Sagrada Escritura, estudo pessoal de acordo com as próprias condições...).

Sobre a firmeza da adesão da vontade, convém não esquecer que também esta, ainda que sustentada pela graça, deve ter em conta a natureza humana, em virtude da qual o apetite volitivo (querer crer) será sempre marcado pela incapacidade de experimentar sensivelmente a Deus. A falta ocasional ou habitual de sentimentos («não sinto nada») ou a aridez da vontade são – como acontece com as dificuldades do intelecto –, sinais de que Aquele em quem se crê ultrapassa toda experiência sensível humana. Estas dificuldades práticas, tanto do intelecto como da vontade, são ocasiões de purificação e crescimento na fé.

Seria uma falsa caridade, diabólica, mentirosa caridade, ceder em questões de fé. *Fortes in fide* – fortes na fé, firmes, como exige São Pedro. – Não é fanatismo, mas simplesmente viver a fé: não significa desamor para com ninguém. Cedemos em tudo o que é acidental, mas na fé não é possível ceder: não podemos dar o azeite das nossas lâmpadas, porque depois vem o Esposo e as encontra apagadas[60].

7.3.2.4. A fé operativa

Se a fé é conhecimento que dá ao intelecto a máxima certeza e ao qual a vontade adere com a máxima firmeza, parece evidente que a verdade na qual se crê deve manifestar-se em todas as dimensões do agir daquele que crê, já que «a fé, sem as obras, é morta» (*Tg* 2, 26). Não só no sentido de que a fé vivida deve levar a agir em consequência com a verdade na qual se crê: a operosidade da fé não é apenas consequente, mas sobretudo concomitante e antecedente, porque a própria fé é informada pela caridade e não surge se não for precedida pelo agir do Espírito em nós, que move a vontade a crer e a pessoa do crente para Cristo.

> Rezai comigo ao Senhor: *Doce me facere voluntatem tuam, quia Deus meus es tu* (*Sl* 142, 10), ensina-me a cumprir a tua Vontade, porque Tu és o meu Deus. Numa palavra: que brote dos nossos lábios o anseio sincero de corresponder com um desejo eficaz aos convites do nosso Criador, procurando seguir os seus desígnios com uma fé inquebrantável, persuadidos de que Ele não pode falhar. Amando deste modo a Vontade divina, perceberemos que o valor da fé não reside apenas na clareza com que a expomos, mas também no ânimo resoluto com que a defendemos com obras. E assim saberemos ser consequentes na nossa atuação[61].

Portanto, toda palavra professada na fé e não simplesmente conhecida por outras vias, é consequência de uma docilidade ao Espírito que orienta também do ponto de vista existencial a vida do crente. Somente «a fé agindo pelo amor» (*Gal* 5, 6) é uma fé formada. Em suma, todo o desígnio de salvação, no qual cremos, manifesta um agir de Deus na história que não visa em nenhum momento uma mera

---

(60) São Josemaria Escrivá, *Forja*, n. 131.

(61) São Josemaria Escrivá, *Amigos de Deus*, n. 198.

«informação» de conteúdo sobre a natureza divina, um conteúdo excelso com o qual preencher o intelecto criado; como confessamos no Credo, o dom da Palavra de Deus à história tem como único motivo o *propter nos homines et propter nostram salutem.* Só a salvação pessoal dá a razão última de ser às verdades da fé, de modo que uma fé não formada faz conhecer, mas não salva. Todo conhecimento de fé, portanto, é em si mesmo uma chamada à santidade em ato, compromisso de identificação com Cristo na história em vista da plenitude definitiva: «Esta é a vida eterna, que conheçam a ti, o Deus único e verdadeiro, e a Jesus Cristo, aquele que enviaste» (*Jo* 17, 3).

Assim, à certeza e à firmeza da fé se une uma espécie de envolvimento global da pessoa do crente, de modo que todas as suas dimensões existenciais ficam marcadas pela fé. O crente, com efeito, «viverá pela fé» (*Gal* 3, 11), e todas as suas obras que não sejam expressão da sua fé deverão ser consideradas negativamente: «quer comais, quer bebais, quer façais qualquer outra coisa, fazei tudo para a glória de Deus. (*1 Cor* 10, 31):

> A fé exige indubitavelmente uma convicção interna intelectual, isto é, que o crente aceite sem reservas na sua mente iluminada pela fé as verdades reveladas. Esta convicção deve ser além disso existencial, já que os fiéis creem também com o seu coração, vivem da fé, têm nela o fundamento radical e total de sua nova vida e de sua nova existência, vivem e morrem na fé[62].

Até agora consideramos a operosidade da fé do ponto de vista da sua origem sobrenatural, do seu ser informada pela caridade. Mesmo considerando-a do ponto de vista humano, é preciso dizer que o crente, enquanto pessoa, é unidade substancial de alma e corpo, razão pela qual mesmo os atos mais profundos têm uma dimensão simbólica, se manifestam através de um agir, de modo mais ou menos intenso, físico: mesmo o pensamento místico mais elevado deve confrontar-se com a estrutura neuronal do cérebro humano, e portanto com

(62) Mausbach, *op. cit.*, vol. II, p. 66.

a nossa condição material. De fato, todas as dimensões do agir pessoal são mutuamente interdependentes, e tanto o conhecimento mais mundano como aquele mais elevado e abstrato, determinam, em certa medida, o apetite volitivo e o agir: não existem conhecimentos neutros. Muito mais então o conhecimento de fé deverá necessariamente concretizar-se em obras, internas ou externas, que orientam a pessoa para o Deus que na fé se manifesta.

7.3.3. As exigências morais da fé

A virtude da fé, dada a sua necessária e intrínseca dimensão operativa, sobre a qual falamos no final do parágrafo precedente, impõe um imperativo moral absoluto ao crente. Enquanto virtude teologal, e diferentemente de todas as outras virtudes morais, está presente na pessoa inabitada pela Trindade, como *habitus,* antes mesmo da possibilidade de realizar atos de inteligência ou de vontade. Contudo, no exato momento em que a pessoa se torna capaz de realizar esses atos (quando se atinge o chamado uso da razão), dá-se a exigência moral absoluta de realizá-los efetivamente: a fé é chamada a se tornar *actus.* Passemos ao estudo das exigências morais da fé examinando, primeiramente, a necessidade da fé para a salvação eterna, tanto como *habitus* como quanto *actus,* para depois estudar sucintamente a obrigação de viver esta virtude também em referência ao mandamento explícito de Deus e da Igreja, e, finalmente, a elencar algumas das suas principais manifestações operativas.

7.3.3.1. A fé habitual como meio necessário para a salvação

Quando se fala da necessidade de uma virtude moral para a salvação, costuma-se distinguir classicamente um duplo nível de necessidade. Em primeiro lugar, a chamada *necessitas medii,* necessidade de meio, que se refere à própria natureza da virtude enquanto perfeição objetivamente necessária para alcançar um determinado fim, no caso, a bem-aventurança eterna. A *necessitas medii* indica, portanto, em que medida a concreta formalidade do bem que a virtude realiza faz parte necessariamente da perfeição final da pessoa. Pode-se entender também quando se pensa no sentido que a filosofia moderna atribuiu à palavra *transcendental,* enquanto expressão daquilo que é condição de possibilidade para que algo ocorra.

À objetiva necessidade de meio corresponde, no plano subjetivo, a vontade divina que, tanto através da Revelação como da Igreja, pode manifestar a necessidade e a obrigatoriedade moral de viver uma determinada virtude, que então passa a ser explicitamente mandada por Deus ou pela Igreja. Assim, ao dever moral inscrito na própria natureza das coisas, une-se um dever moral derivado de um *preceito* explícito, em virtude do qual esta segunda necessidade é chamada *necessitas praecepti,* necessidade de preceito, que por sua vez pode ser divino ou eclesiástico, conforme tenha origem imediata na Revelação (Sagrada Escritura) ou por intermédio da Igreja.

É evidente que, no que diz respeito às exigências morais relacionadas com a *necessitas medii,* deve haver uma conexão direta com a ordem sobrenatural da graça, dom divino que produz a salvação, manifestando assim que tais exigências constituem *meios* necessários da mesma graça. A *necessitas praecepti,* por sua vez, refere-se à totalidade dos deveres morais que, por expressa vontade divina, o cristão é obrigado a cumprir para poder salvar-se; ou seja, aqueles preceitos, divinos ou eclesiásticos, cujo descumprimento ocasiona a perda da graça santificante. Existem obviamente preceitos morais que não obrigam *sub gravi,* aos quais a salvação não se vincula diretamente.

Passando à virtude teologal da fé, deve-se afirmar *in primis,* e como verdade que se deve crer, que o *habitus* constitui um requisito imprescindível de salvação (*necessitas medii absoluta*) para todos os homens. A comunhão de vida com Deus, efetivamente, requer a presença da fé no nosso intelecto, já que é a primeira manifestação *quoad nos* da presença em nós das pessoas e do agir santificador do Espírito que nos une ao Verbo; por isso, «sem a fé é impossível agradar a Deus» (*Heb* 11, 6) e, usando as palavras do Concílio de

Trento, ela constitui o «*humanae salutis initium*»[63]. O mesmo Concílio no capítulo 7 da sessão VI define como sendo de fé católica que, sem a fé dada no sacramento do Batismo, não pode realizar-se a justificação[64]. Finalmente, o caráter dogmático de tudo isso é confirmado pelo Concílio Vaticano I no capítulo III, *De fide,* da Constituição dogmática *Dei Filius*[65].

A doutrina paulina da justificação insiste no fato de que ela ocorre por meio da fé: com efeito, Deus «demonstra sua justiça, no tempo presente, a fim de ser justo, e tornar justo todo aquele que se firma na fé em Jesus» (*Rom* 3, 26; cf. *Rom* 1, 17; 3, 22ss; 5, 1; *Gal* 3, 12; *Tg* 2, 26). A salvação baseia-se na fé independentemente das condições pessoais ou da pertença ao povo de Israel, porque «Deus é um só: ele justificará os circuncisos em virtude da fé, e os incircuncisos, mediante a fé» (*Rom* 3, 30).

7.3.3.2. Necessidade e extensão da fé em ato para a salvação

Quanto à fé como *actus,* isto é, à adesão explícita, interna ou externa, às verdades reveladas, é preciso dizer que o ato de fé é necessário para a salvação com *necessitas medii* a todos aqueles que têm o uso da razão. É fácil deduzir isto a partir do fato de que a fé que salva é uma fé informada pela caridade, de modo que tão logo o homem adquira a capacidade de agir é obrigado a vivê-la em primeira pessoa. A vontade humana, movida pela graça e ordenada à vontade divina, move por sua vez o intelecto a aderir às verdades reveladas, ainda que de maneira muito implícita. Assim, mesmo que o *habitus* seja precedente,

(63) Fulgêncio de Ruspe, *De fide liber ad Petrum,* prologus (PL 40, 753), expressão citada pelo Concílio de Trento no capítulo 8 do Decreto sobre a justificação, *DS* 1532.

(64) «Instrumentalis item sacramentum baptismi, quod est sacramentum fidei, sine qua nulli umquam contigit iustificatio», *DS* 1529.

(65) «Quoniam vero 'sine fide impossibile est placere Deo' (*Hb* 11, 6) et ad filiorum eius consortium pervenire, ideo nemini umquam sine illa contigit iustificatio, nec ullus, nisi in ea perseveraverit usque in finem' (*Mt* 10, 22; 24, 13), vitam aeternam assequetur», *DS* 3012.

porque causado diretamente pela graça e não pela ação humana, no momento em que se é capaz de realizar atos de intelecto e vontade, ele exige o *actus*: *habitus propter actus sunt*[66].

Precisamente o fato de essa adesão pertencer à própria natureza da Palavra salvífica, revelada *propter nos homines et propter nostram salutem*, faz com que ela seja imprescindível para a santificação do homem, antes mesmo de qualquer outra obra: é verdadeiramente o início da salvação e a manifestação de que esta, a partir do momento em que o homem é capaz de realizar atos livres, exija a orientação da totalidade da pessoa para Deus, que a ninguém pode justificar sem a sua resposta acolhedora: «*Qui ergo fecit te sine te, non te iustificat sine te. Ergo fecit nescientem, iustificat volentem*»[67].

Trata-se de uma condição de tal modo indispensável e necessária, que se deve aplicar a todos os homens de todos os tempos independentemente de qualquer diferença de raça, religião, nação, condição. Só a comunhão com as pessoas trinitárias da qual a fé é expressão pode levar um ser humano à salvação eterna. Não basta, portanto, a aceitação das verdades naturais sobre Deus, alcançáveis com a luz natural da razão, ainda que, como foi indicado, elas mesmas não possam ser alcançadas com certeza sem a ajuda da graça[68]. Por outro lado, o número 16 da Constituição *Lumen gentium* do Concílio Vaticano II afirma explicitamente que «aqueles que, ignorando sem culpa o Evangelho de Cristo, e a sua Igreja, procuram, contudo, a Deus com coração sincero, e se esforçam, sob o influxo da graça, por cumprir a sua vontade, manifestada pelo ditame da consciência, também podem

(66) *Contra Gentiles*, III, 48.

(67) Santo Agostinho, *Sermo* 169, 13.

(68) O debate teológico sobre esta matéria foi guiado pela intervenção magisterial de Inocêncio XI, mediante um decreto do Santo Ofício de 2 de março de 1679, no qual, entre outras, são condenadas estas afirmações: «Assensus fidei supernaturalis et utilis ad salutem stat cum notitia solum probabili revelationis, immo cum formidine, qua quis formidet, ne non sit locutus Deus» (*DS* 2121); «Nonnisi fidei unius Dei necessaria videtur necessitate medii, non autem explicita Remuneratoris» (*DS* 2122); «Fides late dicta ex testimonio creturarum similive motivo ad iusticationem sufficit» (*DS* 2123). Cf. também Gregório XVI, Enc. *Mirari vos* (*DS* 2730), Pio IX, Enc. *Quanto conficiamur moerore* (*DS* 2865-2867) e *Syllabus* (*DS* 2916-2918).

alcançar a salvação eterna», indicando claramente um influxo da graça nestas pessoas e indiretamente a presença da fé como conhecimento da vontade divina. Daí surge o problema eclesiológico de examinar os mecanismos de salvação daqueles que não estão inseridos no corpo visível da Igreja ou, em outras palavras, os diversos níveis existenciais da graça que podem verificar-se mesmo através da economia salvífica da lei natural, jamais abolida na história e chamada a identificar-se com a economia da Nova Lei no final dos tempos[69].

Se é necessário afirmar que ninguém se salva a não ser que pela graça viva em comunhão com as pessoas divinas, cuja manifestação tem início com a fé teologal, da mesma forma é preciso dizer logicamente que o conteúdo desta fé não pode referir-se às verdades reveladas na Sagrada Escritura ou àquelas ensinadas pelo Magistério, como se encontram na economia salvífica da Igreja e como é exigido aos fiéis que nela vivem; o conteúdo explícito e atual exigido para a comunhão com Deus, será obviamente muito diferente e dependente das múltiplas circunstâncias histórico-culturais em que se pode manifestar a abertura natural do homem a Deus e o acolhimento da lei natural.

Quanto à dimensão *quantitativa* do ato de fé, isto é, em quais e em quantas verdades concretas é preciso crer para que o ato seja salvífico, é evidente ser necessário crer com fé implícita em todas as verdades reveladas por Deus, ainda que não sejam conhecidas de fato. Com efeito, crer numa pessoa significa considerá-la testemunha confiável e, portanto, aceitar implicitamente como verdade tudo o que essa pessoa venha a dizer, ainda mais quando se trata das pessoas divinas no seu diálogo pessoal com o homem em graça.

Com relação às verdades que no mínimo devem ser confessadas explicitamente, em geral se considera que uma fé salvífica, tanto na Igreja como na economia da lei natural, elas devem abranger pelo menos a existência de Deus remunerador, conforme o que se indica em *Heb* 11, 6: «sem a fé é impossível agradar a Deus, pois quem

---

(69) Cf. Ch. Journet, *Per una teologia ecclesiale della storia della salvezza*, M. D'Auria, Nápoles, 1972.

dele se aproxima deve crer que ele existe e recompensa os que o procuram». Tenha-se em conta que ambos os conceitos, existência e remuneração, não provêm da busca humana de Deus no âmbito natural. Essa busca, como foi dito, aliás, não conduz por si só a uma certeza de fé: sempre deixa o homem concreto à mercê da sua falível capacidade cognitiva. Ambos os termos se baseiam numa resposta pessoal ao gratuito agir divino, que se manifesta de modo diverso em cada economia salvífica.

Visto que a fé salvífica da economia da Antiga Lei não exigia dos justos a confissão de verdades que foram reveladas com a Nova Lei, como a Trindade, a Encarnação e a obra da Redenção[70], é opinião comum entre os teólogos que tampouco são exigidas àqueles que Deus chama à salvação fora da economia sacramental da Igreja. É óbvio que, quando aqueles a quem foi anunciada a Boa Nova creem nos conceitos acima, a sua fé inclui necessariamente, para ser salvífica, as verdades da Trindade e da Encarnação, sem que isto represente um acréscimo às exigências de *Heb* 11, 6, mas simplesmente a forma específica em que estas se realizam. Nessa linha, podemos interpretar os vários textos neotestamentários que indicam a fé trinitária e cristológica como necessária para a salvação: «Eu sou a ressurreição e a vida. Quem crê em mim, ainda que tenha morrido, viverá. E todo aquele que vive e crê em mim, não morrerá jamais» (*Jo* 11, 25-26; cf. *Jo* 6, 47; *At* 4, 12; *Rom* 1, 16; 10, 4). Em todo caso, é de se ressaltar que a mensagem neotestamentária acrescenta aos requisitos mínimos de *Hb* 11, 6 não apenas uma nova e mais profunda conceituação do mistério de Deus salvador, mas também um forte impulso moral para a ativa participação e colaboração do fiel à obra da salvação, de natureza radicalmente superior àquela presente na economia da lei natural. Por essa razão, o dever evangélico de anunciar a salvação a todos os povos

---

(70) Assim São Tomás, *S.Th.* II-II q. 2, a. 7 ad 3: «Si qui tamen salvati fuerunt quibus revelatio non fuit facta, non fuerunt salvati absque fide mediatoris. Quia etsi non habuerunt fidem explicitam, habuerunt tamen fidem implicitam in divina providentia, credentes Deum esse liberatorem hominum secundum modos sibi placitos et secundum quod aliquibus veritatem cognoscentibus ipse revelasset, secundum illud Iob XXXV, *qui docet nos super iumenta terrae*».

não sofre detrimento, não obstante os homens todos possam salvar-se ainda que não recebam este anúncio[71].

Em síntese, sobre a necessidade de meio da fé para a salvação: a fé teologal enquanto *habitus* é necessária para todos os homens; enquanto *actus,* é necessária para todos os homens com uso de razão. Quanto às verdades em que é preciso crer de modo atual para salvar-se, é necessária a fé implícita em todas as verdades reveladas e a fé explícita na existência de Deus justo remunerador para todos os homens, nos dogmas da Trindade e da Encarnação como exigência explícita a todos os crentes na Igreja.

7.3.3.3. A fé como preceito moral para a salvação

Os ensinamentos do Novo Testamento mostram com clareza que, além da *necessitas medii,* existe um preceito divino positivo que obriga a crer para salvar-se, cuja expressão talvez mais premente, na sua simplicidade, se encontre nas solenes últimas palavras do Senhor aos apóstolos segundo o Evangelho de Marcos: «Quem crer e for batizado será salvo. Quem não crer será condenado» (*Mc* 16, 16). João associa esse preceito com a sua mensagem central sobre o amor: «Este é o seu mandamento: que creiamos no nome do seu Filho, Jesus Cristo, e nos

---

(71) «Ratio huius missionalis activitatis ex voluntate Dei sumitur, qui "omnes homines vult salvos fieri et ad agnitionem veritatis venire. Unus enim Deus, unus et mediator Dei et hominum, homo Christus Iesus, qui dedit redemptionem semetipsum pro omnibus" (*1 Tim.* 2, 4-6), "et non est in alio aliquo salus" (*At* 4, 12). Oportet igitur ut ad Eum, per praedicationem Ecclesiae agnitum, omnes convertantur, et Ipsi et Ecclesiae, quae Corpus Eius est, per Baptismum incorporentur. Christus enim ipse «necessitatem fidei et baptismi expressis verbis inculcando (cf. *Mc* 16, 16; *Jo* 3, 5), necessitatem Ecclesiae, in quam homines per baptismum tamquam per ianuam intrant, simul confirmavit. Quare illi homines salvari non possent, qui Ecclesiam Catholicam a Deo per Iesum Christum ut necessariam esse conditam non ignorantes, tamen vel in eam intrare, vel in eadem perseverare noluerint» (Cf. Concílio Vaticano II, *Lumen Gentium,* n. 14). «Etsi ergo Deus viis sibi notis homines Evangelium sine eorum culpa ignorantes ad fidem adducere possit, sine qua impossibile est Ipsi placere (cf. *Hb* 11, 6), Ecclesiae tamen necessitas incumbit (cf. *1 Cor* 9, 16), simulque ius sacrum, evangelizandi, ac proinde missionalis activitas vim suam et necessitatem hodie sicut et semper integram servat», Concílio Vaticano II, dec. *Ad gentes* n. 7.

amemos uns aos outros, de acordo com o mandamento que ele nos deu» (*1 Jo* 3, 23).

A tradição da Igreja expressa a força desse preceito em diversas ocasiões. Assim o Símbolo pseudoatanasiano *Quicumque*, provavelmente composto na França na segunda metade do século V: «Quem quiser salvar-se deve antes de tudo professar a fé católica: porque aquele que não a professar, integral e inviolavelmente, perecerá sem dúvida por toda a eternidade»[72]. Inocêncio XI condenou a proposição segundo a qual «Não se acredita que a fé caia sob um preceito especial e relativo a si mesma»[73].

É evidente que a extensão concreta deste preceito, tanto no tocante à qualidade da fé pessoal como no que diz respeito ao conteúdo explícito da fé acreditada, pode ser muito diversa, dependendo das várias circunstâncias, pessoais ou socioculturais. Para julgar, no âmbito da missão pastoral da Igreja, em que medida um determinado crente deve viver esse preceito, é necessário ponderar vários fatores pessoais, a começar pela vocação específica com que o fiel é chamado na vida da Igreja. Nesse sentido, aqueles que são chamados a transmitir a vida de fé – como os sacerdotes, os pais e os educadores cristãos, os membros da Igreja que por diversos motivos possuem uma significativa visibilidade pública – têm a obrigação moral de ser exemplares na vida de fé e de adquirir um amplo conhecimento das verdades reveladas.

É preciso ter presentes, além disso, outros aspectos ligados aos indivíduos singulares, como a capacidade e o desenvolvimento intelectual, a formação recebida ou a intensidade com que a vida de fé de cada um – culpável ou inculpavelmente – é sustentada pela piedade pessoal e pela frequência nos sacramentos. Esses fatores pessoais devem, pois, ser avaliados com base nas reais circunstâncias históricas, geográficas e sociais em que a pessoa se encontra, circunstâncias que

(72) «Quicumque vult salvus esse, ante omnia opus est, ut teneat catholicam fidem: quam nisi quisque integram inviolatamque servaverit, absque dubio in aeternum peribit», *DS* 75.

(73) Proposição condenada entre aquelas que dizem respeito aos erros da doutrina moral laxista com decreto do Santo Ofício de 2 de março de 1679: «Fides non censetur cadere sub praeceptum speciale et secundum se», *DS* 2116.

podem incidir de maneira decisiva sobre a intensidade e a eficácia do anúncio de fé recebido.

A tradição teológica moral, resumida com autoridade por Santo Alfonso Maria de Ligório, considera como mínimo necessário para todos os membros da Igreja a confissão das verdades de fé contidas no Símbolo apostólico, o uso na vida de oração pessoal do Pai Nosso, o conhecimento prático dos preceitos do Decálogo, o conhecimento e a fé nos sacramentos do Batismo, Penitência e Eucaristia, enquanto necessários para a salvação (deve-se crer nos outros sacramentos na medida em que devam ser recebidos)[74]. No parágrafo seguinte se esclarecerá melhor a forma de obrigatoriedade moral deste preceito.

7.4. *A fé e o crente diante da prova da história*

A fé necessária para a salvação, tanto com necessidade de meio como com a de preceito (como estudado no ponto precedente), deve ser vivida sempre e em todo caso através de atos concretos, realizados ou omitidos pelo indivíduo crente. Mesmo que cada crente viva a sua fé sempre e apenas em referência à sua pertença à Igreja, é evidente que o estar no mundo condiciona a sua forma de crer. Aquele que crê o faz na Igreja e simultaneamente na própria condição encarnada em um momento histórico concreto, sempre condicionado pelas circunstâncias culturais, ambientais e pessoais em que se encontra: o crente autêntico o é nas circunstâncias específicas da sua existência concreta.

Movido pela vontade, o ato intelectivo da fé sempre exigirá nas circunstâncias particulares em que é vivido um empenho pessoal, um combate – às vezes, um sofrimento – que não ocorre em outras formas de conhecimento ligadas apenas ao dado empírico ou em si mesmas evidentes.

Neste último parágrafo do capítulo serão estudadas em primeiro lugar as principais manifestações existenciais da virtude da fé (4.1),

(74) Santo Alfonso Maria de Ligório, *Theologia moralis*, l. 2, n. 3.

para se passar depois às condições de dificuldade em que o crente pode se encontrar, que eventualmente ocasionarão atos defeituosos, por comissão ou omissão, na vida de fé (4.2).

7.4.1. Principais manifestações da virtude da fé

«Aviva a tua fé. – Não é Cristo uma figura que passou. Não é uma recordação que se perde na história. Vive! *Jesus Christus heri et hodie: ipse et in saecula!*, diz São Paulo. Jesus Cristo ontem e hoje e sempre!»[75]

O fato da Revelação divina condiciona de tal maneira a vida de quem a acolhe que toda circunstância passa a ser informada por este acolhimento (já nos referimos a este aspecto ao falar da fé operativa no ponto 3.2.4). Esta nova dimensão existencial do crente se apoia sobre a intensidade e a frequência com que ele vive explicitamente a sua fé através de atos concretos. Por isso o crente é obrigado a viver assiduamente a sua fé explícita interna e externa, e a procurar incrementá-la tanto na intensidade como na amplitude.

7.4.1.1 Confessar internamente a fé

Foi já estabelecido (em 3.1.4) que o ato de fé, mesmo que provenha fundamentalmente do coração do homem (fé interna), deve necessariamente manifestar-se também externamente (fé externa). A coerência necessária entre fé e vida requer uma frequente concretização de ambas as dimensões, de tal maneira que a confissão interna e externa da fé conduza da mera e fria aceitação da doutrina recebida a uma verdadeira e própria *vida de fé.*

Acima de tudo, é importante que o crente atualize regularmente a sua adesão interna à Palavra recebida *saepius in vita,* segundo a significativa expressão adotada pela tradição manualística. Com efei-

(75) São Josemaria Escrivá, *Caminho*, n. 584.

to, a especial relação com as pessoas divinas, que está na base da fé, deve manifestar-se frequentemente em adesões explícitas e amorosas de resposta à Revelação. Sem tais adesões se perderia a própria intensidade da relação, já que o nosso ser pessoal é constitutivamente ligado à condição espaço-temporal da nossa corporeidade, devido à qual mesmo os atos mais específicos das potências espirituais tendem a desaparecer se não forem devidamente repetidos. O liame necessário entre os atos de fé e a nossa condição espaço-temporal leva, além disso, a ressaltar como especialmente significativo para a sua explicitação o momento da morte (*in articulo mortis*), no qual a possibilidade de confessar e aceitar a verdade do Deus Amor misericordioso na história alcança a mais alta e definitiva relevância.

Esses atos nem sempre têm um caráter *direto* (*per se*), consistindo em verdadeiras e próprias conceituações da adesão amorosa do intelecto, frequentemente apresentadas em específicas fórmulas tradicionais de caráter devocional (os assim chamados *"Atos de fé"*). Existe também uma confissão interna da fé de caráter *indireto* (*per accidens*), ligada a outros atos de piedade que de algum modo a incluem, como por exemplo a recepção dos sacramentos, a vida de oração, a assistência à Santa Missa.

Em ambos os casos, a ciência moral clássica estabeleceu as condições, a serem acrescentadas ao dever habitual do qual se falou antes, em que a obrigatoriedade do ato de fé é absoluta[76]. Para os atos internos diretos são: a) o momento em que a divina Revelação é proposta pela primeira vez ao fiel de modo suficientemente claro e autorizado; b) a proposição por parte da Igreja, através das instâncias correspondentes, de uma nova definição dogmática como verdade que se deve crer. De maneira indireta, o ato de fé é moralmente obrigatório quando exigido por outro ato da vida cristã, bem como na presença de circunstâncias específicas que colocariam a fé em perigo se faltasse a sua confissão interna (por exemplo, no caso das tentações graves).

---

(76) Como resumo especialmente completo da tradição manualística sobre este ponto, cf. Prümmer, *op. cit.*, vol 1, pp. 352-353.

7.4.1.2 Confessar externamente a fé

Sobre a confissão externa da fé, é necessário antes de tudo ter presente que:

> O fiel vive no meio da sociedade; ele deve, antes ainda de desenvolver obras ativas de apostolado, irradiar ao seu redor o próprio segredo, a própria fé. A sua vida deve aparecer concebida segundo a fórmula verdadeira, a fórmula boa, honesta, feliz, a de Cristo. Quem pretendesse esconder a própria personalidade cristã, preocupado com o ambiente profano em que vive, cederia ao «respeito humano» de antiga memória e mereceria a repreensão do Senhor: «Aquele que me renegar diante dos homens, também eu o renegarei diante de meu Pai que está nos céus» (*Mt* 10, 33). A fé reclama uma profissão. Mesmo sob este aspecto da sua relação com a atividade prática de quem a possui se vê como a fé não é inerte e estática, mas princípio de vida moral[77].

Em 3.1.4 já abordamos os motivos da fé externa. Vejamos agora as circunstâncias de obrigatoriedade. Classicamente, se distingue em primeiro lugar um preceito negativo, pelo qual é moralmente obrigatório *não negar* externamente a fé, *semper et pro semper,* nem direta, nem indiretamente, como se indica no texto de Mateus antes citado por São Paulo VI. Obviamente, não se trata da manifestação de uma negação interna da fé enquanto tal, que caracterizaria um pecado de apostasia, como se verá no parágrafo seguinte. A negação externa consiste mais exatamente no caso da pessoa que, embora confessando internamente a fé, com as suas palavras (de forma direta), ou com determinadas ações ou omissões (indiretamente), dá a entender externamente não ter a fé que professa. Naturalmente, além de ser uma gravíssima mentira, configura uma lesão da honra devida a Deus, além de uma contradição da firmeza e operosidade da fé, que muitas vezes implicará também um pecado de escândalo. Deve-se ter sempre presente que a

(77) São Paulo VI, *Audiência geral* 14 de dezembro de 1966.

dimensão operativa e existencial da fé também inclui o testemunho radical do martírio, visto que viver segundo a fé é a razão última da existência do crente.

É na obrigação de jamais negar a fé exteriormente que se insere, indiretamente, a chamada *communicatio in sacris* ativa e formal, isto é, a participação em atos de culto não católico com aprovação intencional e o reconhecimento do que neles se realiza, caso implique a negação da especificidade salvífica da própria fé[78]. Como se verá mais adiante, a *communicatio* ativa material, que não reconhece externa e implicitamente o valor do culto não católico, expõe-se, no entanto, aos perigos para a fé dos quais o fiel deve defender-se, mas com que pode conviver em determinadas circunstâncias reguladas pela virtude da prudência.

Para além desse preceito negativo, fica clara a obrigação de manifestar externamente a fé, que compromete *semper sed non pro semper*[79]. Isso quer dizer que, embora devendo fazê-lo frequentemente, não é necessário que todos e cada um dos atos do crente sejam diretamente manifestação da sua fé. Mais ainda, em determinadas circunstâncias – e sempre por motivos graves – pode ser conveniente e inclusive moralmente obrigatório ocultar a própria fé[80]. Assim, por exemplo, em ambientes fortemente contrários à fé católica por sectarismo cultural ou por fanatismo religioso, se poderia ocultar a própria condição de fiel

---

(78) Obviamente não cai nesta proibição a participação, com suficiente motivo, ao culto sacramental das igrejas cristãs não católicas em que se celebram validamente os Sacramentos: cf. *Código de Direito Canônico*, cân. 844, §§ 1 e 2.

(79) «Confessio autem fidei, cum sit quoddam affirmativum, non potest cadere nisi sub praecepto affirmativo. Unde eo modo est de necessariis ad salutem quo modo potest cadere sub praecepto affirmativo divinae legis. Praecepta autem affirmativa, ut supra dictum est, non obligant ad semper, etsi semper obligent, obligant autem pro loco et tempore et secundum alias circumstantias debitas secundum quas oportet actum humanum limitari ad hoc quod sit actus virtutis», *S.Th.* II-II q. 3, a. 2, co.

(80) «Si turbatio infidelium oriatur de confessione fidei manifesta absque aliqua utilitate fidei vel fidelium, non est laudabile in tali casu fidem publice confiteri, unde dominus dicit, Matth. VII, *nolite sanctum dare canibus, neque margaritas vestras spargere ante porcos, ne conversi dirumpant vos*. Sed si utilitas aliqua fidei speretur aut necessitas adsit, contempta turbatione infidelium, debet homo fidem publice confiteri. Unde Matth. XV dicitur quod, cum discipuli dixissent domino quod Pharisaei, audito eius verbo, scandalizati sunt, dominus respondit, sinite illos, scilicet turbari, *caeci sunt et duces caecorum*», *S.Th.* II-II q. 3, a. 2, ad 3.

(sem nunca a contradizer direta ou indiretamente) para manter uma capacidade de influxo cultural positivo, ou para evitar graves prejuízos sociais ou econômicos, ou quando o caminho pessoal de conversão pudesse ser injusta e violentamente dificultado ou impedido.

A virtude da prudência, que é *auriga virtutum* também das virtudes teologais, indicará nos casos concretos quando é conveniente para a própria fé e para o bem do próximo não manifestar a fé externamente. A mesma sabedoria prudencial indica que a ocultação lícita da fé será sempre uma circunstância especial, já que em condições normais, a coisa mais conveniente é que o fiel, nas variadas circunstâncias em que pode encontrar-se, manifeste de modo claro e exemplar a sua condição de crente. Só assim a própria fé é ocasião e instrumento para a difusão da Palavra de Cristo dirigida a todos os homens. Com efeito, acolher o dom da fé nos faz conscientes do amor divino recebido, e esta é a causa e o compromisso da difusão desse amor na missão apostólica.

> A fé é um requisito imprescindível no apostolado, que muitas vezes se manifesta na constância em falar de Deus, ainda que os frutos demorem em vir. Se perseverarmos, se insistirmos, bem convencidos de que o Senhor assim o quer, também à tua volta, por toda a parte, se irão notando sinais de uma revolução cristã: uns haverão de entregar-se, outros tomarão a sério a sua vida interior, e outros – os mais fracos – ficarão pelo menos alertados[81].

Além da conveniência habitual, existem duas circunstâncias que tornam obrigatória a confissão externa da fé. A primeira se refere às contingências em que a honra devida a Deus requer tal confissão. Talvez a mais comum seja ser interrogados sobre a própria fé religiosa por parte da autoridade pública competente. Também não se pode agir contra a própria fé diante da exigência por parte da autoridade pública ou privada de realizar atos que a contradigam gravemente. A segunda diz respeito ao bem espiritual do próximo, quando a não confissão da própria fé possa ser ocasião de escândalo. Tomás chega a

(81) São Josemaria Escrivá, *Sulco*, n. 207.

afirmar que a confissão externa da fé nessas circunstâncias é necessária para a salvação[82], sedo que o crente, como se disse antes, pode chegar até a colocar em risco a própria vida corporal. Na mesma linha se manifesta o *Catecismo da Igreja Católica*:

> O discípulo de Cristo, não somente deve guardar a fé e viver dela, como ainda professá-la, dar firme testemunho dela e propagá-la: «Todos devem estar dispostos a confessar Cristo diante dos homens e a segui-Lo no caminho da cruz, no meio das perseguições que nunca faltam à Igreja» (*Lumen gentium,* 42). O serviço e testemunho da fé são requeridos para a salvação[83].

A lei eclesiástica prevê diversas circunstâncias em que é exigida a confissão externa da fé[84].

7.4.1.3. Crescer na vida de fé

A vida de fé está chamada a crescer: todo cristão tem o dever de aderir sempre com mais intensidade à Revelação amorosa de Deus, o que significa, em última instância, corresponder mais plenamente à graça de Deus e ser cada vez mais dócil ao Espírito Santo que age através dos seus dons. Nesse sentido, mesmo que a fé teologal cresça somente na medida em que cresce a graça santificante, este exercício cotidiano de correspondência conduz a uma maior facilidade na realização de atos meritórios graças a uma fé cada vez mais viva e ardente, capaz de iluminar todo o percurso histórico da pessoa até a sua realização definitiva na bem-aventurança eterna.

---

(82) «Sic igitur confiteri fidem non semper neque in quolibet loco est de necessitate salutis, sed aliquo loco et tempore, quando scilicet per omissionem huius confessionis subtraheretur honor debitus Deo, vel etiam utilitas proximis impendenda; puta si aliquis interrogatus de fide taceret, et ex hoc crederetur vel quod non haberet fidem vel quod fides non esset vera, vel alii per eius taciturnitatem averterentur a fide. In huiusmodi enim casibus confessio fidei est de necessitate salutis», *S.Th.* II-II q. 3, a. 2, co.

(83) *Catecismo,* n. 1816.

(84) Cf. *Código de Direito Canônico*, cân. 833.

Para o aprofundamento específico desse assunto, remetemos o leitor aos tratados de Antropologia Teológica e de Espiritualidade, recordando, porém, que continua sendo sempre uma obrigação moral colocar em prática tudo aquilo que, em pensamentos, palavras e ações, é necessário para alcançar estes fins: a participação ativa na liturgia da Igreja, a escuta devota da pregação, a assídua e fervorosa vida de oração, a leitura frequente e meditada da Sagrada Escritura.

Tendo presente a sua dimensão comunitária e eclesial, faz parte integrante da fé a sua propagação, para que ela cresça de modo vital. Tal propagação se torna assim uma obrigação moral para o fiel: não é possível uma vida de fé que não inclua a necessidade de transmiti-la. A própria natureza da fé, com efeito, implica que a Palavra de Deus, pronunciada no mundo para a salvação de todos os homens (Encarnação *propter nos homines et propter nostram salutem*), chegue concretamente a todos através do agir histórico dos fiéis. Professar a fé é saber-se identificado com Cristo na história e, portanto, chamado a colaborar para que a obra da Redenção chegue a todos os homens, criados à imagem e semelhança de Deus.

> O apostolado exercita-se na fé, na esperança e na caridade, virtudes que o Espírito Santo derrama no coração de todos os membros da Igreja. Mais ainda, o preceito do amor, que é o maior mandamento do Senhor, estimula todos os fiéis a que procurem a glória de Deus, pelo advento do Seu reino, e a vida eterna para todos os homens, de modo que eles conheçam o único Deus verdadeiro e Jesus Cristo, seu enviado (cf. *Jo* 17, 3). A todos os fiéis incumbe, portanto, o glorioso encargo de trabalhar para que a mensagem divina da salvação seja conhecida e recebida por todos os homens em toda a terra[85].

O crescimento na vida de fé, justamente por manifestar-se nas obras, é o instrumento primário da comunicação da fé aos outros, como ensinava São João Paulo II:

---

(85) Concílio Vaticano II, Dec. *Apostolicam actuositatem*, n. 3.

Os homens de hoje estão cansados de palavras e discursos vazios, que depois não se vivem. O mundo resiste a crer nas palavras que não são acompanhadas por um testemunho de vida. Sereis verdadeiras testemunhas quando a vossa vida se transformar num questionamento para aqueles que vos contemplam: por que este jovem se comporta assim? Por que se lhe vê tão feliz? Por que procede com tanta segurança e liberdade? Se viverdes assim, obrigareis os outros a confessar que Cristo está vivo e presente. Sereis testemunhas e a prova de que aceitar Cristo como caminho, verdade e vida (cf. *Jo* 14, 6) preenche as mais altas aspirações do coração[86].

7.4.1.4. Crescer no conhecimento da fé

O crescimento na vida de fé não é apenas afetivo, no sentido de que se dá somente por meio de uma maior identificação com Cristo. Como aceitação intelectiva da mensagem revelada, a vida de fé requer um conhecimento cada vez melhor do seu conteúdo. Nesse sentido, se dizia que é uma obrigação moral do fiel passar o quanto antes de uma fé implícita, pela qual se aceita tudo o que Deus revelou, a uma fé explícita que vai conhecendo sempre mais Aquele que se revela, e por isso conceitua com maior precisão as múltiplas verdades humanas nas quais se desdobra a única verdade divina revelada. Isso inclui não apenas o mínimo de verdades explícitas que são necessárias para uma fé salvífica, sobre a qual já falamos, mas tem a ver com o fato de que o amor que nos leva a crer, que faz da fé um verdadeiro e próprio conhecimento amoroso, impele sempre mais o intelecto a um maior e melhor conhecimento do amado.

A coerência entre vida e doutrina é, portanto, uma consequência da própria natureza da fé teologal. Todo fiel, na proporção das suas capacidades intelectivas e levando em conta as circunstâncias e necessidades pessoais, deve empenhar-se para que o seu conhecimento das verdades de fé corresponda ao seu amor a Deus, seguindo a indicação

(86) *Homilia*, San Juan de los Lagos (México), 08.05.1990.

paulina: «E isto eu peço a Deus: que o vosso amor cresça ainda, e cada vez mais, em conhecimento e em toda percepção» (*Filip* 1, 9).

A civilização contemporânea, com o desenvolvimento científico e técnico, normalmente exige das pessoas humanas um conjunto de conhecimentos superior ao que era necessário em outras épocas da história. É importante que este incremento de cultura «profana» seja acompanhado de um adequado crescimento da cultura religiosa, evitando desequilíbrios que reduziriam a relevância da dimensão de crença da pessoa. Isso, por sua vez, levaria a uma consistente perda de intensidade na vida de fé. Em tempos nos quais o exercício da profissão ou, em geral, a adequação ao progresso da sociedade requer um saber não indiferente, o conhecimento explícito do conteúdo da fé vivida não pode ficar atrás.

> Piedosos, pois, como meninos; mas não ignorantes, por que cada um deve esforçar-se, na medida de suas possibilidades, por estudar a fé com seriedade e espírito científico; e tudo isso é teologia. Piedade de meninos, portanto, mas doutrina segura de teólogos. O empenho em adquirir esta ciência teológica – a boa e firme doutrina cristã – deve-se em primeiro lugar ao desejo de conhecer e amar a Deus. Ao mesmo tempo, é consequência da preocupação geral da alma fiel por descobrir o significado mais profundo deste mundo, que é obra do Criador[87].

A teologia, portanto, enquanto escuta da fé a nível reflexivo, não é apenas um dever acadêmico distante da vida de todos os dias. Adaptando-se a cada circunstância, deve fornecer a todo fiel a base necessária para desempenhar o próprio papel eclesial. Concretamente, os fiéis leigos, chamados a santificar o mundo e as realidades seculares, têm a necessidade urgente de um conhecimento apto para iluminá-los com a luz da fé.

> Por vocação própria, compete aos leigos procurar o Reino de Deus tratando das realidades temporais e ordenando-as segundo

(87) São Josemaria Escrivá, *É Cristo que passa*, n. 10.

Deus. Vivem no mundo, isto é, em toda e qualquer ocupação e atividade terrena, e nas condições ordinárias da vida familiar e social, com as quais é como que tecida a sua existência. São chamados por Deus para que, aí, exercendo o seu próprio ofício, guiados pelo espírito evangélico, concorram para a santificação do mundo a partir de dentro, como o fermento, e deste modo manifestem Cristo aos outros, antes de mais pelo testemunho da própria vida, pela irradiação da sua fé, esperança e caridade. Portanto, a eles compete especialmente, iluminar e ordenar de tal modo as realidades temporais, a que estão estreitamente ligados, que elas sejam sempre feitas segundo Cristo e progridam e glorifiquem o Criador e Redentor[88].

7.4.2. As dificuldades para crer e os pecados contra a fé

A fé teologal, como porta e fundamento da vida cristã aperfeiçoada pela caridade, deve ser vivida com a intensidade que corresponde à sua importância. Na realidade, porém, o crente tem que lidar com a fragilidade do seu intelecto para afirmar a verdade anunciada e com a debilidade da própria vontade para aderir com a devida intensidade ao testemunho de Cristo.

Como se não bastassem esses obstáculos interiores, à fé vivida encontra ainda a oposição de uma infinidade de dificuldades exteriores, diferentes em cada período histórico, que nem sempre os fiéis conseguem superar. Por isso, vamos concluir a exposição sobre esta virtude teologal referindo-nos aos principais defeitos ou pecados contra ela. A clássica distinção entre pecados por omissão e pecados por comissão será levada em conta ao fazermos referência, nos dois primeiros parágrafos, à omissão dos atos devidos, bem como a tudo aquilo que indiretamente pode enfraquecer a fé e, no último, aos pecados por comissão.

No que diz respeito às virtudes teologais, omitiremos a diferenciação – também clássica – dentro dos pecados de comissão, entre os pe-

(88) Concílio Vaticano II, Const. *Lumen gentium*, n. 31.

cados por defeito e os pecados por excesso, considerando que na vida de comunhão com Deus na verdade e no amor não se dão excessos. Aparentes pecados por excesso, como a superstição ou a credulidade exagerada, referem-se a um erro na própria matéria das virtudes teologais, pelo qual se consideram incluídos nos pecados por excesso contra a virtude moral da religião.

7.4.2.1. A insuficiência no crer

Em primeiro lugar é preciso destacar o fato de que todo fiel, seja por fraqueza, seja por uma vontade não totalmente reta, sempre vive a própria fé de modo inadequado: nenhum fiel crê o suficiente! A vida da graça, com efeito, chama sempre a uma superação que não pode deter-se nunca: pensar que a nossa fé já é «suficiente» seria o primeiro defeito dessa virtude e provavelmente um dos mais perigosos, porque contradiz a própria natureza da fé como conhecimento amoroso de origem sobrenatural e impede o crescimento na vida da graça, dando ocasião para muitas outras omissões e verdadeiros pecados por comissão.

Independentemente de ocorrer ou não, a consideração equivocada da relação com Cristo, é claro que todo fiel pode, com advertência, omitir os devidos atos de fé, situando-se assim abaixo do mínimo conveniente ou necessário na própria vida de fé. Isso inclui não apenas a realização concreta de atos internos ou externos prescritos pela lei divina ou eclesiástica, mas também a omissão voluntária, portanto culpável, da formação necessária para um adequado conhecimento das verdades reveladas segundo o próprio estado de vida. Isso é típico do moderno esquecimento da vida religiosa, que tende a ver a fé como um elemento supérfluo e, consequentemente, a deixar de lado o esforço por cultivá-la. Daí a obrigação moral de não se omitir os atos necessários para manter e fazer crescer a fé teologal.

Talvez um dos primeiros motivos de omissão dos atos devidos em matéria de fé seja o indiferentismo religioso prático que caracteriza a cultura pós-moderna, que, mesmo considerando importante para a pessoa humana o fenômeno religioso, interpreta-o com uma base hermenêutica que, na prática, chega quase a uma identificação valorativa de todas as religiões. Nesse sentido, torna-se natural a omissão indiferente da confissão das verdades de fé e surge o risco de apagar ou rebaixar toda referência à Igreja como portadora destas verdades. Não raramente esta postura induz a um verdadeiro e autêntico processo de antipatia pela Igreja, pelas verdades reveladas e, em última instância, pela glória de Deus na história.

É necessário, além disso, frisar que algumas dificuldades na vida de fé podem ter origem numa vontade culpavelmente desordenada: a escolha habitual de um comportamento contrário aos mandamentos leva a viver como se Deus não tivesse um valor específico na própria existência, coisa que, por sua vez, poderia conduzir, junto à omissão do diálogo habitual da oração, ao fácil surgimento de críticas sobre o conteúdo da fé.

Quanto à ignorância das verdades de fé, as condições da cultura moderna e pós-moderna podem levar, por caminhos diversos, a uma carência culpável em pelo menos três aspectos fundamentais: em primeiro lugar, a uma deficiência na educação da fé, enquanto processo de transmissão da postura de crer e das verdades reveladas; em segundo lugar, e correlativamente, a uma falta igualmente culpável na instrução, uma vez que nem todos os esforços aptos para educar adequadamente na fé levariam a uma suficiente instrução das pessoas, em sentido ativo ou passivo; em terceiro lugar, devido ao acesso indiscriminado a múltiplas fontes de informação, a uma ausência culpável de espírito crítico, com consequentes erros importantes nos conteúdos acreditados na prática.

O verdadeiro fiel é obrigado a não omitir os atos necessários para superar essas dificuldades, procurando na Igreja, única depositária autêntica da fé, o sólido fundamento: neste sentido, o Código de Direito Canônico vigente prevê que «os fiéis, conscientes da sua responsabilidade, têm obrigação de prestar obediência cristã àquilo que os sagrados Pastores, como representantes de Cristo, declaram na sua qualidade de mestres da fé ou estabelecem como governantes da Igreja»[89].

---

(89) Cân. 212, § 1.

7.4.2.2. Os perigos internos e externos contra a fé

Do ponto precedente podemos concluir a existência de diversos perigos contra a fé, internos e externos, perigos dos quais temos dever moral de nos defender. A falta de defesa constituiria sem dúvida uma omissão culpável. O cristão vive a própria fé num ambiente marcado pela contradição do pecado, e a vive também em primeira pessoa enquanto pecador. Consciente da frequente incompatibilidade[90] entre as exigências da fé e a constante oposição, deve manter sempre viva uma postura defensiva, tanto ativa como passiva. Tenha-se em conta que defender-se dos perigos é, de per si, um direito e um dever ligado à lei natural.

Será a virtude da prudência sobrenatural quem vai julgar, nos casos concretos, com base nas circunstâncias pessoais de idade, caráter, formação, profissão, nação de origem etc., quais são os perigos internos e externos para a fé que num determinado momento devem ser evitados, e quais, ao contrário, devem ser enfrentados, muitas vezes como ocasiões privilegiadas de dialogar sobre a fé.

A fuga dos perigos (defesa passiva) nem sempre é prudente. De fato, a colaboração dos fiéis católicos com os outros homens no esforço por promover o bem comum, a cultura e o autêntico progresso científico e técnico da humanidade não só é moralmente lícita, como mesmo desejável. A fé exige, com efeito, que os fiéis sejam conscientes de que todos os homens foram criados à imagem e semelhança de Deus e constituem uma só família, de modo que o possível perigo de indiferentismo nessa colaboração é combatido justamente pelo fato de que a manifestação da própria fé naqueles âmbitos acaba sendo uma contribuição fundamental à consecução do fim comum. Evitar o diálogo com os que não creem equivaleria a privar a parcela da humanidade com que se está em contato da melhor contribuição que um cristão deve dar, mesmo quando essa contribuição não é totalmente compreendida ou acolhida. Do

(90) «Não vos atreleis ao mesmo jugo com os infiéis! Pois que afinidade poderia existir entre a justiça e a iniquidade? Ou que comunhão entre a luz e as trevas?» (*2 Cor* 6, 14).

contrário, como recorda Paulo, nós cristãos teríamos que «sair do mundo» (*1 Cor* 5, 10).

Por isso, convém que os fiéis estejam plena e ativamente integrados nas realidades sociais a que pertencem, mesmo quando não tenham um caráter confessional (como será o habitual). Assim, se situa em primeiro plano a necessidade de um forte empenho para combater acima de tudo os perigos internos contra a fé, de modo que cada cristão possa dar um testemunho benéfico onde quer que se encontre, participando ativamente na construção da sociedade dos homens. Essa defesa pessoal ativa contra os obstáculos interiores incluirá primeiramente um esforço decidido no combate a tudo aquilo que possa debilitar a virtude teologal no sujeito: pecado habitual, sentimentos mundanos, falta de humildade e simplicidade interior. Além disso, será necessário alcançar um conhecimento do conteúdo da fé suficiente e adequado às circunstâncias pessoais, bem como evitar, como prudente medida de defesa passiva frente aos perigos interiores, tudo o que possa obscurecer este conhecimento, como certas leituras ou o acesso indiscriminado à informação, tão facilitado pela cultura contemporânea.

Possuem especial importância alguns aspectos da vida social que envolvem com maior radicalidade a visão de fé da pessoa humana: matrimônio, família, educação. A preparação pessoal dos fiéis nestes âmbitos é sumamente importante, porque em si mesmos são ambientes em que o diálogo da fé com a cultura contemporânea pode ser especialmente fecundo. Os casamentos mistos na atual sociedade multiétnica, por exemplo, constituem um risco, mas são também um recurso para a transmissão da fé.

Igualmente importante é a defesa passiva frente aos perigos exteriores. Onde os grupos humanos são marcados um caráter diretamente anticristão, a prudência deverá aguçar a sua previsão e aumentar a sua precaução para que a colaboração não prejudique a fé. O agir prudencial consistirá muitas vezes em abster-se absolutamente da participação em determinadas associações, partidos políticos, ambientes ou espetáculos que contradigam radicalmente o conteúdo da Revelação. Com maior razão, importantes aspectos centrais da pessoa, como a família e a educação, poderiam, em determinados casos, fazer necessário evitar determinados centros de ensino, ou não contrair vínculo matrimonial com pessoas de uma determinada religião.

Obviamente, um elemento determinante e resolutivo da prudência é o acolhimento pleno e dócil das indicações que, em qualquer época histórica, a Igreja pode ditar para a salvaguarda da fé em circunstâncias como essas. Por exemplo, em determinados momentos históricos, a Igreja teve que proibir especificamente aos fiéis católicos a inscrição em determinadas sociedades ou a filiação em alguns partidos políticos. Por sua natureza, essas disposições frequentemente mudam, tanto no que diz respeito ao tempo em que são promulgadas, como em relação ao impacto de seu conteúdo específico nos vários ambientes sociais ou culturais para os quais são direcionados. Não por isso o seu caráter é menos obrigatório para os fiéis, dado que, como vimos, a fé é fundamentalmente um ato da pessoa que se realiza na pertença e na comunhão eclesial. A solicitude materna da Igreja manifestou-se historicamente no estabelecimento dessas prescrições aos fiéis, e também na sua supressão, quando não eram mais necessárias ou convenientes. Os pastores têm o grave dever moral de dar a conhecer aos fiéis em cada circunstância e momento as normas e prescrições existentes, assim como para os próprios fiéis existe a obrigação de se informarem e de aderir com liberdade e gratidão.

7.4.2.3. A recusa em acreditar: a infidelidade e suas formas

Finalmente chegamos aos verdadeiros pecados por comissão e por defeito contra a virtude teologal da fé. Nesta seção, faremos abundantes referências às formulações da manualística clássica, que proporcionam uma precisão conceitual absolutamente desejável neste contexto. Os atos livres que manifestam um defeito do crer se incluem no pecado de *infidelidade*. A especificidade desse pecado não deve ser confundida com a irreligião, que conforme o estudado no capítulo correspondente possui sempre uma dimensão culpável no homem, como ensinam os textos de *Sab* 13, 1ss ou *Rom* 1, 18ss. De fato, uma *infidelidade negativa,* isto é, o não professar a fé cristã por ela não ter sido suficientemente anunciada, ou porque a graça não chegou a interpelar diretamente a liberdade pessoal, não é em absoluto um pecado: *infidelitas negativa seu materialis non est peccatum*[91]. Pelo contrário, a *infidelidade positiva,* isto é, a livre recusa em aderir à fé não obstante uma vontade iluminada pela graça, constitui sempre uma culpa grave: *infidelitas positiva seu formalis est valde grave peccatum*[92].

A primeira e mais grave forma de infidelidade positiva é a *apostasia,* definida classicamente como *totalis defectio a fede christiana olim recepta*[93]. Trata-se evidentemente de um ato livre pelo qual o intelecto não mais adere a Cristo enquanto testemunha da fé transmitida através da sua Igreja, sendo que antes havia aceitado esse dom gracioso com plena liberdade. Portanto, mesmo que ainda se admitam aspectos parciais do conteúdo explícito da fé, ou não exista de fato a adesão voluntária a outra religião ou seita que implique a apostasia, a recusa é considerada *totalis,* isto é, na raiz da própria natureza da fé teologal. Nesse sentido, a fingida negação externa da fé por leviandade ou medo, ainda que seja injusta e comporte um gravíssimo pecado contra a honra devida a Deus, não constitui em si mesma um pecado de apostasia, desde que não inclua um ato formal, como seria a negação da fé católica diante da autoridade civil. Obviamente, trata-se de um pecado mortal *ex toto genere suo,* que pela sua especial gravidade supõe como mínimo a pena canônica de excomunhão *latae sententiae*[94].

A *heresia,* por sua vez, se define classicamente como *error pertinax hominis christiani contra aliquam veritatem fidei*[95]. A heresia consiste na negação formal de uma ou mais verdades reveladas, pertencentes à fé explícita, definidas pela Igreja como tais e previamente confessadas: como no caso da apostasia, não se inclui no pecado de heresia

(91) Prümmer, *op. cit.,* vol. I, p. 361.

(92) *Ibidem,* p. 362.

(93) *Ibidem,* p. 363.

(94) Cf. *Código de Direito Canônico,* cân. 1364, §1. O segundo parágrafo deste cânon indica que em caso de especial gravidade ou contumácia podem ser acrescentadas também outras penas congruentes.

(95) Prümmer, *op. cit.,* vol. I, p. 364.

qualquer negação externa fictícia, e, no mais, toda forma de erro por ignorância, ainda que gravemente culpável (manter-se-ia em tal caso a fé implícita). Também não se inclui a negação ou deformação de uma verdade não definida, ainda que seja acreditada por muitos. Obviamente podem dar-se nos fiéis, por ignorância inculpável, muitos erros sobre o conteúdo da fé, que se consideram heresias materiais, cujo valor moral é o mesmo da infidelidade negativa.

A heresia formal, como a apostasia, é pecado mortal *ex toto genere suo* especialmente grave, na medida em que contradiz o princípio intrínseco da fé teologal, a adesão do intelecto movido pela vontade iluminada pela graça a tudo aquilo que Deus revela. Constitui, portanto, uma recusa da Palavra encarnada e do Espírito no qual aceitamos a veracidade divina, ainda que esta recusa não afete a totalidade das diversas verdades humanas nas quais se manifesta a única verdade divina. Consequentemente, a heresia acarreta uma ruptura de fato da comunhão eclesial que, no entanto, só é punida exteriormente com as mesmas penas da apostasia quando se torna externa: com efeito, a heresia é pecado ainda que atinja somente a fé interna, ou ainda que a manifestação exterior do erro formal não tenha um caráter significativamente público: uma heresia externa, efetivamente, permanece como tal mesmo no âmbito privado.

O mesmo motivo pelo qual a heresia constitui um pecado grave, isto é, a rejeição da veracidade de Deus manifestada ao homem pelo Espírito, está presente na *dúvida positiva* de fé. Obviamente, a dúvida negativa associada naturalmente ao ato de fé por ignorância, pela fragilidade do intelecto humano em assentir à verdade de fé ou pela fraqueza da vontade ao imperar o assentimento, pode não constituir pecado, e muitas vezes pode inclusive revelar-se como um recurso que leva a um melhor conhecimento por aumentar a fé explícita, ou a uma maior docilidade à graça e aos dons por superar a fraqueza humana. A dúvida positiva e voluntária, pelo contrário, manifesta uma rejeição direta do objeto formal da fé, a veracidade de Deus, e deve, portanto, ser considerada também como pecado grave.

Esta dúvida se caracteriza por uma vontade positivamente dubitativa que não quer imperar a adesão certa e firme à verdade revelada própria do ato de fé teologal. Por isso podemos concluir com a manualística clássica que *omne dubius voluntarium de fide est graviter peccaminosum*[96], e pode ser certamente qualificada como mortal *ex genere suo.* Em muitos casos a adesão da vontade à dúvida pode ser mais de tipo prático, e não tanto um ato formalizado de dúvida sobre a veracidade da Revelação ou de um dogma. Só neste segundo caso a dúvida positiva, *pertinax dubitatio,* seria um verdadeiro e próprio pecado de heresia[97].

Não se deve tampouco confundir a dúvida positiva com as dificuldades que se podem experimentar nas tentações contra a fé, ainda que sejam fortes e recorrentes, mesmo que a sua causa não seja inculpável. Perante esta dificuldade, o fiel muitas vezes se sentirá estimulado a melhorar a intensidade da própria vida de fé e a buscar a formação necessária para sair das dúvidas. Finalmente, no âmbito da pesquisa teológica, a dúvida que voluntária e metodicamente se coloca sobre o conteúdo da Revelação não é senão a manifestação do momento reflexivo do *auditus fidei* que constitui a essência científica do trabalho do teólogo.

(96) *Ibidem*, p. 368.

(97) «Dicitur haeresis, pertinax, post receptum baptismum, alicuius veritatis fide divina et catholica credendae denegatio, aut de eadem pertinax dubitatio; apostasia, fidei christianae ex toto repudiatio; schisma, subiectionis Summo Pontifici aut communionis cum Ecclesiae membris eidem subditis detrectatio». *Código de Direito Canônico*, cân. 751.

Capítulo IV

A VIRTUDE DA ESPERANÇA

«...para que possais sentir em vós mesmos uma nova maravilha, uma alegria mais intensa, a de saber-vos conduzidos a um reino magnífico, em direção a um porto esplêndido; isto é, para uma plenitude de vida e felicidade, que nos faz entender qual é a nossa fortuna de sermos filhos da santa Igreja. *Spes autem non confudit,* "e a esperança não decepciona" (*Rom* 5, 5). E se a esperança é a mola da atividade, do trabalho, da abnegação, do progresso, a Igreja tem para aqueles que a ela se confiam a mola mais forte».

São Paulo VI, *Audiência geral*, 25 de agosto de 1965

8. A virtude teologal da esperança

8.1. Introdução: a esperança na situação de hoje

A virtude teologal da fé nos conduz ao conhecimento das verdades que nos foram dadas *propter nos homines et propter nostram salutem.* Com efeito, a mesma substância do conhecimento de fé, que pela sua natureza nos leva já a uma comunhão com a Testemunha, também nos faz entender que Ele é a chave última da nossa existência e o supremo bem que podemos esperar. Por isso, à fé segue o desejo e a esperança de possuir de modo definitivo este bem, o único capaz de satisfazer as aspirações humanas. A virtude teologal da esperança, no entanto, possui um fundamento complexo no ser do homem que é preciso esclarecer antes de entrar na sua dimensão revelada. Começamos, portanto, com um comentário à esperança enquanto característica definidora do humano (1.1), para depois indicar alguns elementos de atualidade desta dimensão fundamental da existência (1.2).

8.1.1. A natureza da esperança humana

A pessoa humana vive de esperança, está sempre na expectativa de uma plenitude que escapa continuamente, mais veloz do que o transcorrer do tempo vital[1]. Nisso se diferencia dos outros seres, que parecem estar em sincronia com o devir. Não existem, com efeito, seres na criação que não se movam com o tempo, e que não estejam, portanto, submetidos ao fluxo e ao influxo temporal. Tendem todos para um futuro que chega inexoravelmente e determina uma nova forma de ser ou de não ser. Nessa expectativa, somos passivos: não se pode dizer em sentido próprio que se «espera». Isso não diz respeito apenas aos seres inertes do cosmos material: o vegetal, por exemplo, não «espera» a chegada da chuva que vai determinar a sua evolução posterior. O animal, à primeira vista, é aparentemente um ser que espera, na medida em que participa ativamente da expectativa daquilo que está para acontecer, como o predador que aguarda a passagem da presa. Mas nem o animal, submetido em tudo à evolução biológica, espera algo no decorrer do tempo: simplesmente, e de forma passiva, o seu ser é modificado pouco a pouco segundo as leis da seleção natural. Um ser vivo não pessoal cujo hábitat se torna mais frio não se coloca o problema de como desenvolver um sistema melhor de proteção térmica: aceita o que lhe é dado pela natureza. Não «espera» uma pelagem espessa; esta lhe é dada pela evolução biológica; a alternativa é a morte por congelamento.

---

(1) Cf. G. Marcel, *Homo viator*, Aubier-Montaigne, Paris, 1945; P. Lain Entralgo, *La espera y la esperanza,* Alianza, Madri, 1984.

O ser humano, pelo contrário, se cobre com a pele dos animais ou inventa o fogo para aquecer-se: não é totalmente passivo ante o decorrer do tempo ou a evolução biológica. O ser humano tem a capacidade de evoluir livremente, de criar cultura. A sua evolução é cultural, ligada à liberdade, ao menos em parte, no alcance dos objetivos apresentados pela necessidade de superar a limitação da existência.

Há, portanto, uma ambiguidade da criatura humana perante o tempo ou, se se prefere, uma tríplice forma de esperar: por um lado, enquanto seres materiais, os homens estão submetidos ao tempo e às transformações cósmicas, como os minerais. Além disso, compartilham com os animais a espera passional, o desejo de bens futuros. Por fim, o homem é capaz de alcançar no tempo novos objetivos mediante a própria atividade consciente.

Há um provérbio italiano que diz: *o tempo bem gasto é um grande ganho*. O ser humano é a única criatura que realmente se beneficia do tempo. Todo homem, com efeito, é chamado a fazer crescer a própria humanidade no decorrer da vida, de modo a morrer com uma humanidade mais plena e completa do que aquela que recebeu. Assim, todo ser humano é capaz de melhorar, ainda que em grau mínimo, a própria natureza, de modo que só o tempo do homem tem valor moral. Nos outros seres animados, ao contrário, é a natureza, através da evolução biológica, a causa do aperfeiçoamento do indivíduo.

No entanto, existe um problema: justamente com base nisso tudo, toda pessoa também pode viver de modo a deteriorar a própria humanidade, e portanto a humanidade inteira. Dada a limitação ontológica da nossa liberdade, com efeito, o tempo é mais rápido do que nós – *tempus fugit* –, e mesmo na hipótese de um bom uso de cada segundo da existência, nenhuma pessoa humana poderia chegar no tempo à plenitude a que aspira ou deveria aspirar: a morte é sempre uma interrupção antecipada do processo de realização. Porém, não somos sequer capazes de assegurar este «bom uso» do tempo, porque a nossa liberdade não é falível apenas pela sua limitação ontológica, mas também pela presença congênita da culpa. O mistério do mal (dor, culpa, morte), precisamente na medida em que é visto como mistério e não como algo constitutivo e inevitável (ainda que de fato não possamos evitá-

-lo), situa-se também na base da esperança. O mal, percebido como realidade inexorável, é visto simultaneamente como uma coisa que não deveria existir, que esperamos que acabe, antes ou depois.

Poderíamos dizer, portanto, que a esperança humana tem uma natureza assintótica: impulsiona a pessoa, no melhor dos casos, em direção a uma plenitude à qual se pode aproximar infinitamente, sem nunca a alcançar. A curva do tempo, com efeito, se aproxima sempre, sem chegar nunca, àquilo que os homens chamam de eternidade. Boa parte das interpretações cíclicas da história, como por exemplo a hinduísta, padece desta dimensão assintótica, uma vez que tendem a ciclos cada vez mais longos, tão imensos que dificilmente se podem medir, mas sempre dentro da duração temporal. Em certo sentido, são uma manifestação do desejo de uma vida definitiva não medida por ciclos recorrentes, de uma – com palavras de Boécio – *tota simul et perfecta possessio* da existência pessoal.

> De certo modo, desejamos a própria vida, a vida verdadeira, que depois não seja tocada sequer pela morte; mas, ao mesmo tempo, não conhecemos aquilo para que nos sentimos impelidos. Não podemos deixar de tender para isto e, no entanto, sabemos que tudo quanto podemos experimentar ou realizar não é aquilo por que anelamos. Esta «coisa» desconhecida é a verdadeira «esperança» que nos impele e o fato de nos ser desconhecida é, ao mesmo tempo, a causa de todas as ansiedades como também de todos os ímpetos positivos ou destruidores para o mundo autêntico e o homem verdadeiro. A palavra «vida eterna» procura dar um nome a esta desconhecida realidade conhecida. Necessariamente é uma expressão insuficiente, que cria confusão. Com efeito, «eterno» suscita em nós a ideia do interminável, e isto nos amedronta; «vida», faz-nos pensar na existência por nós conhecida, que amamos e não queremos perder, mas que, frequentemente, nos reserva mais canseiras que satisfações, de tal maneira que, se por um lado a desejamos, por outro não a queremos. A única possibilidade que temos é procurar sair, com o pensamento, da temporalidade de que somos prisioneiros e, de alguma forma, conjecturar que a eternidade não

seja uma sucessão contínua de dias do calendário, mas algo parecido com o instante repleto de satisfação, onde a totalidade nos abraça e nós abraçamos a totalidade[2].

Essa tendência da pessoa para o futuro se caracteriza como esperança, condição sem a qual não teríamos motivos para viver daqui para frente. O ser humano necessita de esperança para enfrentar o momento seguinte, desejando que seja melhor do que o presente, ainda que não possa assegurar que de fato será assim. Esse é o motivo pelo qual a esperança humana se conta entre as divindades clássicas (a *elpìs* grega e a *spes* romana são personificações da esperança): com efeito, a *tota simul et perfecta possessio* de que falamos anteriormente era vista, antes da revelação judaico-cristã, no mundo helênico, como tendência para uma plenitude de ser própria dos deuses, da qual talvez tenhamos sido expulsos e à qual devemos retornar para ser completamente felizes (mito platônico da caverna). O retorno consistiria numa vida a mais parecida possível com a vida divina, ou seja, moralmente boa, que permitisse a participação na plenitude divina e, portanto, a união dos dois elementos (bondade e felicidade) para os quais a pessoa humana tende, mas que não é capaz de alcançar. A grande lição socrática poderia ser definida como não esperar outra coisa que não seja a retidão moral como fonte de felicidade, a ponto de enfrentar a morte antes de perder essa retidão.

É evidente que tal posição parece transladar a plenitude à qual tende a esperança para além desta vida: desta maneira coincide com a versão assintótica dos sistemas hinduístas. A plenitude, portanto, mesmo buscada pelo homem, não pertence a este mundo, ou, ao menos, vai além daquilo que a constatação imediata das condições da natureza humana parece revelar. Por isso, os sistemas que insistem em oferecer uma esperança imanente ao homem na história, aos quais se fará referência no ponto seguinte, manifestam invariavelmente a tendência à idolatria, isto é, a constituir ídolos com os elementos nos quais se quer depositar a segurança da espera. Assim, o homem

(2) Bento XVI, Enc. *Spe salvi*, n. 12.

moderno, para esquivar-se do absurdo do seu otimismo cego, tende para miragens improváveis.

Só depois da revelação cristã, que une tempo e eternidade na fé na Encarnação, é que a realidade da história é plenamente «envolvida» na esperança humana. Por isso, como se explicará mais adiante, a esperança humana pode alcançar a sua perfeição através da graça santificante: ou é teologal, ou não é virtude, dizia Josef Pieper[3]. Isso não quer dizer que a esperança humana esteja separada da vida virtuosa: virtudes como a fortaleza (paciência), a magnanimidade ou a humildade são fundamentais para uma reta esperança. Como dissemos, na verdade, precisamente na medida em que o homem espera, procura viver uma vida moralmente boa, e almeja, portanto, todas as virtudes. O ser humano, no entanto, enquanto submetido à sua liberdade falível, não consegue levar sua esperança à plenitude[4].

A esperança pertence, acima de tudo, à esfera dos desejos mais profundos da pessoa. Por isso, tende para o bem futuro, árduo e possível: usando as palavras de Tomás, trata-se de um *motus appetitivae virtutis, consequens apprehensionem boni futuri, ardui, possibilis adipisci, scilicet extensio appetitus in huiusmodi obiectum*[5]. Só por isso já é superior à expectativa dos animais, nos quais também está presente o

(3) «Denn die Hoffnung ist entweder theologische Tugend, oder sie ist überhaaupt nich Tugend», *Über die Hoffnung*, J. Hegner, Leipzig, 1935, p. 27.

(4) Não poucas vezes se encontram autores que consideram virtuosa a esperança humana. A maior enciclopédia italiana, por exemplo, afirma: «A esperança, como ato, é um movimento da vontade e, como hábito, é uma reta disposição da mesma, isto é, uma virtude que tende ao bem, não presente, mas futuro, não fácil, mas árduo e ainda possível de alcançar. Nesta tendência, é necessário um duplo termo: o bem a ser obtido e o que o torna possível ou nos faz alcançá-lo. O primeiro tem razão de objeto, o outro, de motivo; donde a força apreensiva de quem tem esperança não diz respeito somente ao bem que se pretente obter, mas também aquilo em virtude do qual se tem confiança de obtê-lo» (E. Rosa, *Speranza*, in *Enciclopedia Italiana Treccani*, Ed. Istituto dell'Enciclopedia Italiana, Roma, 1949, vol. 32, p. 336). Mas este texto, no fundo, manifesta uma contradição ao afirmar que a esperança requer uma confiança de obter o bem futuro que depende dos meios pelos quais se espera obtê-lo; ora, são precisamente esses meios que escapam à dinâmica perfectiva que poderia fazer da esperança uma virtude.

(5) «A esperança é o movimento da potência apetitiva subsequente à apreensão do bem futuro, árduo e possível de ser obtido; é a extensão do apetite para esse objeto», *S.Th.* I-II q. 40, a. 2, co.

desejo do bem futuro e árduo, mas falta a consciência da verdadeira «possibilidade», entendida como cognição das disposições pessoais a ser desenvolvidas, seja como virtudes intelectuais necessárias para o alcance do fim, seja como virtudes morais coadjuvantes (paciência, humildade...). Com efeito, a esperança é precedida por um conhecimento do bem necessário não possuído, por uma consciência da sua realidade fora de nós, e por uma cognição, mais ou menos precisa, da real possibilidade de obtê-lo e dos meios disponíveis para tanto. Um bem impossível não é, de fato, objeto de esperança, mas pode ser objeto de desejo e até motivação que faz valer a pena o esforço vital, mesmo que se saiba que toda esperança é ilusória[6]. Do mesmo modo, não se espera, em sentido próprio, um bem futuro cujo alcance não exija da parte de quem espera nenhum esforço ou disposição. Um bem futuro não árduo se aguarda, mas não se espera.

Mais adiante veremos como a graça converte esse *motus* em verdadeira e própria virtude.

Façamos um resumo daquilo que emergiu no desenrolar das nossas reflexões. O homem, na sucessão dos dias, tem muitas esperanças – menores ou maiores – distintas nos diversos períodos da

(6) A literatura da modernidade é rica em exemplos como este, nos quais, embora o objeto seja irrealizável, o ser humano se enobrece ao despender todas as suas energias, até a vida, para alcançá-lo. Trata-se de uma consequência imediata do princípio de imanência, segundo o qual a própria ação imanente tende a ser fim em si mesma, ainda que não leve a lugar algum. A épica imagem leopardiana da giesta diante do vulcão, contra o qual nada pode, presente de maneira mais discursiva no *Zibaldone di pensieri* (cf. M. Naddei Carbonara, *L'eterno e il tempo in Giacomo Leopardi, filosofo poeta*, Libreria Scientifica, Nápoles, 1973); ou o médico de *A peste* de Camus, que sabe que deve trabalhar pelos doentes não obstante seja consciente que de nada adianta, porque a peste antes ou depois voltará; ou o Sísifo feliz: «Deixo Sísifo no sopé da montanha! Sempre se reencontra seu fardo. Mas Sísifo ensina a fidelidade superior que nega os deuses e levanta os rochedos. Ele também acha que tudo está bem. Esse universo doravante sem senhor não lhe parece nem estéril nem fútil. Cada um dos grãos dessa pedra, cada clarão mineral dessa montanha cheia de noite, só para ele forma um mundo. A própria luta em direção aos cimos é suficiente para preencher um coração humano. É preciso imaginar Sísifo feliz» (A. Camus, *O mito de Sísifo*, Record, Rio de Janeiro, 2004, p. 141). No fim, estas imagens se justificam apenas no âmbito da arte como expressão decorrente da tendência do homem à realização, mas na realidade não são capazes de colocar em movimento a dinâmica da pessoa, que como se verá no ponto seguinte, sem um verdadeiro motivo de esperança tende irremediavelmente a paralizar-se.

sua vida. Às vezes pode parecer que uma destas esperanças o satisfaça totalmente, sem ter necessidade de outras. Na juventude, pode ser a esperança do grande e fagueiro amor; a esperança de uma certa posição na profissão, deste ou daquele sucesso determinante para o resto da vida. Mas quando estas esperanças se realizam, resulta com clareza que, na realidade, isso não era a totalidade. Torna-se evidente que o homem necessita de uma esperança que vá mais além. Vê-se que só algo de infinito lhe pode bastar, algo que será sempre mais do que aquilo que ele alguma vez possa alcançar[7].

8.1.2. Atualidade da esperança

Com o advento da Revelação cristã, toda dimensão da história foi incluída integralmente na esperança, obviamente não em relação ao que se espera da dimensão puramente histórica, mas, sim, pela relevância da salvação que está presente em todos os momentos da sucessão do tempo[8]. Desde a Encarnação a salvação definitiva tem uma dimensão histórica (*história da salvação,* no sentido da cronologia dos eventos salvíficos), e a história tem uma dimensão salvífica (*Teologia da História*)[9]. Naturalmente, nem toda dimensão histórica da salvação foi revelada, nem somos capazes de estabelecer com precisão como cada momento se orienta para a glória e se faz contemporâneo à salvação de Cristo (esses aspectos são tratado, do ponto de vista dogmático, pelo Escatologia). Podemos, no entanto, afirmar que a graça de Cristo redime cada momento da história e faz com que ele se torne ocasião de esperar o único e definitivo bem.

A esperança cristã, portanto, se move no âmbito da esperança dirigida a algo que vai além da história. É, por isso, incompatível com qualquer sistema de espera de plenitude que venha da própria

(7) Bento XVI, Enc. *Spe salvi*, n. 30.

(8) Cf. R. Fabris, *Attualità della speranza*, Paideia, Bréscia, 1984.

(9) Cf. J. Danielou, *Essai sur le mystère de l'histoire*, Seuil, Paris, 1953; H.-I. Marrou, *Théologie de l'histoire*, Seuil, Paris, 1968; C. Journet, *Per una teologia ecclesiale della storia della salvezza*, M, D'Auria, Nápoles, 1972.

história. A modernidade, com a *dessacralização* dos recursos que o homem deve buscar para preencher o seu vazio existencial, tende logicamente a contrapor a esperança intramundana à esperança extramundana, fazendo assim da pessoa humana uma espécie de «otimista» categórico.

A recuperação daquilo que o homem, expulso do paraíso terrestre, tinha perdido esperava-se da fé em Jesus Cristo, e nisto se via a «redenção». Agora, esta «redenção», a restauração do «paraíso» perdido, já não se espera da fé, mas da ligação recém-descoberta entre ciência e prática. Com isto, não é que se negue simplesmente a fé; mas, esta acaba deslocada para outro nível – o das coisas somente privadas e ultraterrestres – e, simultaneamente, torna-se de algum modo irrelevante para o mundo. Esta visão programática determinou o caminho dos tempos modernos, e influencia inclusive a atual crise da fé que, concretamente, é sobretudo uma crise da esperança cristã. Assim também a esperança, segundo Bacon, ganha uma nova forma. Agora chama-se fé no progresso[10].

Esse otimismo, contudo, carece de fundamento, uma vez que esperar a plenitude nas realidades intramundanas leva a negar toda possibilidade de realização. Com efeito, a esperança moderna se baseia na fé na ciência como chave de salvação futura mediante a técnica. Essa esperança, no entanto, não pode estar dirigida a nada a não ser a uma contínua e interminável – e consequentemente inapagável – necessidade de progresso tecnológico. Diante de uma técnica sem finalidade, confiar a ela o alcance da plenitude significa adiá-la indefinidamente ou, noutras palavras, negar a existência de uma plenitude[11].

---

(10) Bento XVI, Enc. *Spe salvi*, n. 17.

(11) «No século XIX, já existia uma crítica à fé no progresso. No século XX, Teodoro W. Adorno formulou, de modo drástico, a problematicidade da fé no progresso: este, visto de perto, seria o progresso da funda à megabomba. Certamente, este é um lado do progresso que não se deve encobrir. Dito de outro modo: torna-se evidente a ambiguidade do progresso. Não há dúvida que este oferece novas potencialidades para o bem, mas abre também possibilidades abissais de mal – possibilidades que antes não existiam. Todos fomos testemunhas

De fato, as teorias filosóficas ou teológicas que vislumbraram no processo histórico uma finalidade e por isso o propuseram como motivo de esperança[12] terminaram na desilusão. A imagem bíblica da torre de Babel é o paradigma da modernidade: pretender alcançar a plenitude através da técnica é condenar-nos a nós mesmos a ser para sempre pedreiros infatigáveis. O correspondente de Babel na cultura clássica é o mito de Sísifo, o ser condenado a um trabalho extenuante que nunca chegará ao fim. Nem os pedreiros de Babel, nem Sísifo podem ter esperança; tornaram-se antes os símbolos da cultura moderna, que enxerga precisamente na atividade imanente a chave do futuro, da edificação da cidade dos homens: «Da narração bíblica relativa à construção da torre de Babel emerge um primeiro elemento, que nos ajuda a compreender o pecado: os homens pretenderam edificar uma cidade, reunir-se numa estrutura social, ser fortes e poderosos sem Deus, e inclusive contra Deus»[13].

Por isso, como dizíamos, a esperança começa a confundir-se com uma espécie de sentimento genérico de otimismo antropológico, que se torna cego porque não tem a visão, muito menos a certeza, da meta a alcançar. E sem meta, a esperança, que é virtude do caminhante, perece. A consequência imediata de Babel é a desagregação total do gênero humano e a perda da capacidade dialógica. Se Sísifo não fosse obrigado a empurrar a pedra da punição dos deuses, não se moveria. E talvez seja isso mesmo que aconteça à cultura moderna, marcada pela desagregação e pela tendência de parar a história: «O presente, ainda que custoso, pode ser vivido e aceito, se levar a uma meta e se

---

de como o progresso em mãos erradas pode tornar-se, e tornou-se realmente, um progresso terrível no mal. Se ao progresso técnico não corresponde um progresso na formação ética do homem, no crescimento do homem interior (cf. *Ef* 3, 16; *2 Cor* 4, 16), então aquele não é um progresso, mas uma ameaça para o homem e para o mundo», *Ibidem*, n.22.

(12) Em termos filosóficos podemos citar como expressão eloquente os três volumes da obra de E. Bloch, *Das Prinzip Hoffnung*, Suhrkamp Frankfurt, 1974, na qual o autor propõe a *docta spes* como chave para o futuro; cf. também E. Fromm, *La rivoluzione della speranza*, Etas libri, Milão, 1978. Em termos teológicos, a teologia da esperança de J. Moltmann, cf. especialmente *Theologie der Hoffnung: Untersuchungen zur Begründung und zu den Konsequenzen einer christlichen Eschatologie,* C. Kaiser, München 1966.

 (13) São João Paulo II, Ex. *Reconciliatio et paenitentia*, n. 14.

pudermos estar seguros desta meta, se esta meta for tão grande que justifique a canseira do caminho»[14].

A análise de Josef Pieper é particularmente esclarecedora sobre este ponto[15]. Segundo ele, a esperança se transforma em otimismo cego quando se perde a ligação entre o aperfeiçoamento humano e a concepção bíblica da história. Nessa concepção, o presente é «os últimos tempos», os tempos do «já, mas não ainda», ao passo que nos nossos dias pouco a pouco vai ganhando força a ideia de um presente entendido como fase do processo temporal de aproximação à perfeição: o estado final do homem é otimistamente remetido à esfera imanente da história. Esse processo de otimismo cego tem origem em alguns humanistas do Renascimento (é obrigatória a referência à *civitas solis* de Campanella), e possui figuras célebres, como Bacon, que concebe felicidade e salvação como progresso da civilização técnica; Vico e o domínio final da justiça numa república ordenada segundo a lei da razão; Herder e a sua «cidade de Deus na terra», o materialismo histórico... Enfim, um exemplo quase sarcástico, citado igualmente por Pieper: a *Carta do Atlântico,* na qual se afirma textualmente que a vitória militar dos aliados sobre o Eixo «garantirá a todos os homens em todos os países a possibilidade de viver toda a vida livres do medo e do desejo»[16].

Em suma, nos encontramos diante de uma situação de confusão sobre a meta a alcançar, que afinal parece ser muito coerente com a falta de verdades definitivas sobre Deus, sobre o mundo, sobre o homem. A humanidade passou de tal modo de um período de otimismo cego, quase infantil, a um pessimismo e a um desespero próprios de um envelhecimento que já não espera mais. Tais períodos são muito

(14) Bento XVI, Enc. *Spe salvi*, n. 1.

(15) Cf. J. Pieper, *Sulla fine del tempo*, Morcelliana, Bréscia, 1954, pp. 82-102. Cf. também J. M. Galvan, *La speranza nella società delle macchine: la tecnoetica*, in «Rivista Teologica di Lugano» 13 (2008) 17-26.

(16) Pieper, *Sulla fine...*, p. 85. O texto original da Carta do Atlântico diz assim: «After the final destruction of Nazi tyranny, they hope to see established a peace which will afford to all nations the means of dwelling in safety within their own boundaries, and which will afford assurance that all the men in all the lands may live out their lives in freedom from fear and want».

bem descritos no número 21 da *Gaudium et spes*: *ita ut homines in desperationem non raro deiiciantur.* A redução da verdade à razão científica, com efeito, não leva apenas à crise moderna da fé, mas, com a perda da fé, entendida como razão dialógica, paralisa-se o motor da história: a esperança. E como o fracasso da razão cientificista e o surgimento da pós-modernidade levaram à abertura a pensamentos de redenção, ao mesmo tempo conduziram a novos motivos para esperar. Com efeito, essas duas realidades, crer e esperar, estão ligadas entre si pela mesma circularidade do intelecto e da vontade: o apetite volitivo se move em sentido próprio para aquilo que é conhecido como bem. A tarefa, no entanto, não é fácil: na pós-modernidade a humanidade é consciente do dever de fundamentar o ser consigo mesma, com os outros e com o mundo sobre a ideia de relação, mas custa-lhe encontrar um fundamento válido para a relação mesma, fundamento que permita à esperança edificar-se sobre esta relação[17].

Para restituir a esperança à humanidade é necessário dar a razão da relação, que no fundo é dar a razão da única coisa pela qual vale a pena ao homem viver: o amor. Nesse sentido, o dado central da Revelação cristã – Deus é amor, porque Deus é relação –, poderia encontrar nos nossos dias uma ressonância que há pouco tempo não existia. A humanidade pós-moderna se orientou para o fundamento revelado da virtude da esperança bíblica. Somente na Sagrada Escritura ela pode encontrar aquela dimensão salvífica da história graças à qual é possível esperar.

8.2. A esperança na Sagrada Escritura

A Bíblia cristã estrutura-se como uma obra sobre a expectativa de um futuro em plenitude. O seu primeiro versículo (*Gn* 1, 1) fala do início do tempo, e o último (*Apoc* 22, 20), do seu cumprimento defini-

(17) Cf. J. M. Galván, *La speranza nella società delle macchine: la tecnoetica*, in «Rivista Teologica di Lugano» 13 (2008) 17-26; G. Gismondi, *Cultura tecnologica e speranza cristiana*, Ancora, Milão, 1995.

tivo. Como fazia notar Agostinho, «o alicerce desta religião consiste na história e na profecia da manifestação no tempo da divina Providência para a salvação do gênero humano, que devia ser restituído à sua condição originária em vista da vida eterna»[18]. Na Revelação, tudo conduz o crente a desejar e a estar certo de alcançar, por graça, a plenitude para a qual Deus o criou. Por um lado, não há esperança se tudo permanece na lógica deste mundo, como mostra, por exemplo, o desesperado grito de Raquel que «chora os seus filhos e não quer ser consolada, pois não existem mais» (*Mt* 2, 18). Por outro lado, a esperança exige como fundamento uma fé forte como aquela de Marta antes da ressurreição do irmão, Lázaro (cf. *Jo* 15, 21-27). Veremos, em seguida, os traços essenciais da esperança no Antigo Testamento (2.1), para depois passar para a plenitude da revelação neotestamentária (2.2).

8.2.1. Antigo Testamento

Sendo a esperança classicamente definida como a espera de um bem futuro, árduo e possível, é claro que o elemento central do Antigo Testamento, a Aliança e a espera das promessas, fará desta primeira parte da Sagrada Escritura um baluarte da esperança humana. Com efeito, o bem prometido se espera com firme confiança, sem sombra de dúvida, porque se fundamenta sobre a palavra de JHWH.

> O Senhor é o meu pastor, nada me falta.
>
> Ele me faz descansar em verdes prados, a águas tranquilas me conduz.
>
> Restaura minhas forças, guia-me pelo caminho certo, por amor do seu nome.
>
> Se eu tiver de andar por vale escuro, não temerei mal nenhum, pois comigo estás.
>
> (*Sl* 23, 1-4)

(18) *De vera religione*, 7.13.

A fé veterotestamentária, com efeito, é marcada acima de tudo por uma tal adesão à revelação, que chega ao ponto de não duvidar do cumprimento daquilo que se preanuncia, mas ainda não é dado. A fé fiducial se torna esperança quando o fator intelectual de crer na salvação oferecida por Deus é acompanhado pelo desejo de alcançá-la e pela firme confiança de que assim será.

Por isso, o primeiro fundamento da esperança é o senhorio de JHWH, que faz Israel nascer como povo e lhe dá uma esperança histórica e messiânica quando se submete a este senhorio[19]. Pelo contrário, quem se excluir deste senhorio não terá mais o que esperar, e será destruído.

A passagem da esperança puramente histórica, voltada para o dom da Terra Prometida (cf. *Gn* 15, 7; 7, 17; *Ex* 3, 8-17; 6, 4; *Dt* 1, 8), a uma esperança messiânica, cujo conteúdo consiste antes na proteção-benção de JHWH («Deus é para nós refúgio e força, defensor poderoso no perigo. Por isso não temos medo se a terra treme, se os montes desmoronam no fundo do mar», *Sl* 46, 1-3), ocorre pouco a pouco: manifesta-se insistentemente nos Salmos[20], para ganhar corpo sobretudo no período profético posterior ao desmoronamento histórico do povo e a sua deportação. Manter a esperança nestes momentos em que a história não dá nenhuma esperança só é possível pela firme confiança na palavra de JHWH, que não faltará. Mais: essa mesma palavra anunciou estes fatos diante da infidelidade de Israel e permite entendê-los como punição medicinal em vista da salvação final (cf. *Dt* 28, 15-46): nos momentos mais escuros da história de Israel, com efeito, se anuncia sempre a via da salvação através do arrependimento e da conversão ao Senhor (cf. *Dt* 30, 1-10; *1 Re* 8, 33-40; *2 Re* 17, 13).

A esperança se fundamenta, portanto, no agir misericordioso de JHWH, que supera o pecado do povo. Quando a consciência do pecado leva à penitência, o futuro se consolida de novo: um significativo exemplo disso é a cerimônia de expiação narrada ao longo de todo o

(19) Cf., por exemplo, os salmos da realeza: *Sal* 2; 18; 20; 21; 45; 72; 89; 101; 110; 132.

(20) Cf. *Sal* 9, 19; 39, 8; 62, 6; 64, 11; 71, 5; 119, 49; 146, 5.

capítulo 9 do livro de Neemias. JHWH é o Senhor de uma única história de salvação, e apenas quem não se submete ao seu domínio não a alcança: essa afirmação, feita também nos momentos em que os justos estão aparentemente derrotados e triunfam os ímpios, é o fundamento da esperança veterotestamentária. Veja-se como é particularmente significativo o testamento de Matatias aos seus filhos, os Macabeus, em *1 Mac* 2, 49-64: «Não temais as ameaças dos pecadores, pois sua glória está no esterco e nos vermes: hoje se exaltam e amanhã desaparecem, pois voltaram ao pó de onde vieram, e seu projeto fracassará. Meus filhos, sede fortes e agi valentemente segundo a Lei, pois nela sereis gloriosos!» (vv. 62-64).

Sobre a base destes eventos históricos negativos os profetas anunciam definitivamente a salvação escatológica que se segue ao juízo divino perante o pecado. À ação punitiva divina segue o perdão e a aliança nova e definitiva:

> Um dia chegará – oráculo do Senhor —, quando hei de fazer uma nova aliança com a Casa de Israel e a Casa de Judá. Não será como a aliança que fiz com seus pais quando pela mão os peguei para tirá-los do Egito. Essa aliança eles quebraram, mas continuei senhor deles – oráculo do Senhor. Esta é a aliança que farei com a Casa de Israel a partir daquele dia – oráculo do Senhor, colocarei a minha lei no seu coração, vou gravá-la em seu coração; serei o Deus deles, e eles, o meu povo. Ninguém mais precisará ensinar seu irmão, dizendo-lhe: "Procura conhecer o Senhor!" Do menor ao maior, todos me conhecerão – oráculo do Senhor. Já terei perdoado suas culpas, de seu pecado nunca mais me lembrarei (*Jer* 31, 31-34).

Essa aliança nova e definitiva abrange todos os povos. Com base na fé na criação, com efeito, a salvação se universaliza e a esperança atinge todo ser humano:

> Assim diz o Senhor: "Guardai o direito, praticai a justiça! A minha salvação está para chegar, minha justiça vai aparecer". Feliz o ho-

mem que pratica, o indivíduo que é firme em tudo isto: que guarda o sábado com todo o respeito e toma cuidado em não fazer o mal. Que não diga o estrangeiro que aderiu ao Senhor: "O Senhor certamente vai manter-me separado do seu povo". Que não diga o eunuco: "Eu não passo de um galho seco". Pois assim diz o Senhor: "Aos eunucos que guardam meus sábados, que preferem sempre o que me agrada e ficam firmes na minha aliança, darei na minha casa, dentro de minhas muralhas, um membro e um nome melhor que filhos e filhas. Dou-lhes um nome duradouro que nunca há de acabar. E aos estrangeiros que aderiram ao Senhor para prestar-lhe culto e amar o nome do Senhor, para serem seus servos, os que guardam o sábado com todo respeito, e ficam firmes na minha aliança, vou levá-los para minha santa montanha, vou fazê-los felizes em minha casa de oração: seus holocaustos e oferendas serão todos aceitos com agrado no meu altar. Porque a minha casa será chamada casa de oração para todos os povos"» (*Is* 56, 1-7).

8.2.2. Novo Testamento

Um dado evidente do Novo Testamento é que em Jesus Cristo, Verbo encarnado, a promessa do Antigo Testamento alcança o seu cumprimento e a sua plenitude histórica. Por isso, nEle a esperança se consolida definitivamente e a confiança é indestrutível: Ele é «Cristo Jesus nossa esperança» (*1 Tim* 1, 1)[21]. À medida em que anuncia a plenitude da revelação de Deus amor em Cristo, o Novo Testamento dá a razão última da esperança[22]: quem crê no amor não tem medo.

A continuidade e a novidade dos dois Testamentos é particularmente significativa nos Atos dos Apóstolos, que anunciam desde o começo que «o Deus de Abraão, de Isaac e de Jacó, o Deus de nossos pais, glorificou o seu servo Jesus» (*At* 3, 13). O discurso de Paulo na

---

(21) Cf. M. Bordoni, M. Ciola, *Gesù nostra speranza*, EDB, Bolonha, 1987.

(22) Cf. Spicq, *op. cit.*, vol. I, pp. 292-352 (Capítulo VI: *Perspective d'avenir: attente, espérance et crainte*).

sinagoga de Antioquia de Pisídia (*At* 13, 16-41) é outro ponto culminante da unidade da esperança histórica iniciada na Aliança com Abraão: «nós vos anunciamos esta Boa-Nova: a promessa que Deus fez aos nossos pais, ele a cumpriu para nós, os filhos, ao ressuscitar Jesus» (vv. 32-33). A esperança antiga se tornou realidade na novidade do Verbo encarnado[23].

8.2.2.1. Os sinópticos

A palavra «esperança» não aparece nos evangelhos sinópticos, mas podemos dizer que a sua mensagem está centrada na ideia do advento do Reino que leva a termo a espera do Antigo Testamento: finalmente «o Reino dos Céus está próximo» (*Mt* 3, 2; cf. *Lc* 17, 21) e «completou-se o tempo» (*Mc* 1, 15). Embora presente, o Reino não é deste mundo, e requer o esforço histórico de identificação com Cristo para alcançá-lo, de modo que a espera não é de nenhum modo passiva, antes exige uma fortaleza extrema (*Mt* 11, 12: «o Reino dos Céus sofre violência, e violentos procuram arrebatá-lo»). Talvez o texto mais significativo seja o núcleo do Sermão da Montanha e de toda a pregação de Jesus: as Bem-aventuranças (*Mt* 5, 3-12; cf. *Lc* 6, 20-26), que constituem não só um anúncio da felicidade eterna (aponta-se também para uma bem-aventurança temporal: *Mt* 5, 5), mas também uma indicação clara do caminho e das atitudes necessárias para alcançá-la. A felicidade prometida, com efeito, é vista na lógica da «recompensa nos céus» (*Mt* 5, 12; cf. *Lc* 10, 20,) que no entanto se deve merecer com esforço na vida terrena (cf. *Mt* 7, 21; *Mc* 9, 43-50). Todo o mérito da chegada do Reino é divino, mas é necessária a livre cooperação humana (cf. *Mt* 25, 31-46; 18, 21-35). Tal é a indicação presente também em muitas das assim chamadas Parábolas do Reino (*Mt* 25, 1-30; *Lc* 19, 12-27).

---

(23) Cf. P. Grelot, *La speranza ebraica al tempo di Gesù*, Borla, Roma, 1981; L. Alonso Schökel, *I miei occhi hanno visto la tua salvezza*, Piemme, Casale Monferrato 1991.

8.2.2.2. São Paulo

Na linha precedente, que leva à plenitude as promessas do Antigo Testamento, Paulo é, talvez, a testemunha privilegiada. O capítulo 4 da *Carta aos Romanos* vê em Abraão o modelo antecipado da esperança no cumprimento das promessas que em Cristo se realizam: «esperando contra toda esperança, ele firmou-se na fé e, assim, tornou-se pai de muitos povos» (*Rom* 4, 18). Ainda que não seja exatamente de Paulo, o capítulo 11 da Carta aos Hebreus, justamente a partir da sua definição de fé (v. 1: «fundamento das coisas que se esperam») revive passo a passo o mesmo percurso[24].

A esperança paulina é fundamentalmente a atitude confiante de quem, inserido na história de Abraão, alcançou já a plenitude dada por Cristo, concretamente, com a sua morte e ressurreição: «aguardando a ditosa esperança e a manifestação da glória do nosso grande Deus e Salvador, Cristo Jesus» (*Tt* 2, 13). Não somente a fé é vã se Cristo não ressuscitou (cf. *1 Cor* 15, 12-17), mas «se é só para esta vida que pusemos a nossa esperança em Cristo, somos, dentre todos os homens, os mais dignos de compaixão» (*1 Cor* 15, 19). A vida, já não mais medida pelo tempo, que o Verbo encarnado conquista na Ressurreição, é a vida que nos dá a esperança definitiva:

> Mas Deus, rico em misericórdia, pelo imenso amor com que nos amou, quando ainda estávamos mortos por causa dos nossos pecados, deu-nos a vida com Cristo. (É por graça que fostes salvos!) E ele nos ressuscitou com Cristo e com ele nos fez sentar nos céus, em virtude de nossa união com Cristo Jesus! Assim, por sua bondade para conosco no Cristo Jesus, Deus quis mos-

(24) «A fé não é só uma inclinação da pessoa para realidades que hão-de vir, mas estão ainda totalmente ausentes; ela dá-nos algo. Dá-nos já agora algo da realidade esperada, e esta realidade presente constitui para nós uma "prova" das coisas que ainda não se vêem. Ela atrai o futuro para dentro do presente, de modo que aquele já não é o puro "ainda-não". O fato de este futuro existir, muda o presente; o presente é tocado pela realidade futura, e assim as coisas futuras derramam-se naquelas presentes e as presentes nas futuras», Bento XVI, Enc. *Spe salvi*, n. 7.

trar, nos séculos futuros, a incomparável riqueza de sua graça (*Ef* 2, 4-7).

Viver a vida de Cristo é o que dá esperança ao fiel, e essa vida é o dom do Espírito mediante o qual nos identificamos com Ele. Por isso, «a esperança não decepciona, porque o amor de Deus foi derramado em nossos corações pelo Espírito Santo que nos foi dado» (*Rom* 5, 5; cf. 8, 6-9; *Gal* 6, 8)[25]. A esperança, assim, baseia-se em viver na graça a vida trinitária, na expectativa da identificação definitiva na glória. A cristologia paulina conduz de Cristo à Trindade, na expectativa do amor do Pai, pela graça de Cristo, na comunhão do Espírito Santo (cf. *2 Cor* 13, 13).

«Que o Deus da esperança vos encha de toda alegria e paz, em vossa vida de fé. Assim, vossa esperança transbordará, pelo poder do Espírito Santo» (*Rom* 15, 13).

Uma vez constituídos em Cristo pela graça, os cristãos vivem a segurança da salvação na insegurança da sua condição espaço-temporal. Somente mantendo-se no amor de Deus é que tudo coopera para o seu bem (cf. *Rom* 8, 28). Para Paulo, a esperança cristã é tudo, menos passiva, e exige um empenho radical na história: o «já, mas ainda não», que leva a uma orientação ativa de cada instante em direção ao fim.

De fato, toda a criação espera ansiosamente a revelação dos filhos de Deus; pois a criação foi sujeita ao que é vão e ilusório, não por seu querer, mas por dependência daquele que a sujeitou. Também a própria criação espera ser libertada da escravidão da corrupção,

(25) «O ser humano necessita do amor incondicionado. Precisa daquela certeza que o faz exclamar: "Nem a morte, nem a vida, nem os anjos, nem os principados, nem o presente, nem o futuro, nem as potestades, nem a altura, nem a profundidade, nem qualquer outra criatura poderá separar-nos do amor de Deus, que está em Cristo Jesus, nosso Senhor" (*Rom* 8, 38-39). Se existe este amor absoluto com a sua certeza absoluta, então – e somente então – o homem está "redimido", independentemente do que lhe possa acontecer naquela circunstância. É isto o que se entende, quando afirmamos: Jesus Cristo "redimiu-nos". Através d'Ele tornamo-nos seguros de Deus – de um Deus que não constitui uma remota "causa primeira" do mundo, porque o seu Filho unigênito fez-Se homem e d'Ele pode cada um dizer: "Vivo na fé do Filho de Deus, que me amou e Se entregou a Si mesmo por mim" (*Gal* 2, 20)», *Ibidem*, n. 26.

> em vista da liberdade que é a glória dos filhos de Deus. Com efeito, sabemos que toda a criação, até o presente, está gemendo como que em dores de parto, e não somente ela, mas também nós, que temos as primícias do Espírito, gememos em nosso íntimo, esperando a condição filial, a redenção de nosso corpo. Pois é na esperança que fomos salvos. Ora, aquilo que se tem diante dos olhos não é objeto de esperança: como pode alguém esperar o que está vendo? (*Rom* 8, 19-24; cf. *2 Cor* 4, 17).

Em resumo: Paulo recorda ao crente que, identificado pela graça com Cristo crucificado mediante a ação do Espírito Santo, vive imerso na história que, desde a criação original no amor do Pai, interrompida pelo pecado e reparada pela Redenção, nos conduz à Parusia definitiva: história que oferece total confiança, porque é garantida pela Ressurreição. Nos instantes desta história que compõem a vida temporal de todo crente, o homem novo deve participar livre e ativamente para fazer com que cada momento da sua existência seja contemporâneo a Cristo, com quem deve configurar-se sempre. Isso exige, portanto, ser em Cristo e ser na Igreja. A sua esperança é firme, mas condicionada pela falibilidade da própria liberdade, enquanto vive no tempo.

8.2.2.3. Outros escritos neotestamentários

João insiste sobre a necessidade de viver a vida de Cristo no Espírito para ser salvos e fundar a própria esperança. Esta identificação depende necessariamente do dom da graça e requer a cooperação livre:

> Vede que grande presente de amor o Pai nos deu: sermos chamados filhos de Deus! E nós o somos! Se o mundo não nos conhece, é porque não conheceu o Pai. Caríssimos, desde já somos filhos de Deus, mas nem sequer se manifestou o que seremos! Sabemos que, quando Jesus se manifestar, seremos semelhantes a ele, porque o veremos tal como ele é. Todo aquele que espera nele purifica-se a si mesmo, como também ele é puro (*1 Jo* 3, 1-3).

A verdadeira e grande esperança do homem, que resiste apesar de todas as desilusões, só pode ser Deus – o Deus que nos amou, e ama ainda agora «até ao fim», «até a plena consumação» (cf. *Jo* 13, 1 e 19, 30)»[26]. A perspectiva escatológica da salvação é fortemente sublinhada por João de igual modo no Apocalipse, na imagem da nova Jerusalém do capítulo 21, e também de forma decididamente significativa nas cartas às igrejas (cf. principalmente *Apoc* 2, 11; 3, 5.12).

Jesus, que disse de Si mesmo ter vindo ao mundo para que tenhamos a vida e a tenhamos em plenitude, em abundância (cf. *Jo* 10, 10), também nos explicou o que significa «vida»: «A vida eterna consiste nisto: Que Te conheçam a Ti, por único Deus verdadeiro, e a Jesus Cristo, a Quem enviaste» (*Jo* 17, 3). A vida, no verdadeiro sentido, não a possui cada um em si próprio sozinho, nem mesmo por si só: aquela é uma relação. E a vida na sua totalidade é relação com Aquele que é a fonte da vida. Se estivermos em relação com Aquele que não morre, que é a própria Vida e o próprio Amor, então estamos na vida. Então «vivemos»[27].

Pedro, finalmente, na sua primeira carta, não esconde a sua intenção: fazer com que a afirmação central da Revelação (*1 Pe* 1, 21 «Por ele, tendes fé no Deus que o ressuscitou dos mortos e lhe deu a glória, e assim, vossa fé e vossa esperança estão em Deus») se transforme para os discípulos no fundamento que lhes dê firmeza na verdade e na «esperança viva» (*1 Pe* 1, 3) diante das dificuldades e, ao mesmo tempo, na chave da transmissão da fé aos não crentes.

«Ora, quem é que vos fará mal, se vos esforçais por fazer o bem? Mais que isso, se tiverdes que sofrer por causa da justiça, felizes de vós! Não tenhais medo de suas intimidações, nem vos deixeis perturbar. Antes, declarai santo, em vossos corações, o Senhor Jesus Cristo

---

(26) Bento XVI, Enc. *Spe salvi*, n. 27.

(27) *Ibidem*.

e estai sempre prontos a dar a razão da vossa esperança a todo aquele que a pedir» (*1 Pe* 3, 13-15).

* * *

Para concluir esta seção sobre a esperança na Sagrada Escritura, vale a pena apresentar um longo texto do Concílio Vaticano II, em que o Magistério da Igreja parece resumir, para o homem contemporâneo, a visão bíblica da dimensão escatológica da Igreja e da confirmação nela da esperança de todo crente singular.

A Igreja, à qual todos somos chamados e na qual por graça de Deus alcançamos a santidade, só na glória celeste alcançará a sua realização acabada, quando vier o tempo da restauração de todas as coisas (cf. *At* 3, 21) e, quando, juntamente com o gênero humano, também o universo inteiro, que ao homem está intimamente ligado e por ele atinge o seu fim, for perfeitamente restaurado em Cristo (cf. *Ef* 1, 10; *Col* 1, 20; *2 Pe* 3, 10-13).

Na verdade, Cristo, elevado sobre a terra, atraiu todos a Si (cf. *Jo* 12, 32 gr.); ressuscitado dentre os mortos (cf. *Rom* 6, 9), infundiu nos discípulos o Seu Espírito vivificador e por Ele constituiu a Igreja, Seu corpo, como sacramento universal da salvação; sentado à direita do Pai, atua continuamente na terra, a fim de levar os homens à Igreja e os unir mais estreitamente por meio dela, e, alimentando-os com o Seu próprio corpo e sangue, torná-los participantes da Sua vida gloriosa. A prometida restauração que esperamos já começou, pois, em Cristo, progride com a missão do Espírito Santo e, por Ele, continua na Igreja; nesta, a fé ensina-nos o sentido da nossa vida temporal, enquanto, na esperança dos bens futuros, levamos a cabo a missão que o Pai nos confiou no mundo e trabalhamos na nossa salvação (cf. *Filip* 2, 12).

Já chegou, pois, a nós, a plenitude dos tempos (cf. *1 Cor* 10, 11), a restauração do mundo foi já realizada irrevogavelmente e, de certo modo, encontra-se já antecipada neste mundo: com efeito, ainda aqui na terra, a Igreja está aureolada de verdadeira, embora imperfeita, santidade. Enquanto não se estabelecem os novos céus e a nova terra em que habita a justiça (cf. *2 Pe* 3, 13), a Igreja peregrina, nos seus sacramentos e nas suas instituições, que pertencem à presente ordem temporal, leva a imagem passageira deste mundo e vive no meio das criaturas que gemem e sofrem as dores de parto, esperando a manifestação dos filhos de Deus (cf. *Rom* 8, 19-22).

Unidos, pois, a Cristo na Igreja, e marcados com o sinal do Espírito Santo «que é o penhor da nossa herança» (*Ef* 1, 14), chamamo-nos filhos de Deus e em verdade o somos (cf. *1 Jo* 3, 1); mas não aparecemos ainda com Cristo na glória (cf. *Col* 3, 4), na qual seremos semelhantes a Deus, porque O veremos como Ele é (cf. *1 Jo* 3, 2). E assim, «enquanto estamos no corpo, vivemos exilados, longe do Senhor» (*2 Cor* 5, 6) e, tendo recebido as primícias do Espírito, gememos no nosso íntimo (cf. *Rom* 8, 23) e anelamos por estar com Cristo (cf. *Filip* 1, 23). Por este mesmo amor somos incitados a viver mais para Ele, que por nós morreu e ressuscitou (cf. *2 Cor* 5, 15). Esforçamo-nos, por isso, por agradar a Deus em todas as coisas (cf. *2 Cor* 5, 9) e revestimo-nos da armadura de Deus, para podermos fazer frente às maquinações do diabo e resistir no dia perverso (cf. *Ef* 6, 11-13). Mas, como não sabemos o dia nem a hora, é preciso que, segundo a recomendação do Senhor, vigiemos continuamente, a fim de que no termo da nossa vida sobre a terra, que é só uma (cf. *Hb* 9, 27), mereçamos entrar com Ele para o banquete de núpcias e ser contados entre os eleitos (cf. *Mt* 25, 51-46), e não sejamos lançados, como servos maus e preguiçosos (cf. *Mt* 25, 26), no fogo eterno (cf. *Mt* 25, 41), nas trevas exteriores, onde «haverá choro e ranger de dentes» (*Mt* 22, 13; 25, 30). Com efeito, antes de reinarmos com Cristo glorioso, cada um de nós será apresentado «perante o tribunal de Cristo, a fim de ser remunerado pelas obras que realizou enquanto vivia no corpo, boas ou más» (*2 Cor* 5, 10); e, no fim do mundo, «os que tiverem feito boas obras, irão para a ressurreição da vida, os que tiverem praticado más ações, para a ressurreição da condenação» (*Jo* 5, 29; cf. *Mt* 25, 46). Pensando, pois, que «os sofrimentos desta vida não têm proporção com a glória que se há-de revelar em nós» (*Rom* 8, 18; cf. *2 Tim* 2, 11-12), fortalecidos pela fé, aguardamos «a bem-aventurada esperança e a vinda gloriosa do grande Deus e salvador nosso Jesus Cristo» (*Tit* 2, 13), «o qual transformará o nosso corpo miserável, tornando-o conforme ao Seu corpo glorioso», (*Filip* 3, 21) e virá «ser glorificado nos Seus santos e admirado em todos os que acreditaram» (*2 Tess* 1, 10)[28].

8.3. Natureza da virtude teologal da esperança

Baseados nestes dados bíblicos, começamos agora a análise teológica sistemática da natureza da esperança. De modo análogo ao estudo da fé, neste parágrafo estudaremos em primeiro lugar a natureza da esperança enquanto virtude teologal (3.1); em seguida analisaremos o papel da esperança no conjunto da vida teologal e, portanto, a sua relação com a fé e a caridade (3.2), e com os dons do Espírito Santo (3.3). Em conclusão proporemos a definição da esperança como virtude teologal.

8.3.1. Elementos essenciais da esperança teologal

Já recordamos, segundo a opinião mais tradicional, a esperança, considerada em si mesma, embora seja um elemento essencial da condição humana, não pode ser levada à perfeição pelo homem e, portanto, não se inclui no âmbito do agir perfectivo das virtudes. Ou a esperança é teologal, ou não é virtude, recordava Josef Pieper num texto citado no início deste capítulo[29]. É próprio da esperança humana, ensina Pieper, tender para um bem futuro, árduo e possível,

(28) Concílio Vaticano II, Const. *Lumen gentium*, n. 48.

(29) Além da referência a Josef Pieper, cf. também C. Fabro, *La speranza: impegni di Dio, impegno dell'uomo*, Teresianum, Roma, 1972; H. Daniel-Rops, J. Pieper, J. Danielou, *La speranza, dono e conquista*, Massimo, Milão, 1999.

com um desejo que impele o sujeito (*passio*) afetiva e efetivamente, movendo as virtudes éticas e dianoéticas necessárias para alcançar este bem, mesmo que na prática não haja segurança de alcançá-lo. Entre as virtudes impulsionadas pela esperança, duas têm uma importância radical: a magnanimidade, que impele o ânimo aos bens valiosos, cuja conquista vale a pena e que, não obstante as dificuldades ou mesmo a impossibilidade de alcançar, podem verdadeiramente garantir a felicidade[30]; e a humildade que, tornando a pessoa consciente dos bens que não possui, permite referi-los a Deus, origem única do verdadeiro bem, ordenando e moderando, assim, o agir da magnanimidade[31].

8.3.1.1. A esperança como virtude

Em última análise, a humildade, enquanto consciência da condição de criaturas, se encontraria na base do autêntico desejo dos bens

(30) Afirmando a magnanimidade como a dimensão virtuosa do esperar, Tomás, como posteriormente Pieper, indica a condição não virtuosa da esperança humana, incluindo-a entre as paixões: «Magnanimitas magis accedit ad spem quam aliqua dictarum virtutum: quia est secundum extensionem appetitus in aliquod bonum arduum obtinendum; et ideo circa spem passionem versatur, et ejus opposita, ut sic sint in irascibili tres virtutes quantum ad tria genera passionum. Magnanimitas quidem quantum ad genus spei et aliarum passionum circumstantium ipsam, quae habent bonum arduum expectatum pro objecto; fortitudo autem circa timorem et audaciam; mansuetudo autem circa iram», *Super Sent.*, lib. 3 d. 26 q. 2 a. 2 ad 4. «Sed passiones irascibilis non sunt unius ordinis, sed ad diversa ordinantur, nam audacia et timor ordinantur ad aliquod magnum periculum; spes et desperatio ad aliquod bonum arduum; ira autem ad superandum aliquod contrarium quod nocumentum intulit. Et ideo circa has passiones diversae virtutes ordinantur, utpote temperantia circa passiones concupiscibilis; fortitudo circa timores et audacias; magnanimitas circa spem et desperationem; mansuetudo circa iras», *S.Th.* I-II, q. 60 a. 4 co.

(31) «Cum de passionibus ageretur, bonum arduum habet aliquid unde attrahit appetitum, scilicet ipsam rationem boni, et habet aliquid retrahens, scilicet ipsam difficultatem adipiscendi, secundum quorum primum insurgit motus spei, et secundum aliud motus desperationis. Dictum est autem supra quod circa motus appetitivos qui se habent per modum impulsionis, oportet esse virtutem moralem moderantem et refrenantem, circa illos autem qui se habent per modum retractionis, oportet esse virtutem moralem firmantem et impellentem. Et ideo circa appetitum boni ardui necessaria est duplex virtus. Una quidem quae temperet et refrenet animum, ne immoderate tendat in excelsa, et hoc pertinet ad virtutem humilitatis. Alia vero quae firmat animum contra desperationem, et impellit ipsum ad prosecutionem magnorum secundum rationem rectam, et haec est magnanimitas», *S.Th.* II-II, q. 161 a. 1 co.

aos quais naturalmente se deve tender[32], e a magnanimidade daria o estímulo positivo para alcançá-los. Estas virtudes, portanto, correspondem a dois componentes da esperança humana: o *desejo* de um bem[33] e a *confiança* (sempre limitada) de poder alcançá-lo[34].

Quando esta condição humana fundamental é assumida pela graça na vida teologal, ambos alcançam uma estabilidade nova. O desejo do bem futuro é assumido pelo bem supremo que é o Deus Trino, com quem a pessoa inabitada pela graça entra em comunhão, possuído e amado em si mesmo (virtude teologal da caridade), e por isso também desejado acima de todo outro bem[35]. Nesse sentido, a esperança como desejo se torna *amor concupiscentiae* do bem supremo que é Deus. A pessoa humana se sabe incapaz de alcançá-lo por si só, mas a própria Revelação lhe dá a firmíssima confiança de obtê-lo mediante o agir salvífico divino. Assim, o Deus Trino da Revelação leva à perfeição, para o indivíduo e para a humanidade no seu conjunto, o desejo da esperança humana como fim e, como meio, a confiança de alcançá-lo. O Vaticano II resume com precisão a origem divina de toda esperança.

> O Eterno Pai, pelo libérrimo e insondável desígnio da Sua sabedoria e bondade, criou o universo, decidiu elevar os homens à participação da vida divina e não os abandonou, uma vez caídos em Adão, antes, em atenção a Cristo Redentor «que é a imagem de Deus invisível, primogênito de toda a criação» (*Col* 1, 15)

---

(32) Nesse sentido a consciência humilde da imperfeição, contrariamente ao que se poderia superficialmente supor, está intimamente ligada ao desejo de felicidade: «Ao expor que o homem tende necessariamente à sua felicidade, ficou indicado o fim da sua esperança. Em virtude do seu ser, que a experiência íntima manifesta imperfeito mas perfectível, o homem tem que viver constantemente em tensa aspiração a tudo aquilo que se refere ao fim e aos meios da sua felicidade», Mausbach, *op. cit.*, vol. II, p. 114. Somente o soberbo enxerga a imperfeição como causa de tristeza.

(33) «Ipsa vero spes desiderium quoddam importat cum quadam animi erectione, quasi in quoddam arduum tendens. Sicut ergo simul est motus cognitionis cum motu amoris, ita motus amoris cum motu spei vel desiderii; sicut enim apprehensum movet amorem, ita amor movet desiderium seu spem», S. Tomás de Aquino, *De veritate*, q. 28 a. 4 co.

(34) «Fiducia importat spem hominis ad magna», *S.Th.* II-II, q. 128 ad 6.

(35) Cf. S. Ramirez, *La esencia de la esperanza cristiana*, Punta Europa, Madri, 1960.

sempre lhes concedeu os auxílios para se salvarem. Aos eleitos, o Pai, antes de todos os séculos os «discerniu e predestinou para reproduzirem a imagem de Seu Filho, a fim de que Ele seja o primogênito de uma multidão de irmãos» (*Rom* 8, 29). E, aos que crêem em Cristo, decidiu chamá-los à santa Igreja, a qual, prefigurada já desde o princípio do mundo e admiràvelmente preparada na história do povo de Israel e na Antiga Aliança, foi constituída no fim dos tempos e manifestada pela efusão do Espírito, e será gloriosamente consumada no fim dos séculos. Então, como se lê nos Santos Padres, todos os justos depois de Adão, «desde o justo Abel até ao último eleito», se reunirão em Igreja universal junto do Pai[36].

A sabedoria e a bondade do Pai Eterno são a causa do nosso conhecimento da Trindade como bem supremo, que leva à plenitude o *desiderium naturale videndi Deum* e dispõe os meios para atingi-lo. Por isso, esperamos Deus de Deus, *«speramus Deum de Deo!»*[37]. Nisto precisamente consiste a natureza teologal da esperança, tensão vital e confiante dirigida ao Deus conhecido primeiramente na fé e agora desejado como bem supremo[38]. O ato de esperar (*passio*) alcança em Deus aquela perfeição que não é possível às forças naturais, motivo pelo qual se torna virtuoso[39]. Tenha-se presente que a perfeição da esperança não vem da posse daquilo que se espera, mas da firme confiança de encontrá-lo ao término do caminho. A esperança teologal é a perfeição do caminhante na história, do *homo viator*, que, mesmo

(36) Concílio Vaticano II, Const. *Lumen gentium*, n. 2.

(37) Mausbach, *op. cit.*, vol. II, p. 119.

(38) Cf. A. Dulles, *The assurence of Things Hoped. A Theology of Christian Faith*, Oxford University Press, Nova York, 1994.

(39) «Actus autem spei de qua nunc loquimur attingit ad Deum. Ut enim supra dictum est, cum de passione spei ageretur, obiectum spei est bonum futurum arduum possibile haberi. Possibile autem est aliquid nobis dupliciter, uno modo, per nos ipsos; alio modo, per alios; ut patet in III Ethic. Inquantum igitur speramus aliquid ut possibile nobis per divinum auxilium, spes nostra attingit ad ipsum Deum, cuius auxilio innititur. Et ideo patet quod spes est virtus, cum faciat actum hominis bonum et debitam regulam attingentem», *S.Th.* II-II, q. 17 a. 1, co.

não tendo chegado, está certo, com o auxílio divino (*cuius auxilio innititur*), de levar a termo a caminhada[40].

8.3.1.2. Conteúdo e causa da esperança teologal

Assim, o desejo original que se encontra na base da esperança alcança a sua condição de virtude na confiança que é dada pelo próprio Deus. Podemos afirmar, portanto, que, embora o desejo constitua a parte humana (material) da esperança, o que a formaliza como virtude teologal é precisamente o elemento de confiança[41]. Isso coincide com o dado bíblico, no qual esta dimensão é privilegiada claramente, tanto no Antigo como no Novo Testamento. A afirmação do desejo como elemento não essencial da virtude teologal, de qualquer modo, não exclui em absoluto a sua necessidade, nem a importância antropológica do *amor concupiscentiae* dirigido a Deus, que coloca essa virtude em relação direta com a caridade.

O fato de a esperança teologal, não obstante a sua origem e causa absolutamente sobrenatural, ter a ver com o percurso do homem na história, faz com que essa virtude tenha um duplo objeto material ou conteúdo essencial: por um lado, o objeto da esperança é Deus enquanto bem para a pessoa humana, isto é, a bem-aventurança eterna, conteúdo definitivo da felicidade humana, na comunhão com as pessoas divinas; por outro lado, a nossa confiança está relacionada também com a ação delas na história, que nos conduzem e anteci-

---

(40) «Ad tertium dicendum quod ille qui sperat est quidem imperfectus secundum considerationem ad id quod sperat obtinere, quod nondum habet, sed est perfectus quantum ad hoc quod iam attingit propriam regulam, scilicet Deum, cuius auxilio innititur», *S.Th.* II-II, q. 17 a. 1, ad 3[um].

(41) «Fides autem non habet rationem virtutis, nisi in quantum inhaeret testimonio veritatis primae, ut ei credat quod ab ea manifestatur, secundum illud Genes., XV, 6: *credidit Abraham Deo, et reputatum est ei ad iustitiam*; unde et spes habet rationem virtutis ex hoc ipso quod homo inhaeret auxilio divinae potestatis ad consequendum vitam aeternam», *De virtutibus*, q. 4 a. 1 co. Per quanto riguarda la non fondamentalità del desiderio: «Desiderium autem importat quidem motum in futurum, sed sine aliqua praesenti inhaesione vel spirituali contactu ipsius Dei; unde nec desiderium nominat virtutem aliquam», *ivi*, ad 6[um]. Cf. anche, oltre ai testi precedenti, *S.Th.* II-II, q. 129 a. 6, ad 3[um].

pam aquela comunhão eterna, ou seja, os assim chamados *meios de salvação*. Com efeito, é preciso não perder de vista que as missões trinitárias *ad extra* manifestam e realizam na história a vontade salvífica universal através da Igreja, dos Sacramentos e de toda manifestação concreta da graça de Cristo. Essa vontade salvífica não tem outra finalidade além da nossa participação na glória, real já nesta vida e definitiva na vida eterna.

A forma em que isso se realiza, portanto, não tem outro motivo (objeto formal) senão a eterna bem-aventurança divina, enquanto causa da nossa bem-aventurança: *Deus supernaturalis beatitudine non beatificaturos*[42]. No fundo, a própria bondade divina constitui o conteúdo da felicidade que esperamos, e é também o que a move. Nesse sentido, assim como para o objeto material, também é possível falar de um objeto formal secundário da virtude teologal da esperança, constituído pelo agir histórico da graça que dá origem à nossa real participação à vida trinitária, seja diretamente na pessoa, seja através da dimensão comunitária da nossa salvação: a Igreja e os sacramentos são também causa formal, e não apenas conteúdo, da nossa esperança.

A comunhão dos santos no corpo místico, com a sua intercessão e a cooperação de cada membro singular à santidade comum são outra expressão do objeto formal secundário da esperança, como o são a pregação da Palavra e toda atividade meritória *de condigno* como efeito da graça. Nessa linha, é de se destacar o papel privilegiado daquela que, pela sua mediação materna universal, pode ser chamada com propriedade *spes nostra, causa nostrae laetitiae.* O seu *Magnificat* é uma verdadeira síntese da esperança teologal.

A esta altura, já temos os elementos essenciais para delimitar o conceito de esperança teologal com uma definição específica, que a distinga entre tantos modos de interpretar este termo. Talvez pudesse parecer mais adequado dar a definição da esperança ao início da exposição, mas optamos por fazê-lo no final devido à equivocidade do conceito, que poderia induzir a confusão, dadas as inúmeras possíveis interpretações que podemos dar à nossa relação com a temporalidade. Com

(42) Prümmer, *op. cit.*, vol. I, p. 380.

este objetivo propomos, pela sua exatidão, a definição do clássico manual de Prümmer: «Virtude infusa por Deus na vontade que permite ao homem a perfeita confiança, baseada na onipotente ajuda divina, ao esperar e obter a bem-aventurança eterna e os meios necessários para atingi-la»[43].

8.3.2. A esperança no conjunto da vida teologal

Como bem recorda a constituição sobre a Igreja do Concílio Vaticano II, «cada um, segundo os próprios dons e funções, deve progredir sem desfalecimentos pelo caminho da fé viva, que estimula a esperança e que atua pela caridade»[44], e como foi dito no parágrafo precedente, é típico da esperança o impulso com o qual a pessoa humana consegue verdadeiramente *avançar* com desejo e confiança, à luz da fé, em direção à meta da caridade. A esperança é a forma histórica da fé. Informadas pela caridade, ambas têm a mesma circularidade que a inteligência e a vontade nas processões imanentes divinas e humanas: o Bem conhecido pela fé é querido pela esperança, e neste sentido *se espera aquilo que se crê.*

Em última análise, a firme confiança da esperança deriva da certeza absoluta da fé em Deus, na sua onipotência amorosa e na sua vontade salvífica universal. Afirma Bento XVI que «neste sentido, é verdade que quem não conhece Deus, mesmo podendo ter muitas esperanças, no fundo está sem esperança, sem a grande esperança que sustenta toda a vida (cf. *Ef* 2, 12)»[45]. O que pela fé é absoluta consciência, torna-se, com a esperança, dedicação incondicional da pessoa. Com efeito, a vontade pessoal mediante a qual tendemos livremente para o bem conhecido (podendo também não tender) faz das duas primeiras virtudes teologais virtudes indivisas e ao mesmo tempo distintas, sem confusão. Somente em um ser não livre a tendência para o bem

---

(43) *Ibidem*, p. 379.

(44) Concílio Vaticano II, Const. *Lumen gentium*, n. 41.

(45) Bento XVI, Enc. *Spe salvi*, n. 27.

conhecido não se distingue do conhecimento deste bem: o ser não pessoal tende *naturalmente* para o bem conhecido. Por isso, contrariamente ao que se poderia afirmar na doutrina luterana, não basta a fé para salvar-se, porque uma firmíssima certeza da vontade salvífica divina universal poderia não levar a uma livre adesão da vontade: como veremos, o desespero não implica necessariamente um pecado contra a fé. Por isso, crer na salvação não é alcançar a salvação: a esperança deve impelir o caminhar.

Com isso, fica também claro o papel da esperança como *medium* entre a fé e a caridade. O amor de concupiscência, que constitui a materialidade do ato de esperança (desejo confiante que tenho de Deus *por mim* [pelo bem que me faz]), tem como fim o amor de benevolência a Deus *por si mesmo* (caridade). Embora não seja ainda o momento de tratar da terceira virtude teologal, é necessário afirmar que, do ponto de vista da natureza das coisas, o amor de concupiscência é necessário para que ocorra o amor de benevolência no sentido plenamente humano. Ao mesmo tempo, contudo, a integridade do amor humano exige que o amor de concupiscência seja guiado pelo amor de benevolência. Em última análise, estamos diante de uma nova circularidade, que só a graça pode explicar, entre querer com pleno desejo e confiança o bem que Deus é para nós e a consciência de que não teríamos esse amor de desejo se antes não tivéssemos sido amados por Deus com amor de benevolência, uma benevolência que nos urge a ser igualmente benevolentes com Ele[46]. A nossa resposta na graça ao amor de benevolência move o nosso amor de concupiscência teologal, de modo que querer por nossa causa o bem que é Deus não constitui um

(46) «Caritas autem est non quicumque amor Dei, sed amor perfectus, quo Deus in seipso diligitur. Ad hoc autem quod aliquis bonum divinum secundum se diligat, inducitur ex bonis a Deo provenientibus, quae sibi quis vult, et ex malis quae, Deo inhaerendo, vitat. Quantum ad vitationem malorum, pertinet ad hunc amorem timor; quantum vero ad consecutionem bonorum, pertinet ad sui amorem spes, quae est motus tendens in aliquid adipiscendum, sicut dictum est. Unde utrumque horum secundum propriam rationem derivatur ex imperfecto Dei amore. Et propter hoc in via generationis et temporis sicut timor praecedit caritatem, et introducit ad ipsam, ut Augustinus dicit super canonicam Ioan.: ita etiam et spes introducit ad caritatem: dum aliquis per hoc quod sperat se aliquod bonum a Deo consequi, ad hoc deducitur ut Deum propter se amet», São Tomás de Aquino, *De virtutibus*, q. 4 a. 3 co.

ato de egoísmo ou de busca exclusiva do próprio bem: antes, é o colorido propriamente humano da resposta na graça ao amor de Deus. Em outras palavras, também a esperança, assim como a fé, sem a caridade está morta. Por isso, na ordem da graça se cumpre o conhecido aforismo de Ovídio, «quem ama crê em tudo aquilo que espera», que não se sustenta na lógica do amor simplesmente humano, ou é reduzido a um amor que busca apenas o próprio bem. No amor verdadeiramente humano entre sujeitos pessoais, o *amor concupiscentiae* é finalizado e aperfeiçoado pelo *amor benevolentiae.* Em outras palavras, o desejo de Deus é aperfeiçoado pela comunhão com Ele.

Dizer que a caridade informa não só a fé, mas também a esperança, poderia levar a considerar inúteis essas virtudes, ou a unificá-las com o amor teologal. No fim das contas, enquanto a fé radica no intelecto, tanto a esperança como a caridade radicam na vontade. Por isso, é importante referir sempre o agir da esperança à condição de *viator,* que nos leva a distinguir entre dois momentos: um momento de impulso ao ser humano no tempo em direção ao bem árduo que é Deus e outro momento de posse e identificação com o amado, que será definitivo na glória, mas antecipado já pela graça[47]. A esperança é combate, luta que tem como objetivo a paz e a quietude da caridade. A esperança só se dá no tempo e por isso não está nunca satisfeita, ao passo que a caridade é satisfatória por si mesma, e já nesta vida terrena.

8.3.3. A esperança e o dom do temor de Deus

Tomás inclui na seção sobre a esperança da *Summa Theologiae* o *temor,* dom do Espírito Santo[48], evocando assim uma tradição de origem bíblica, na qual o «temor de Deus», sobretudo no Anti-

---

(47) «Spes facit tendere in Deum sicut in quoddam bonum finale adipiscendum, et sicut in quoddam adiutorium efficax ad subveniendum. Sed caritas proprie facit tendere in Deum uniendo affectum hominis Deo, ut scilicet homo non sibi vivat sed Deo», *S.Th.* II-II q. 17 a. 6 ad 3[um].

(48) *S.Th.* II-II q. 19.

go Testamento, manifesta a atitude própria da pessoa humana para com o Senhor[49]. No Novo Testamento mantém-se o mesmo conceito (cf. *Lc* 23, 40), mas se faz distinção entre um temor negativo, incompatível com o amor de Deus dado no Verbo encarnado, e um temor construtivo, propositivo, fruto da identificação com a vontade divina. Paulo, por exemplo, adverte: «vós não recebestes espírito de escravos, para recairdes no medo, mas recebestes o Espírito que, por adoção, vos torna filhos, e no qual clamamos: "*Abba*, Pai!"» (*Rom* 8, 15). Ao mesmo tempo, porém, ao exortar a viver uma vida plenamente cristã, afirma: «purifiquemo-nos de toda mancha do corpo e do espírito, completando a nossa santificação, no temor de Deus» (*2 Cor* 7, 1). Pedro também encoraja os fiéis a viver «no temor [de Deus] o tempo de vossa permanência como migrantes» (*1 Pe* 1, 17).

A contradição entre esperança (bem futuro) e temor (mal futuro) é apenas aparente, uma vez que até do ponto de vista das *passiones*, ambos se exigem mutuamente e são necessários para agir convenientemente, tanto na vida puramente sensível como na busca prudencial do bem: o meio termo entre o desespero paralisante e a presunção temerária requer um equilíbrio entre as duas paixões opostas, mas não contraditórias. Para quem deseja fazer o bem, mas possui uma natureza imperfeita, é necessário o temor natural do próprio limite ou da possibilidade de um erro deliberado. Esperar sem temor seria uma presunção.

No entanto, quando a esperança, somente por meio da graça santificante, transforma-se em virtude teologal, a sua relação com o temor passa a ser definida de modo diverso. Antes de mais nada, é preciso considerar de novo que a confiança sobrenatural que a constitui como virtude exclui toda segurança que não se apoie em Deus: Tomás se pergunta se *aliquis possit licite sperare in homine*[50], e con-

(49) Assim, tiveram temor de Deus Davi (cf. *2 Sam* 23, 3; *1 Cron* 13, 12), Judite (*Jdt* 8, 8), Ester (*Est* 2, 19), Neemias (*Ne* 5, 15)... Também os livros sapienciais recomendam frequentemente o temor de Deus: *Prov* 15, 16; 19, 23; 22, 4; *Ecl* 32, 14-24.

(50) *S.Th.* II-II q. 17 a. 4.

clui que, como causa primeira, de nenhuma criatura se pode esperar o fim próprio da virtude teologal, isto é, a bem-aventurança eterna, a não ser na medida em que a criatura possa agir como instrumento divino, como acontece quando se invoca a mediação dos santos[51]. Portanto, toda confiança depositada fora de Deus e não ordenada a Deus, não pertence à esperança teologal. O Concílio de Trento, ao tratar da justificação do pecador, adverte «*contra inanem haereticorum fiduciam*», destacando como a certeza da remissão dos próprios pecados, embora devida sempre e apenas à misericórdia divina, não pode encontrar nenhuma confirmação a não ser na graça[52]. Nesse sentido, a primeira função do dom do temor consiste em assegurar que a total confiança em Deus seja acompanhada por uma total desconfiança de si mesmo e das criaturas: «Maldito o homem que confia no homem, que na carne busca a sua força e afasta do Senhor seu coração!» (*Jer* 17, 5). Obviamente, esta desconfiança deve ser entendida na lógica da conquista da bem-aventurança eterna, não no âmbito da legítima autonomia das realidades criadas ou da participação, como «causas segundas», das criaturas na história da salvação. Mais, é justamente esta desconfiança em si mesmo e no mundo, causada pelo Espírito, a chave da verdadeira esperança, não obstante as dificuldades desta vida.

> Olho para a minha vida e vejo sinceramente que não sou nada, que não valho nada, que não tenho nada, que não posso nada; mais ainda: que sou o nada! Mas Ele é tudo e, ao mesmo tempo, é meu, e eu sou dEle, porque não me rejeita, porque se entregou por mim. [...] Se nos pusermos continuamente na presença do

---

(51) «Spes autem respicit beatitudinem aeternam sicut finem ultimum; divinum autem auxilium sicut primam causam inducentem ad beatitudinem. Sicut igitur non licet sperare aliquod bonum praeter beatitudinem sicut ultimum finem, sed solum sicut id quod est ad finem beatitudinis ordinatum; ita etiam non licet sperare de aliquo homine, vel de aliqua creatura, sicut de prima causa movente in beatitudinem; licet autem sperare de aliquo homine, vel de aliqua creatura, sicut de agente secundario et instrumentali, per quod aliquis adiuvatur ad quaecumque bona consequenda in beatitudinem ordinata», *Ibidem*, co.

 (52) Cf. Concílio de Trento, *Decreto sobre a justificação,* sess. VI, cap. 9: *DS* 1533-1534.

Senhor, aumentará a nossa confiança, pois verificaremos que o seu Amor e o seu chamado permanecem atuais; Deus não se cansa de nos amar. A esperança mostra-nos que, sem Ele, não conseguimos realizar nem sequer o menor dos nossos deveres; e, com Ele, com a sua graça, as nossas feridas cicatrizam; revestimo-nos da sua fortaleza para resistir aos ataques do inimigo, e melhoramos. Em resumo: a consciência de estarmos feitos de barro de moringa deve servir-nos sobretudo para robustecermos a nossa esperança em Cristo Jesus[53].

Num segundo momento, a vida da graça, que leva à alegria nos bens recebidos de Deus, não pode evitar o desejo de impedir o seu detrimento, isto é, o medo de perdê-los. O que se teme no temor de Deus é, em última análise, a realidade da culpa como afastamento da sua vontade, mesmo sabendo-se que não se possuem os recursos para não cair no pecado sem a ajuda da graça. Como em todo amor entre pessoas, no qual os que se amam esperam a máxima união possível entre si e experimentam a inevitável distância como mal a afastar, assim o homem na condição de *viator* teme, como fruto da ação do Espírito, qualquer realidade que aumente a distância entre si e Deus. Dizia São Tomás, num texto há pouco citado: «*quantum ad vitationem malorum, pertinet ad hunc amorem timor*»[54]. Assim, o temor do mal que nos afasta de Deus, tanto quando causado pela nossa fraqueza culpável, como quando devido às suas consequências imediatas na justiça de Deus (isto é, a *pena* merecida pelos pecados, que neste modo *indireto* pode ser temida), é necessário para que seja pleno e teologal o desejo de Deus.

Com efeito, o dom do temor é classicamente relacionado com a predisposição do apetite concupiscível, e é causado pelo Espírito Santo para adequar a criatura humana ao dom da graça. Assim, o dom do temor predispõe ao desejo do abandono em Deus, nosso Pai, única fonte de segurança, e consequentemente ao aborrecimento de quais-

(53) São Josemaria Escrivá, *Amigos de Deus*, n. 215.

(54) *De virtutibus*, q. 4 a. 3 co.

quer circunstâncias que nos apartem desta condição filial, mais especificamente o pecado pessoal.

Quando o Espírito Santo faz a sua morada no nosso coração, infunde-nos consolação e paz, levando-nos a sentir-nos como somos, isto é pequeninos, com aquela atitude – tão recomendada por Jesus no Evangelho – de quem põe todas as suas preocupações e expectativas em Deus, sentindo-se abraçado e sustentado pelo seu calor e pela sua salvaguarda, precisamente como uma criança com o seu pai! É isto que faz o Espírito Santo nos nossos corações: leva-nos a sentir-nos como crianças no colo do nosso pai. Então, neste sentido compreendemos bem que o temor de Deus assume em nós a forma da docilidade, do reconhecimento e do louvor, enchendo de esperança o nosso coração. Com efeito, muitas vezes não conseguimos entender o desígnio de Deus e damo-nos conta de que não somos capazes de assegurar sozinhos a nossa felicidade e a vida eterna. Mas é precisamente na experiência dos nossos limites e da nossa pobreza que o Espírito nos conforta e nos leva a sentir que a única coisa importante é deixar-nos conduzir por Jesus para os braços do seu Pai[55].

8.4. A vida cristã como vida de esperança

Depois de estudar a natureza da virtude teologal da esperança, é oportuno aprofundar no seu significado para a vida real do cristão, como específica dimensão operativa da graça. Em primeiro lugar, convém determinar as características dos atos que expressam esta virtude (4.1); logo em seguida, por se tratar da virtude do caminho, é preciso delimitar a sua necessidade e a sua íntima relação com cada momento da existência humana (4.2); por fim, é útil analisar os atos contrários à esperança teologal (4.3).

---

 (55) Francisco, *Audiência geral* 11 de junho de 2014.

8.4.1. Características dos atos da esperança teologal

Diferentemente do que ocorre com a fé, ao passar da consideração do *habitus* sobrenatural da esperança ao estudo dos atos concretos, o problema terminológico não é pequeno, dada a carência de instrumentos conceituais ligados à tendência da vontade para o bem. Com efeito, a teologia sempre se mostrou mais preparada para falar dos atos do intelecto do que dos da vontade. No entanto, além dessa consideração demasiado genérica, fica evidente que a vontade deve necessariamente manifestar, em si mesma, a presença da graça que a impele confiadamente em direção a Deus do modo operativo, isto é, com obras concretas de ardente desejo e inabalável confiança: «Tenho visto, em muitas vidas, que a esperança em Deus acende maravilhosas fogueiras de amor, com um fogo que mantém palpitante o coração, sem desânimos, sem decaimentos, embora ao longo do caminho se sofra, e às vezes se sofra deveras»[56].

No que diz respeito à estrutura do ato da esperança teologal, é de se destacar em primeiro lugar que, além de esperar o bem desejado com habitual confiança – *habitus* fruto da graça –, aquele que espera move de modo atual a sua vontade em direção a este bem toda vez que, num instante concreto do seu percurso temporal, um determinado aspecto o motiva e o empurra a alcançá-lo. De fato, muitas circunstâncias da vida cotidiana do crente se modulam de modo a converter-se em atos de desejo ou de confiança na posse da bem-aventurança eterna, ou dos meios para conquistá-la. Obviamente há momentos particularmente favoráveis, por estarem diretamente ligados à obtenção do fim, como a recepção dos sacramentos ou a oração. Cada instante da vida, porém, pode ser direcionado para a vida eterna: cada instante, com efeito, é contemporâneo com a eternidade.

Uma vez claro que a primeira nota definitória dos atos de esperança é a sua *sobrenaturalidade* (não é possível descobrir a dimensão de eternidade senão com a luz do Espírito Santo), podemos dizer que a sua primeira característica, com relação ao desejo, é a *vitalidade*

(56) São Josemaria Escrivá, *Amigos de Deus*, n. 205.

eficaz. A vontade tende e atrai em direção a Deus com um desejo vivo e ativo, instigante e capaz de superar as dificuldades. Esse desejo proporciona ao instante concreto um dinamismo positivo voltado para o fim último, ao propósito de agarrá-lo no momento presente[57].

> Aparece aqui também como elemento distintivo dos cristãos o fato de estes terem um futuro: não é que conheçam em detalhe o que os espera, mas sabem em termos gerais que a sua vida não acaba no vazio. Somente quando o futuro é certo como realidade positiva, é que se torna vivível também o presente. Sendo assim, podemos agora dizer: o cristianismo não era apenas uma «boa nova», ou seja, uma comunicação de conteúdos até então ignorados. Em linguagem atual, dir-se-ia: a mensagem cristã não era só «informativa», mas «performativa». Significa isto que o Evangelho não é apenas uma comunicação de realidades que se podem saber, mas uma comunicação que gera fatos e muda a vida. A porta tenebrosa do tempo, do futuro, foi aberta de par em par. Quem tem esperança, vive diversamente; foi-lhe dada uma vida nova[58].

Com relação ao elemento de confiança, o ato da virtude da esperança tem como característica a *firmeza* com que a vontade adere ao bem supremo, que a certeza da fé teologal permite considerar *já, mas não ainda,* alcançado. Nesse sentido, é importante não confundir o ato de fé, através do qual se chega à *certeza* da salvação (que reside na inteligência), com a firmeza e a determinação com que a vontade adere a tudo o que a fé lhe propõe, a saber: o dom salvífico de Deus, que se espera sem nenhuma sombra de possível desilusão porque provém dEle. Essa firmeza pela qual a vontade é robustecida e nada pode obscurecer, faz com que à vontade divina de salvar todos os homens corresponda por parte de cada um o império da vontade sobre os atos de livre cooperação pessoal com a graça e, especificamente, o cons-

(57) «Spes facit tendere in Deum sicut in quoddam bonum finale adipiscendum», *S.Th.* II-II q. 17 a. 6, ad 3um.

(58) Bento XVI, Enc. *Spe salvi,* n.2.

tante recurso aos meios de salvação. Resumindo, a vontade pessoal, em si mesma falível e incapaz de aderir plenamente ao bem futuro prometido, se torna apta, sustentada pela graça, de acolher de modo ativo, eficaz e sem hesitações, a misericórdia onipotente de Deus, convertendo, assim, a sua natural e paralisante desconfiança em confiança total e operativa.

8.4.2. As exigências morais da esperança

A esperança dirige os atos concretos à misericórdia onipotente de Deus, porque a fé nessa misericórdia não deixa o sujeito indiferente e apático. Toda verdade de fé inclui um envolvimento pessoal que induz a vontade a pôr «mãos à obra»: *espera-se aquilo que se crê.* Ao mesmo tempo, no campo da fé, a vontade é quem move a inteligência a crer, e ainda que, em sentido próprio, ela seja inflamada pela caridade teologal, esta caridade é acompanhada, *pro statu isto,* pela tendência ao bem que é o conteúdo da esperança. Por isso, pode-se igualmente dizer que *se crê naquilo que se espera.* Portanto, os atos de esperança também são ocasião de crescimento na virtude da fé, não só sua manifestação. Daí ser necessário aumentar positivamente e com frequência o desejo de Deus em nós: «Pensa no Amor que te espera no Céu. Fomenta a virtude da esperança, que não é falta de generosidade»[59].

Tendo presente o objeto secundário dessa virtude, torna-se evidente que os deveres morais relativos à esperança incluirão o recurso abundante aos meios de salvação, ou seja, à graça santificante, sobretudo através dos sacramentos que auxiliam o cristão no caminho histórico: a Eucaristia como sustento do seu dinamismo e a Penitência que cura as suas fraquezas. Os sacramentos da fé, e em geral toda a vida litúrgica, dão suporte para a expectativa da vida eterna.

Fundada sobre a fé teologal, a *oração* é a linguagem da esperança. Nela o coração se exercita na tendência e na aspiração ao bem que Deus é para o fiel. Movida pela graça, a oração se torna o lugar em que se contempla o bem que se espera, manifesta-se com fatos – atra-

(59) São Josemaria Escrivá, *Caminho*, n. 139.

vés da invocação e da súplica filial – o desejo e regozija-se na confiança de alcançá-lo.

> O Espírito Santo, que nos ensina a celebrar a Liturgia na expectativa da volta de Cristo, nos educa a orar na *esperança*. Por sua vez, a oração da Igreja e a oração pessoal alimentam em nós a esperança. Especialmente os salmos, com sua linguagem concreta e variada, nos ensinam a fixar nossa esperança em Deus: «Esperei ansiosamente pelo Senhor, Ele se inclinou para mim e ouviu o meu grito» (*Sl* 40, 2). «Que o Deus da esperança vos cumule de toda alegria e paz em vossa fé, a fim de que pela ação do Espírito Santo a vossa esperança transborde» (*Rom* 15, 13)[60].

A existência cristã, sustentada pela graça e manifestada na oração habitual, torna-se expressão da esperança teologal na medida em que se converte numa sucessão de momentos temporais sempre orientados para o fim, também quando isso exige esforço e sofrimento para superar as dificuldades e as contradições. O combate cristão é ocasião de contínuos atos de esperança que conduzem ao zelo e à perseverança na identificação com a vontade de Deus, não obstante as dificuldades ou os próprios defeitos. Esta virtude teologal da vontade implica, em última análise, o empenho para *querer o que Deus quer* em cada momento da própria existência.

> Nas batalhas da alma, a estratégia é muitas vezes questão de tempo, de aplicar o remédio conveniente com paciência, com teimosia. Aumentai os atos de esperança. Quero lembrar-vos que, na vida interior, sofrereis derrotas, ou passareis por altos e baixos – Deus permita que sejam imperceptíveis –, porque ninguém está livre desses percalços. Mas o Senhor, que é onipotente e misericordioso, concedeu-nos os meios idôneos para vencer. Basta que os utilizemos, como dizia antes, com a resolução de começar e recomeçar a cada instante, se for preciso[61].

---

(60) *Catecismo*, n. 2657.

(61) São Josemaria Escrivá, *Amigos de Deus*, n. 219.

8.4.2.1. Necessidade da esperança

Assim como foi feito com a virtude da fé, serão agora apresentados de modo sistemático os parâmetros que garantem o cumprimento mínimo dos atos de esperança com base nos critérios de necessidade, de meio ou de preceito, já adotados com a primeira virtude teologal.

A necessidade da esperança para a salvação foi definida pelo Concílio de Trento junto com a das outras virtudes teologais: «com efeito a fé, sem a esperança e a caridade, nem une perfeitamente a Cristo, nem gera membros vivos do seu corpo»[62]. Este texto se refere em primeiro lugar, e com necessidade de meio para todos os homens, ao *habitus* desta virtude, que é infundido com a graça santificante, sem a qual não é possível salvar-se. De fato, o objeto da fé orienta necessariamente a vontade humana ao cumprimento do desígnio universal de salvação nele contido[63], razão pela qual ao crente capaz de confessar a fé também se exige realizar atos explícitos de esperança. Portanto, todos aqueles que são capazes de atos de inteligência e de vontade devem, com necessidade de meio, realizar atos de esperança, sem os quais não é possível a perseverança no caminho histórico rumo à salvação. Esta, com efeito, a ninguém é garantida, de modo que é imprescindível orientar ao fim, com fervor e confiança, cada passo no caminho da vida[64]. Ao mesmo tempo, aquele que assim espera se sente impelido a recorrer confiadamente aos meios de salvação e a perseverar no seu reto uso, indispensável para atingir a meta.

Quanto à existência de um preceito divino positivo (*necessitas praecepti*), os textos da Escritura já indicados, nos quais o fiel é chamado a depositar uma concreta esperança em Deus, não deixam

(62) «Nam fides, nisi ad eam spes accedat et caritas, neque unit perfecte cum Christo, neque corporis eius vivum membrum efficit», Concílio de Trento Sess. VI, *Decreto sobre a justificação*, cap. 7: *DS* 1531.

(63) «Fides est enim sperandarum substantia rerum» (*Hb* 11, 1).

(64) «Similiter de perseverantiae munere, de quo scriptum est: "qui persevereverit usque in finem, hic salvus erit" (*Mt* 10, 22; 24, 13) [...] nemo sibi certi aliquid absoluta certitudine polliceatur, tametsi in Deo auxilio firmissimam spem collocare et reponere omnes debent», Concílio de Trento Sess. VI, *Decreto sobre a justificação*, cap. 13: *DS* 1541.

lugar a dúvidas. Paulo resume esta obrigação do cristão de modo emblemático em *1 Tess* 4, 13-18, quando, ao descrever a essência da vida cristã como expectativa do Senhor, anima a não ficar «tristes como os outros, que não têm esperança» (v. 13): tal esperança deve ser ensinada e exigida a todos (cf. *Tit* 2, 11-15). No parágrafo anterior já se fez referência ao preceito tridentino que, ao afirmar que «*in Deo auxilio firmissimam spem collocare et reponere omnes debent*», indica com clareza o dever de realizar atos de esperança com uma adequada frequência, que será maior ou menor segundo as circunstâncias específicas em que se desenvolve a vida de cada fiel. A obrigação geral de viver esta virtude se concretiza *per accidens* no caso de graves tentações contra a própria esperança, em quaisquer circunstâncias nas quais se torna imprescindível o recurso ao auxílio divino[65], ou no caso em que o cumprimento de outra prescrição obrigatória requeira o ato de esperança (por exemplo, na recepção obrigatória do sacramento da Penitência).

Além disso, o ato explícito de esperança é preceptivo, concomitantemente ao crer, no início da vida moral, uma vez que o conteúdo mesmo da fé inclui «que Ele existe e recompensa os que o procuram» (*Hb* 11, 6). Pelo mesmo motivo, é necessário *in articulo mortis,* momento no qual o fiel se ordena e se dispõe para o iminente acolhimento da recompensa definitiva, que somente de Deus se pode esperar.

8.4.2.2. A esperança teologal e as esperanças humanas

A esperança teologal, mesmo não confiando em nenhuma realidade criada, inclui todas as expectativas e esperanças humanas. Ela certamente não pode dar certezas terrenas, que estão submetidas à caducidade das realidades criadas. Não obstante, em cada circunstância em que a pessoa humana se encontra, a esperança será sempre capaz

(65) «Toties obligat actus spei, quoties adest obligatio auxilium divinum petendi», Prümmer, *op. cit.,* vol. I, p. 388.

de revelar, com as luzes da fé, como aquele instante da existência se orienta para a realização definitiva: será, portanto, estímulo para um agir sempre mais comprometido na história. Mais ainda, dará a todo compromisso temporal a sua motivação mais alta: a de ser um passo que aproxima da bem-aventurança final[66]. Não é verdade, portanto, que a exclusão de uma esperança intramundana leve ao desinteresse dos acontecimentos históricos, como costumam acusar banalmente as ideologias marxistas e materialistas[67].

A razão de tudo isso se encontra na natureza teologal da esperança. Como já demonstrado, nenhuma esperança humana pode alcançar a perfeição: ou a esperança é teologal ou não é virtude. O dom do temor de Deus chega mesmo a afastar qualquer possibilidade de um fundamento criado para a confiança. Nesse caso, pareceriam ter razão aqueles que afirmam que, se todas as esperanças humanas mais cedo ou mais tarde decepcionam, chegaríamos a um desinteresse do crente com relação aos acontecimentos deste mundo. O fiel deveria ocupar-se tão somente em alcançar o único bem verdadeiro, que se encontra além do tempo. Pelo contrário, a esperança do fim sobrenatural não só não contradiz os fins temporais, como os integra e os potencializa, de tal modo que quem aquele espera, não pode deixar de se comprometer na realização destes: «Afastam-se da verdade os que, sabendo que não temos aqui na terra uma cidade permanente, mas que vamos em demanda da futura, pensam que podem por isso descuidar os seus deveres terrenos, sem atenderem a que a própria fé ainda os obriga mais a cumpri-los, segundo a vocação própria de cada um»[68].

O motivo de base é a própria dinâmica da Encarnação, fundamento e origem da vida teologal. A natureza humana, com efeito, é assumida pelo Verbo divino na sua condição de unidade substancial de alma e corpo. Nada daquilo que diz respeito à pessoa humana, incluídos os aspectos mais ligados à corporeidade, é excluído da comunhão com Cristo: tudo que é humano está orientado filialmente

(66) Cf. P. Grelot, *Speranza, libertà, impegno del cristiano*, Ed. Paoline, Roma, 1984.

(67) Cf. G. Cottier, *Speranza cristiana e speranza marxista*, Città Nuova, Roma, 1979.

(68) Concílio Vaticano II, Const. *Gaudium et spes*, n, 43.

para o Pai[69]. Como bem lembrava São João Paulo II, a Encarnação, ao incluir todas as realidades criadas no diálogo intratrinitário, assumindo-as na unidade divina, faz com que se tornem «matéria» das virtudes teologais:

> A Encarnação de Deus-Filho significa que foi assumida à unidade com Deus não apenas a natureza humana, mas também, nesta, em certo sentido, tudo o que é «carne»: toda a humanidade, todo o mundo visível e material. A Encarnação, por conseguinte, tem também um significado cósmico, uma dimensão cósmica. O «gerado antes de toda criatura», ao encarnar-se na humanidade individual de Cristo, une-se, de algum modo, com toda a realidade do homem, que também é «carne» e, nela, com toda a «carne», com toda a criação[70].

Na economia da Criação primordial, esse pressuposto de toda realidade na unidade com Deus era um dado de fato, consequência da graça do estado de justiça original: havia uma perfeita integração entre a esperança teologal e a tarefa histórica de levar a termo no tempo a obra da criação: «o Senhor Deus tomou o homem e o colocou no jardim de Éden, para o cultivar e guardar» (*Gn* 2, 15).

Na economia da Encarnação, depois do pecado original que rompeu a harmonia inicial, incluem-se na Trindade o mundo e a história sob a forma de redenção. Mas a redenção *já* realizada por Cristo *ainda não* se manifestou plenamente, à espera de que se complete o número dos eleitos. Por isso a redenção continua fazendo-se na história e, depois da Ressurreição de Cristo, é tarefa do cristão «acompanhar» cada momento da temporalidade a fim de que se torne manifestação da

---

(69) «Assim se compreende, meus filhos, que o Apóstolo chegasse a escrever: Todas as coisas são vossas, vós sois de Cristo e Cristo é de Deus (*1 Cor* 3, 22-23). Trata-se de um movimento ascendente que o Espírito Santo, difundido em nossos corações, quer provocar no mundo; da terra até à glória do Senhor», São Josemaria Escrivá, homilia *Amar o mundo apaixonadamente*, em *Entrevistas com Mons. Josemaria Escrivá*, Quadrante, São Paulo, n. 115.

(70) São João Paulo II, Enc. *Dominum et vivificantem*, n. 50.

vitória de Cristo sobre o pecado e sobre a morte, ou seja, sobre tudo aquilo que manifesta a limitação da criação. A pessoa em graça, com efeito, participa ativamente da dinâmica trinitária direcionada para a criação, conhecida no Verbo e amada no amor e, em consequência, ao buscar a verdade intrínseca e última de cada coisa, quer operativamente o seu bem. Na lógica do capítulo 8 da Carta aos Romanos, a esperança inclui o fato de que «tudo contribui para o bem daqueles que amam a Deus» (*Rom* 8, 28), de modo que nenhuma ação humana pode ser deixada de lado no caminho que conduz à pátria definitiva. «E tudo o que disserdes ou fizerdes, que seja sempre no nome do Senhor Jesus, por ele dando graças a Deus Pai» (*Col* 3, 17; cf. também *1 Cor* 10, 31-33).

Aqui, na presença de Deus que nos preside do Sacrário – como fortalece esta proximidade real de Jesus! –, vamos meditar hoje sobre esse suave dom de Deus, a esperança, que nos cumula a alma de alegria, *spe gaudentes* (*Rom* 12, 12), cheios de júbilo, porque – se formos fiéis – espera-nos o Amor infinito.

Não esqueçamos nunca que, para quem quer que seja – para cada um de nós, portanto –, só há dois modos de estar na terra: ou se vive vida divina, lutando por agradar a Deus; ou se vive vida animal, mais ou menos humanamente ilustrada, quando se prescinde dEle. Nunca concedi grande peso a esses «santões» que fazem alarde de não terem fé: amo-os de verdade, como a todos os homens, meus irmãos; admiro-lhes a boa vontade, que sob determinados aspectos pode mostrar-se heroica; mas sinto pena deles, porque têm a enorme desgraça de lhes faltar a luz e o calor de Deus, e a alegria inefável da esperança teologal.

Um cristão sincero, coerente com a sua fé, não atua senão com os olhos postos em Deus, com sentido sobrenatural; trabalha neste mundo, que ama apaixonadamente, metido nas preocupações da terra, mas com o olhar fito no Céu. É São Paulo que no-lo confirma: *Quae sursum sunt quaerite; buscai as coisas lá do alto, onde Cristo está sentado à direita de Deus. Saboreai as coisas lá de cima, e não as da terra. Porque estais mortos* – para o que é mundano, pelo Batismo –, *e a vossa vida está escondida com Cristo em Deus* (*Col* 3, 1-3)[71].

Em suma, a virtude teologal da esperança reforça e assume todas as autênticas esperanças humanas. A união vital com Cristo na graça, pela qual o homem, no Espírito Santo, é envolvido em primeira pessoa no diálogo salvífico, faz com que o empenho de libertação do estado de limitação próprio da sua condição não seja visto unicamente na sua dimensão histórica: não é só uma tarefa intraterrena, mas verdadeira *atividade salvífica.* Nesse sentido a esperança teologal faz com que a vida terrena do cristão seja expressão da onipotência divina[72].

Ainda assim, é evidente que grande parte das esperanças humanas, justas de fato, ficam frustradas. Nesse caso, a aceitação livre do sofrimento causado pelo insucesso manifesta e realiza no crente individual o agir histórico do Verbo encarnado, uma vez que foi justamente este sofrimento o instrumento de salvação escolhido por Ele para nos redimir: assim, todo cristão é chamado a unir o próprio sofrimento, vencido *já, mas não ainda,* ao projeto da redenção universal. Assim, a esperança humana frustrada pode continuar sendo verdadeira esperança teologal na salvação eterna: *contra spem in spe credidit* (*Rom* 4, 18).

A paradoxal persistência do sofrimento humano depois do triunfo de Cristo se explica, de fato, pelos mesmos motivos que adiam escatologicamente a manifestação plena da sua vitória. A realidade histórica da *ressurreição* é o sinal desta vitória. Levar à plenitude uma temporalidade que, por querer de Deus – até que se complete o número dos eleitos – continua ainda aberta: esta verdade de fé dá ao crente a firmeza da esperança diante da experiência da dor, no momento em

(71) São Josemaria Escrivá, *Amigos de Deus*, n. 206.

(72) O cristão que espera deve imitar, portanto, a vida terrena de Jesus nos seus atos concretos de eliminação das misérias humanas, expressões do amor divino incondicional ao homem e da sua onipotência misericordiosa: «Fonte de água viva, brotou este Cristo da parte de Deus no deserto do conhecimento de Deus, isto é, na terra das nações: Ele, que aparecendo no vosso povo curou os cegos de nascença segundo a carne, os surdos e os coxos, fazendo com a sua palavra que estes saltassem, aqueles ouvissem, os primeiros recuperassem a vista; e ressuscitando os mortos e dando-lhes a vida animava os homens, pelas suas obras, a que o reconhecessem» São Justino Mártir, *Dialogus cum Tryphone*, 69, 6.

que o empenho cristão para fazê-la desaparecer se descobre incapaz de uma vitória definitiva no tempo.

8.4.3. Os pecados contra a virtude da esperança

O estudo dos atos contrários a uma determinada virtude sempre ajuda a entender com mais precisão a natureza da mesma. Visto que na esperança a conceitualização racional do impulso do desejo para o bem é complexa e difícil de determinar, esta elucidação adicional é talvez mais útil e necessária. Como sempre, serão estudadas primeiro as omissões culpáveis na esperança e em seguida os atos por comissão.

8.4.3.1. Os pecados por omissão contra a esperança

A esperança humana, embora em si mesma não seja um ato virtuoso, exige contudo a prática de muitas virtudes morais. Por conseguinte, a falta dessas virtudes, especialmente a magnanimidade e a humildade, estará na origem dos pecados de omissão contra a esperança teologal. Com efeito, quem não é magnânimo dificilmente tende para os bens árduos, assim como o soberbo raramente compreende que necessita deles.

Tanto a modernidade como a assim chamada *modernidade tardia* prometem falsas plenitudes humanas, que levam quase que inconscientemente a colocar a esperança fora de Deus, facilitando assim a omissão dos atos devidos pela virtude teologal. Isto pode ocorrer, principalmente, como falta de um real *desejo* dos bens sobrenaturais, uma vez que o apetite humano é invadido pela avidez dos bens terrenos. Como se verá em seguida, mesmo do ponto de vista do desejo pode haver atos contrários à esperança por comissão, mas obviamente as circunstâncias acima mencionadas levam prevalentemente à negligência habitual no exercício dessa virtude.

Mesmo do ponto de vista da *confiança* na contemporaneidade, também é possível tender a uma consideração problemática do futuro, que pode ocasionar uma habitual insegurança e não raramente levar à omissão de atos de esperança. Tenha-se presente tudo o que foi dito sobre o temor de Deus: a resistência habitual por indiferença a esse dom do Espírito Santo, bem como em geral as dificuldades na fé teologal pessoalmente vivida, favorecem o abandono da esperança, um verdadeiro e próprio cessamento do ato de desejar o bem supremo, que é Deus. A manualística clássica fala neste sentido de *desperatio privativa*[73].

Ainda no âmbito da omissão da confiança ou do desejo, podemos notar condições mais ou menos patológicas que tendem a fazer desaparecer ou tornar muito difícil tanto o desejo do bem como a capacidade de projeto histórico da pessoa. Entre estas se destacam todas as formas clínicas de depressão e outros distúrbios patológicos do humor[74]. O deprimido, com o estado melancólico, tem dificuldade de ver o futuro positivamente, de modo que a sua condição contradiz a própria natureza do ato de esperança. Ainda que o estado depressivo, por si só, não implique necessariamente a perda da esperança teologal, que não se fundamenta nas condições fisiológicas ou de saúde psíquica da pessoa, é evidente que esta doença, hoje em dia tão comum, pode levar a uma omissão *não culpável* dos atos dessa virtude teologal.

8.4.3.2. Atos contra a esperança como desejo

A omissão dos devidos atos de esperança leva facilmente à prática de específicos atos contrários. O desejo de um bem futuro e árduo é o constitutivo «material» desta virtude, de modo que convém estudar em primeiro lugar, entre os pecados por comissão, as atitudes da pessoa que levam a um erro no desejo do bem último. Fique claro desde o início que estes pecados, mesmo sendo especificamente contra o desejo,

---

(73) Prümmer *op. cit.*, vol I, p. 390.

(74) Cf. S. Cervera Enguix, *Trastornos depresivos*, in J. Cabanyes – M.A. Monge (ed.), *La salud mental y sus cuidados*, EUNSA, Pamplona, 2010, pp. 333-343; Pontificio Consiglio per gli Operatori Sanitari (ed.), *La depressione: clinica, analisi antropologica, prospettive pastorali*, EDB, Bolonha, 2005.

se manifestam sobretudo na ordem plena do amor a Deus da virtude da caridade. Por isso, só se obterá uma compreensão melhor deste parágrafo depois de se haver estudado a terceira virtude teologal.

É evidente que os atos contrários à esperança humana, que não pertence ao âmbito da virtude, mas ao da *vis irascibile,* não são em si mesmos atos pecaminosos. Os obstáculos que este apetite levanta perante o mal futuro possível (ansiedade, temor, ira, desespero...) não são considerados livres, mas consequências instintivas diante daquilo que contraria a ordenação natural ao que se avalia como agradável ou prazenteiro. Mesmo o apetite volitivo, por si próprio, orienta naturalmente o seu desejo para o bem desejável e rechaça o mal possível (*voluntas ut natura*); mas, enquanto ato livre (*voluntas ut ratio*), este desejo pertence ao âmbito moral e requer o esforço pessoal para ser retamente ordenado.

Nesse sentido, além das omissões do desejo, às quais se refere o parágrafo anterior, pode haver atos pessoais através dos quais a ação de desejar é contrária ao impulso da graça para Deus. Em primeiro lugar, a vontade pode livremente aceitar atos de verdadeiro e próprio desgosto no tocante aos meios de salvação ou ao próprio Deus enquanto bem supremo. Ainda que tal conduta se refira mais especificamente ao amor de Deus, ao menos enquanto *odium abominationis,* é claro que constitui também um ato contrário ao *amor concupiscentiae* devido a Deus (se o leitor desejar, pode acrescentar aqui «num sentido positivo», mas como isso nos parece claro, optamos por omiti-lo).

Obviamente, o desejo seletivo dos bens temporais que exclui o desejo dos bens eternos é definido como ação contrária à esperança enquanto desejo: esse ato facilmente conduz ao *odium abominationis,* que constitui um pecado gravíssimo. Tal atitude poderia proceder também de uma falta específica e grave contra a fé em Deus santificador, pois, como vimos, espera-se aquilo que se crê.

Do mesmo modo, dado que a vida eterna se alcança dirigindo a vida temporal para Deus, é um pecado contra a esperança-desejo uma desordenada aspiração pelos bens eternos que contradiga o reto amor à criação, a si mesmo e a todos os homens, que todo cristão deve viver: uma espécie de *fuga do mundo.* Dá-se o caso, especialmente entre os santos e os místicos, de um desejo tão forte de união com Deus, que se manifesta em expressões aparentemente contrárias ao reto amor das realidades criadas: *vultum tuum, Domine, requiram* (cf. *Sl* 27, 8), *cupio dissolvi* (cf. *Filip* 1, 23-24). É óbvio que essas locuções, corretamente entendidas, não contradizem o fato de que aquele mesmo desejo não será sincero e pleno se não incluir o desejo eficaz de se chegar à união com Deus através do *status viatoris,* considerando a criação como dom de Deus gratíssimo e a vida temporal como *spatium verae paenitentiae*[75] no qual realizar, segundo a vontade de Deus, a própria santificação.

8.4.3.3. Atos contra a esperança como confiança: o desespero

Os pecados por comissão contra a esperança no seu aspecto de confiança são os mais específicos, uma vez que essa dimensão constitui o esperar como ato virtuoso em sentido próprio. O *desespero*, portanto, é o pecado mais direto contra a esperança teologal. Segundo a definição clássica, é a «apatia voluntária perante a obtenção da bem-aventurança»[76]. O elemento formal deste pecado consiste em um ato livre da vontade que induz a não aderir à vontade salvífica divina, ainda que a inteligência continue a afirmá-la. Com efeito, embora o pecado de desespero possa derivar de um erro de fé acerca da universal predestinação divina para a santidade, ele se baseia, em si, na negação prática do objeto formal da esperança, isto é, a confiança em Deus santificador. Em outras palavras, trata-se de uma interrupção antecipada da caminhada rumo à plenitude em Deus, não tanto de um desvanecimento do caminho em si. Nesse sentido, se configura como *mortale ex toto genere suo,* uma vez que a pessoa escolhe voluntariamente permanecer numa situação de não cumprimento, numa contradição definitiva do seu ser criado para a comunhão com Deus.

---

(75) Missale Romanum, *Praeparatio ad Missam.*

(76) Prümmer, *op. cit.*, vol. I, p. 389.

De fato, o juízo referido na definição mencionada acima pertence à razão prática movida pela vontade e se dirige à concreta possibilidade pessoal de se salvar[77]. Em outras palavras, quem se desespera não confia que a graça divina possa saná-lo nas condições em que se encontra, não porque a graça seja incapaz de fazê-lo, mas pela ausência da intenção da vontade de aderir à salvação oferecida, o que torna a graça estéril[78]. Semelhante condição pessoal geralmente pressupõe um enfraquecimento voluntário e progressivo da vontade que costuma ocorrer em casos de pecado grave habitual, sobretudo quando se referem a vícios de fraqueza, ou seja, ligados à condição material da pessoa[79], que afastam mais intensamente dos bens espirituais. Pode acontecer também que, como resultado da persistência em omitir os devidos atos de esperança, se chegue à preguiça espiritual grave (*acedia*), a ponto de se tornar difícil a adesão da vontade à graça[80].

Obviamente, também o pecado habitual nos âmbitos não estritamente ligados às paixões ou aos pecados de fraqueza podem levar à debilitação da vontade e, portanto, ao desespero, como no caso das dúvidas positivas de fé, dada a íntima ligação entre fé e esperança. No entanto, nesses casos normalmente é mais fácil evitar a doença grave da vontade que habitualmente se chama tibieza. Na pior das hipó-

---

(77) «Infidelitas pertinet ad intellectum, desperatio vero ad vim appetitivam. Intellectus autem universalium est, sed vis appetitiva movetur ad particularia, est enim motus appetitivus ab anima ad res, quae in seipsis particulares sunt», *S.Th.* II-II q. 20 a. 2, co.

(78) Por este motivo o desespero positivo foi frequentemente identificado com a blasfêmia contra o Espírito Santo, imperdoável, de que fala *Mc* 3, 28-29. A misericórdia divina não pode operar a salvação naquele que, por ter uma vontade livremente desesperada, não acolhe o dom incriado do Espírito, princípio da justificação.

(79) «Ad hoc autem quod bona spiritualia non sapiunt nobis quasi bona, vel non videantur nobis magna bona, praecipue perducimur per hoc quod affectus noster est infectus amore delectationum corporalium, inter quas praecipuae sunt delectationes venereae, nam ex affectu harum delectationum contingit quod homo fastidit bona spiritualia, et non sperat ea quasi quaedam bona ardua. Et secundum hoc desperatio causatur ex luxuria», *S.Th.* II-II q. 20 a. 4, co.

(80) «Ad hoc autem quod aliquod bonum arduum non aestimet ut possibile sibi adipisci per se vel per alium, perducitur ex nimia deiectione; quae quando in affectu hominis dominatur, videtur ei quod nunquam possit ad aliquod bonum relevari. Et quia acedia est tristitia quaedam deiectiva spiritus, ideo per hunc modum desperatio ex acedia generatur», *Ibidem*.

teses, o desespero voluntário pode acompanhar os pecados contra as outras duas virtudes teologais. A infidelidade e o ódio a Deus, com efeito, embora sejam pecados mais graves que o desespero, segundo a sua espécie, quando induzem à recusa voluntária da misericórdia divina na qual consiste o desespero, adquirem uma periculosidade radical, tanto para o exercício habitual da vida virtuosa quanto para a salvação eterna[81].

8.4.3.4. Atos contra a esperança como confiança: a presunção

Na manualística clássica, a *presunção* não raramente foi considerada como pecado por excesso contra a esperança. Preferimos não adotar esta terminologia no âmbito das virtudes teologais, que por seu objeto jamais podem ter um limite superior: não é possível exagerar na esperança em Deus. A presunção, portanto, é considerada não como uma esperança desmedida, mas como a substituição intencional e inadequada do seu objeto próprio. A definição clássica da presunção, nesse sentido, é de grande ajuda: «confiança temerária na obtenção da bem-aventurança por outros meios que não os dispostos por Deus»[82]. Diferentemente do desespero que, tratando-se de um não caminhar, contradiz radicalmente a condição de *viator,* na presunção se percorre um caminho que não conduz à autêntica comunhão com

(81) «Virtutibus autem theologicis opponuntur infidelitas, desperatio et odium Dei. Inter quae odium et infidelitas, si desperationi comparentur, invenientur secundum se quidem, idest secundum rationem propriae speciei, graviora. Infidelitas enim provenit ex hoc quod homo ipsam Dei veritatem non credit; odium vero Dei provenit ex hoc quod voluntas hominis ipsi divinae bonitati contrariatur; desperatio autem ex hoc quod homo non sperat se bonitatem Dei participare. Ex quo patet quod infidelitas et odium Dei sunt contra Deum secundum quod in se est; desperatio autem secundum quod eius bonum participatur a nobis. Unde maius peccatum est, secundum se loquendo, non credere Dei veritatem, vel odire Deum, quam non sperare consequi gloriam ab ipso. Sed si comparetur desperatio ad alia duo peccata ex parte nostra, sic desperatio est periculosior, quia per spem revocamur a malis et introducimur in bona prosequenda; et ideo, sublata spe, irrefrenate homines labuntur in vitia, et a bonis laboribus retrahuntur», *S.Th.* II-II q. 20 a. 3, co.

 (82) Prümmer, *op. cit.*, vol. I, p. 391.

a vida divina através da participação nos meios da graça propostos por Deus para esse fim. O *viator* presunçoso determina por si mesmo os meios ou a meta, não aceitando que Deus lhos indique, anulando, assim, o dom do temor, predisposição do Espírito Santo necessária para a virtude teologal da esperança. Simultaneamente, considerando-se capaz de determinar com independência o percurso e o fim do próprio caminhar histórico, manifesta uma atitude de enorme superficialidade: por este motivo Pieper identifica a presunção com uma forma de infantilismo do ser humano, ao passo que o desespero seria uma forma de senilidade[83].

A presunção, como foi dito, não contradiz a natureza teologal da esperança tão radicalmente quanto o desespero. Por isso, os autores são unânimes em considerar que, embora seja um pecado grave, admite a possibilidade de parvidade de matéria (*mortale ex genere suo*), sempre que não dependa de um grave erro de fé (*praesumptio haereticalis*)[84]. Evidentemente, qualquer pecado de presunção, ainda que seja simples, pressupõe um desprezo da justiça divina e um abuso da sua misericórdia, bem como uma reinterpretação da própria condição de criatura que, embora parcialmente, julga-se soberbamente como autônoma e capaz de agir sem Deus na ordem da salvação. Essa arrogância, mesmo que admita dimensões mínimas, é sempre um apoiar nas próprias forças aquela confiança que a esperança teologal leva a depositar somente em Deus. O crente confia razoavel-

(83) Cf. Pieper, *Über die Hoffnung*, *op. cit.*, p. 50. Os pecados de presunção facilmente provêm, portanto, da condição de otimismo cego a que chegou grande parte da civilização moderna e tardo-moderna, como indicado no parágrafo 1.2 deste capítulo.

(84) Cf. Prümmer, *op. cit.*, vol. I, p. 392. Estes erros graves, pelos quais quem presume contradiz sempre gravemente a misericórdia divina, se referem tanto à graça divina como à cooperação humana. São por isso relacionáveis, por analogia, à heresia pelagiana, quando se pretende a salvação com os próprios meios sem a ajuda da graça, ou ao modelo luterano, segundo o qual se espera a salvação unicamente da fé, sem as obras. No segundo caso se incluem algumas formas de pietismo, surgidas em geral da fé luterana, que reforçam ainda mais a afirmação da suficiência tão somente das disposições interiores (*pietas*) para alcançar a salvação. Evidentemente, não se trata da condição de pertença em boa fé a uma igreja luterana ou calvinista (que tornaria material o pecado contra a esperança), mas de um verdadeiro e próprio *error pertinax* contra a fé católica, que enquanto tal se configura como pecado voluntário de heresia, cuja presunção resultante não admite parvidade de matéria (*mortale ex toto genere suo*).

mente em si, apenas na medida em que se vê definitivamente como filho de Deus em Cristo: «nem o que planta nem o que rega são, propriamente, importantes. Importante é Aquele que faz crescer: Deus» (*1 Cor* 3, 7).

Capítulo V

A VIRTUDE DA CARIDADE

Deus é caridade e quem permanece na caridade, permanece em Deus e Deus nele» (*1 Jo* 4, 16). Ora, Deus difundiu a sua caridade nos nossos corações, por meio do Espírito Santo, que nos foi dado (cf. *Rom* 5, 5). Sendo assim, o primeiro e mais necessário dom é a caridade, com que amamos a Deus sobre todas as coisas e ao próximo por amor d'Ele. Para que esta caridade, como boa semente, cresça e frutifique na alma, cada fiel deve ouvir de bom grado a palavra de Deus, e cumprir, com a ajuda da graça, a Sua vontade, participar frequentemente nos sacramentos, sobretudo na Eucaristia, e nas funções sagradas, dando-se continuamente à oração, à abnegação de si mesmo, ao serviço efetivo de seus irmãos e a toda a espécie de virtude.

Concílio Vaticano II, *Lumen gentium,* 42

9. A virtude teologal da caridade

9.1. Atualidade da virtude teologal da caridade

A esperança teologal nos fez considerar o movimento cheio de confiança da vontade humana em direção ao bem supremo, que é Deus. O fato de esse movimento ser impulsionado no coração do homem pelo próprio Deus implica que, de algum modo, a vontade humana «toca com a mão» o amor recebido e a ele corresponda com o seu amor recíproco. Da mesma maneira, quando se falava da fé, ficou claro que não se pode entendê-la a não ser como conhecimento precedido e informado pelo amor de Deus por nós. O amor é, portanto, o centro da vida teologal, o cume para o qual apontam as outras duas virtudes teologais.

Por isso surpreende e dá pena que o termo «caridade», com que se define a terceira virtude teologal, tenha sido tão desgastado por um uso ordinário que na prática reduz o seu significado à mera beneficência para com os necessitados. Provém, ao contrário, do adjetivo latino *carus*, de onde deriva *caritas*, que indica a coisa ou a pessoa objeto de intenso afeto, pelo qual se está disposto a pagar um alto preço. É a partir deste significado originário que é preciso mover-se: impelido pela graça, o coração humano se torna capaz de uma verdadeira resposta de amor, na qual ama a Deus com o mesmo amor com que Deus ama a si mesmo.

Que o homem foi feito para amar e encontra a sua felicidade última no amor é talvez a ideia mais difundida na humanidade: não obstante a inegável realidade da constante presença do ódio e do rancor na história dos homens, quem não sente como próprio o grito de Antígona? O homem, dizia a trágica heroína, nasceu para amar, não para odiar. No entanto, paradoxalmente, o amor é muito provavelmente o conceito mais ambíguo, a ideia sobre a qual é mais difícil encontrar um acordo quanto a seu significado: «o termo "amor" tornou-se hoje uma das palavras mais usadas e mesmo abusadas, à qual associamos significados completamente diferentes»[1]. Nesta introdução ao capítulo, partiremos da constatação e da origem das dificuldades recentes sobre o amor (1.1) para passar depois aos motivos de otimismo que oferece a atual civilização pós-moderna (1.2).

(1) Bento XVI, Enc. *Deus caritas est*, n. 2.

9.1.1. A doença do século

«Para entender a revelação que Deus fez a propósito do amor que Ele nutre pelo homem e a propósito da vocação dos homens a responder-lhe com amor, é necessário ter experimentado um amor inter-humano genuíno, ainda que natural apenas. Uma determinada época cria nesse sentido condições favoráveis ou desfavoráveis, conforme a posição que ela atribui ou nega ao amor interpessoal»[2].

É mais que evidente a crise do amor que se foi gerando na modernidade. No amor moderno, frequentemente não se busca tanto o dar, mas o receber; o amor não possui como termo a pessoa do outro, mas a própria satisfação que aquela pessoa é capaz de proporcionar. Amamos sermos amados, não o ser que nos ama. Esse esquecimento da pessoa, consequência da mentalidade cientificista, se traduz também na redução do amor interpessoal a uma troca de operações afetivas para as quais a alteridade pessoal é por ora necessária, mas não imprescindível, uma vez que a evolução da técnica poderia fornecer substitutivos válidos. Ficando a consideração da própria pessoa restrita à dimensão funcional, o outro é visto somente com base no benefício próprio, e neste sentido passa a ser substituível a partir do momento em que outras realidades ofereçam maiores benefícios.

Em suma, a modernidade, que recluiu a razão e a busca da verdade dentro dos limites da razão científica, também restringiu o amor a quanto de prazeroso e agradável o indivíduo possa receber de fora. Referida a estes dois aspectos, verdade e amor, entende-se a forte afirmação de Albert Camus: «Uma só frase bastará para descrever o homem moderno: ele fornicava e lia jornais»[3]. Com efeito, a tendência a reduzir ao apetite sexual a chave última do amor é fortemente presente na cultura científica, tanto a nível teórico, como afirma a obra de Sigmund Freud, como a nível prático, como testemunha a assim chamada «revolução sexual», baseada não tanto sobre os desenvolvi-

---

(2) A. Günthör, *Chiamata e risposta*, San Paolo, Cinisello Balsamo, Milão, 1988, vol. 2, p. 241.

(3) *La caduta. L'esilio e il regno*, Bompiani, Milão, 1958.

mentos culturais e filosóficos de Kinsey, Reich, Marcuse e outros, mas sobre a disponibilidade, através da anticoncepção hormonal, de uma verdadeira capacidade técnica que a tornou possível.

Realmente, a doença do amor parece ser a doença do século. Talvez a *Carta às famílias* de João Paulo II contenha, junto ao chamado a construir a *civilização do amor,* uma das mais profundas denúncias da condição egoística da civilização moderna.

> Quem pode negar que a nossa seja uma época de grande crise, que se exprime sobretudo como profunda «crise da verdade»? Crise da verdade significa, em primeiro lugar, *crise de conceitos.* Os termos «amor», «liberdade», «dom sincero», e mesmo os de «pessoa», «direitos da pessoa», significarão na realidade aquilo que por sua natureza contêm? [...] O desenvolvimento da civilização contemporânea está ligado a um progresso científico-tecnológico que se atua de modo frequentemente unilateral, apresentando, por conseguinte, características puramente positivistas. O positivismo, como se sabe, tem como seus frutos o agnosticismo, no campo teórico, e o utilitarismo no campo prático e ético. Nos nossos tempos, a história em certo sentido repete-se. O *utilitarismo* é uma civilização da produção e do desfrute, uma civilização das «coisas» e não das «pessoas»; uma civilização onde as pessoas se usam como se usam as coisas. No contexto da civilização do desfrute, a mulher pode tornar-se para o homem um objeto, os filhos um obstáculo para os pais, a família uma instituição embaraçante para a liberdade dos membros que a compõem. Para convencer-se disto, basta examinar *certos programas de educação sexual* introduzidos nas escolas, não obstante o frequente parecer contrário e até os protestos de muitos pais; ou então, as tendências pró-abortistas que em vão procuram esconder-se atrás do chamado «direito de escolha» (*«pro choice»*) por parte de ambos os cônjuges, e particularmente por parte da mulher. São apenas dois exemplos dos muitos que se poderiam recordar[4].

(4) São João Paulo II, *Carta às famílias «Gratissimam sane»*, 2 de fevereiro de 1994.

Quando aquilo que se ama é o amor recebido em termos de gozo pessoal, e não a pessoa de quem é recebido, esta facilmente será considerada decepcionante ou não satisfatória, e a tentação de substituí-la pela técnica será grande. Assim, seria possível explicar o expressivo aumento da busca por satisfação afetiva solipsística, por meio do recurso às imagens pornográficas, ou à indústria do sexo, na vanguarda em termos de recurso ao desenvolvimento tecnológico atual, como mostra, por exemplo, a presença cada vez mais consistente da robótica humanoide neste campo.

9.1.2. O modelo relacional pós-moderno

A enorme limitação da ideia de amor interpessoal derivada da modernidade não desapareceu na modernidade tardia, isto é, na tentativa de escapar da crise moderna, impulsionando ainda mais a busca da tecnociência como recurso.

> É evidente que há sinais de dificuldades e também de declínio da modernidade. Alguns, no entanto, os interpretam como mudanças transitórias, não necessariamente como sinais de degradação. De fato, diz-se, isso é modernidade: uma inovação e transformação contínuas, que devem ser aceitas pelo que são. Poucos se aventuram a desafiar a modernidade, como se ela tivesse se tornado uma espécie de DNA cultural da humanidade. Estamos destinados, então, a ser modernos para sempre[5].

Nessa linha incluem-se alguns movimentos como o trans-humanismo, entre cujas antecipações podemos citar a teoria do «Manifesto ciborgue» de Donna Haraway. O esquecimento da pessoa, do qual se falava no parágrafo precedente, é acentuado de tal forma que chega a dissolver o próprio conceito num predicado atribuível univocamente não só aos animais não humanos, mas também às máquinas dotadas de inteligência artificial.

---

(5) P. Donati, *Sociologia relazionale*, La Scuola, Bréscia, 2013, p. 23.

No entanto, junto a essa persistência do moderno, há uma forte tendência à mudança, uma tomada de consciência difusa da necessidade radical de uma correção de rota. Assim, a pós-modernidade relacional redescobre o ser pessoa como o elemento fundamental de interpretação da realidade e da afirmação do fato de que a própria relação está na origem de tudo. A necessidade de manter relações valiosas consigo mesmo, com os outros e com o mundo exige uma nova postura, em grande medida ausente na modernidade, de amor para com o homem e para com o cosmos: não se trata só de amor como procura da própria satisfação, mas de assegurar o bem estável e duradouro daquilo que é o objetivo da própria realização como dom relacional.

Existem muitos sinais dessa mudança de paradigma. A ecologia pós-moderna, por exemplo, independentemente de outras considerações de fundo ou erros de método, sente a responsabilidade moral do impacto que o progresso tecnológico provoca na natureza, e deseja sinceramente o bem do cosmos para o benefício das gerações futuras, não por vantagem própria. A assim chamada ideologia de gênero é, em termos práticos e teóricos, diametralmente oposta à consideração cristã do amor humano, mas não se pode negar que parte de um princípio compartilhável: o fato de que a conduta sexual humana é livre e relacional, e não determinada pela biologia ou por outros fatores externos à pessoa. A polêmica não consiste na condição livre da sexualidade, mas na própria natureza da liberdade e no significado antropológico da corporeidade humana. Mesmo a técnica está pouco a pouco redescobrindo o seu caráter fundamentalmente ético (*tecnoética*)[6], precisamente porque, para o bem ou para o mal, chega à pessoa.

9.2. Esclarecimentos conceituais

Como é óbvio, mesmo os tempos do cientificismo moderno colocaram a ideia do amor, ainda que sem um conceito claro, no centro

(6) Cf. J. M. Galván, *Perché la Tecnoetica*, in «Acta Philosophica» 20 (2011) 15-28.

da vida do homem. Não poderia ser diferente, visto que amar é talvez a ação mais especificamente humana (2.1), não obstante a sua grande variedade de significados (2.2). Encontramo-nos, portanto, num momento de confusão que demanda um retorno a esquemas conceituais que, embora necessariamente incompletos, permitam um mínimo de clareza discursiva (2.3).

9.2.1. O amor como ato propriamente humano

Podemos dizer que a contemporaneidade necessita reencontrar o caminho da realização no amor, caminho que a modernidade tinha fechado. O apelo de Aristóteles à realização teleológica do homem na amizade parece ressoar fortemente nos ouvidos da humanidade do início do terceiro milênio: «Sem amigos, ninguém escolheria viver, mesmo que possuísse todos os outros bens»[7]. Amar, ter amigos, é o ato mais próprio e definidor do ser humano, que nada mais é do que «sujeito e objeto, princípio e termo do amor»[8].

É evidente que o conceito de amor é muito mais amplo do que o amor interpessoal, como se verá no parágrafo seguinte. No entanto, deve-se dizer que, apesar de todos os titubeios presentes em muitos momentos da história e em diferentes culturas, existe uma consciência generalizada de que o modo de amar do ser humano tem características especiais, uma vez que se determina como uma chamada ao amor e à afetividade superior aos outros seres, quando mais não seja, porque se trata da única criatura de que se tem notícia cuja afetividade está ligada à condição pessoal, e não apenas à natureza.

O amor que as outras criaturas dão e recebem é uma consequência e um requisito da sua constituição natural, ao passo que o homem dá e recebe amor (aos/dos outros homens e demais seres, materiais ou animados) livremente. Paradoxalmente, é a arbitrariedade do amor (poder dá-lo ou recusá-lo) que faz do homem uma criatura amante.

---

(7) Aristóteles, *Ética a Nicômaco*, VIII, 1.

(8) T. Melendo Granados, *Otto lezioni sull'amore umano*, Ares, Milão, 2008, p. 6.

No âmbito da Revelação, isso acontece não apenas porque «todo ser vivo ama o seu semelhante, todo homem o seu próximo» (*Ecl* 13, 19), mas porque foi «criado por Deus por amor, é por Ele por amor constantemente conservado; nem pode viver plenamente segundo a verdade, se não reconhecer livremente esse amor»[9]. Em suma, a constituição do homem como única criatura imagem de Deus que é amor trinitário é a chave última:

> Deus, que cuida de todos com solicitude paternal, quis que os homens formassem uma só família, e se tratassem uns aos outros como irmãos. [...] Quando o Senhor Jesus pede ao Pai «que todos sejam um [...], como nós somos um» (*Jo* 17, 21-22), sugere – abrindo perspectivas inacessíveis à razão humana – uma certa analogia entre a união das pessoas divinas entre si e a união dos filhos de Deus na verdade e na caridade»[10].

9.2.2. O amor como conceito analógico

Contudo, à persuasão de ser livre no amor se acrescenta, nos nossos dias, a consciência de não saber amar, a ponto de não conseguir nem mesmo definir o termo por falta de compreensão do que isso significa, perdidos talvez na infinidade de significados que se atribuem a este vocábulo. Nos períodos da história da humanidade em que a ideia de homem era a chave interpretativa da realidade, o amor era visto como o seu princípio fundamental, também no aspecto material: da *philotes,* que para Empédocles e outros pré-socráticos regula os quatro elementos, ao *amor que move o Sol e as outras estrelas*[11] de Dante. Na modernidade, em que a chave interpretativa da realidade passa a ser a ciência empírica, o amor é entendido mais segundo os princípios da física ou da biologia. A *simpatia universal*

---

(9) *Gaudium et spes*, n. 19.

(10) *Ibidem*, n. 24.

(11) *Paraíso*, XXXIII, 145.

dos estoicos tornou-se para os modernos um estado fisiológico do indivíduo, que se manifesta como sentimento positivo do psiquismo ante a realidade externa.

O amor cristão, que é a base da virtude teologal da caridade, ao contrário, exprime uma ideia muito precisa, e, ao mesmo tempo, de uma amplitude omnicompreensiva, dado que nada do que foi criado, pessoal ou material, escapa do seu objeto próprio. Se tudo o que foi criado por Deus é objeto do amor cristão, é evidente que o conceito é fundamentalmente analógico e possui diversos significados segundo as diversas maneiras de amar ou segundo os diversos objetos amados, reduzíveis, no entanto, a uma certa unidade e mútua conexão na unidade do sujeito amante. A questão foi colocada por Bento XVI no início da sua encíclica sobre a caridade:

> Em primeiro lugar, recordemos o vasto campo semântico da palavra «amor»: fala-se de amor da pátria, amor à profissão, amor entre amigos, amor ao trabalho, amor entre pais e filhos, entre irmãos e familiares, amor ao próximo e amor a Deus. Em toda esta gama de significados, porém, o amor entre o homem e a mulher, no qual concorrem indivisivelmente corpo e alma e se abre ao ser humano uma promessa de felicidade que parece irresistível, sobressai como arquétipo de amor por excelência, de tal modo que, comparados com ele, à primeira vista todos os demais tipos de amor se ofuscam. Surge então a questão: todas estas formas de amor no fim de contas unificam-se, sendo o amor, apesar de toda a diversidade das suas manifestações, em última instância um só, ou, ao contrário, utilizamos uma mesma palavra para indicar realidades totalmente diferentes?[12]

O mesmo documento pontifício responde mais adiante que «no fundo, o amor é uma única realidade, embora com distintas dimensões»[13]. Essa convergência das diversas dimensões só se pode enten-

---

(12) Bento XVI, Enc. *Deus caritas est*, n. 2.

(13) *Ibidem*, n. 8.

der, como foi dito acima, em referência à unidade do sujeito amante: a pessoa, imagem de Deus que é Amor e que por amor criou todas as coisas.

9.2.3. A natureza e as formas do amor

No que consiste, afinal, a base comum de tudo aquilo que se pode chamar amor? Para Tomás, «chama-se amor a primeira mudança do apetite pelo objeto apetecível, que não é senão a complacência no objeto apetecível»[14]. Noutras palavras, o amor leva a cumprimento ou à perfeição o apetite na sua dinâmica positiva de assimilar aquilo que, segundo a sua natureza, é apetecível; por isso tem sempre razão de dom[15], seja devido aos requisitos da natureza, seja como fruto de uma benevolente escolha pessoal. Quando esta transformação supõe um apetite natural ou sensível, fala-se em sentido próprio de *passio,* mas quando se refere ao apetite volitivo livre, só se pode falar do amor como paixão em sentido lato[16], e se configura essencialmente como escolha livre e virtuosa. É com referência a este tipo de amor que deve ser entendido o esquema dos artigos da *quaestio* 27 da I-II, na qual Tomás aparentemente resume os diversos passos do amor racional: *Primo, utrum bonum sit sola causa amoris. Secundo, utrum cognitio sit causa amoris. Tertio, utrum similitudo. Quarto, utrum aliqua alia animae passionum*[17]. Ou seja: o amor nasce, é causado pelo bem conhecido para o qual move o apetite volitivo; a *similitudo*, ainda que esteja relacionada mais propriamente com o amor de benevolência ou de amizade, que veremos mais adiante, se dá também em todo tipo de

(14) «Prima immutatio appetitus ab appetibile vocatur amor, qui nihil est aliud quam complacentia appetibilis», *S.Th.* I-II q. 26, a. 2, co.

(15) «Manifestum est quod amor habet rationem primi doni, per quod omnia dona gratuita donantur», *S.Th.* I q. 38, a. 2, co.

(16) «Sic ergo, cum amor consistat in quadam immutatione appetitus ab appetibili, manifestum est quod amor est passio, proprie quidem, secundum quod est in concupiscibili; communiter autem, et extenso nomine, secundum quod est in voluntate», *ibidem.*

(17) *S.Th.* I-II q. 27, *proemium.*

amor quando o objeto amado de algum modo se ajusta ou é conforme ao sujeito amante.

Ambos os aspectos, o sentimental e o eletivo, se juntam e se integram, como compromisso moral, na unidade do sujeito que os experimenta e que, sem dúvida, deve ser um sujeito livre. Obviamente, é o amor eletivo, proveniente da vontade, quem integra e assume o amor sensível do apetite na unidade do sujeito amante. O caminho contrário, porém, não é possível: o amor sensível não se torna eletivo senão através de um ato livre. De igual modo, a escolha de permanecer no amor sensível, no gozo puramente passional do bem apetecível, constitui sempre um ato moral que recai sob a responsabilidade da pessoa. A plenitude do amor verdadeiramente humano exige a presença dos dois aspectos, e que se procure a sua máxima integração.

Essas duas dimensões integradas dão lugar às diversas «formas» de amor humano, que passamos a descrever brevemente segundo o clássico esquema dos quatro graus, não com a intenção de elaborar um tratado exaustivo sobre a natureza do amor humano, mas instrumentalmente em relação à posterior exposição da virtude da caridade.

9.2.3.1. *Amor complacentiae*

A forma mais elementar de amor é constituída pela complacência naquilo que é verdadeiro, bom e belo. Todo ser tende para aquilo que é conveniente à sua própria natureza, e nesse sentido é possível falar de um *amor naturalis* que, nas criaturas inanimadas, manifesta-se unicamente como disposição ontológica e dificilmente pode ser chamado amor: neste sentido se entende o texto da *Divina Comédia* citado anteriormente. Nas criaturas animadas, essa disposição ou tendência natural se experimenta como afeto, isto é, como sentimento positivo do sujeito amante sobre o objeto amado. Nos seres animados materiais este sentimento é sensível, ao passo que nos seres pessoais o espiritual se une ao afeto sensível. Em ambos os casos, a ligação com as paixões faz com que o afeto seja fortemente influenciado por elas.

A esfera afetiva é fundamental para a integridade da pessoa, não obstante seja a forma mais básica de amor, aquela que os seres pessoais compartilham com o resto dos seres animados. Precisamente por causa dessa comunidade afetiva, esse sentimento é interpessoal quando se dá entre pessoas, mas pode igualmente dar-se e compartilhar-se com os animais (de acordo com muitos dados empíricos, também com os vegetais); finalmente, pode dar-se, mas não compartilhar-se, com os seres materiais. Nesse sentido, pode-se dizer que o *amor complacentiae* põe o homem em comunhão com todo o criado.

9.2.3.2. *Amor concupiscentiae*

A complacência no objeto ou sujeito amado que se dá no sujeito amante que é também ser racional, diz respeito primeiramente ao bem daquele que ama, e é chamado classicamente *amor concupiscentiae,* entendido como tendência lógica do apetite racional para aquilo que aperfeiçoa o próprio ser. É óbvio que não se trata do uso habitual e comum da palavra «concupiscência», normalmente ligada ao apetite sensível, tendente, portanto, à cobiça de um bem com um desejo desordenado e incontrolável de possuí-lo. Trata-se, na verdade, de uma forma de amor em si mesma positiva, pela qual a pessoa, guiada pela vontade livre, move-se em direção ao verdadeiro bem dela própria.

Talvez pelo fato de a finalidade deste tipo de amor ser o sujeito amante, e não a coisa «amada», é que frequentemente tendemos a considerar o *amor concupiscentiae* como uma forma imperfeita de amor. Com efeito, quando dizemos que alguém «ama a música», no fundo queremos referir-nos ao bem que o ouvir música produz nele. No entanto, essa «imperfeição» não implica de modo algum uma consideração negativa, uma vez que apenas se refere à condição limitada do ser das criaturas, cujo bem próprio sempre precisa de incremento. Caberá à prática das virtudes evitar que a natural procura do próprio bem seja falsificada pelas paixões desordenadas.

Assim como o *amor complacentiae*, também o *amor concupiscentiae,* embora pertença à esfera racional, poderá ter como objeto tanto os seres pessoais como os não pessoais. No caso dos objetos materiais, o *amor concupiscentiae* se diferencia da mera complacência pelo fato de que a sua natureza livre e eletiva (pertence, com efeito, ao *amor rationalis*) poderá levar a amar e desejar verdadeiramente como bem para si próprio uma coisa que, não sendo em si mesma objeto de prazer, tampouco seria desejável. No caso do amor às pessoas, ainda que a concupiscência deva ser assimilada e informada pelo *amor benevolentiae,* que é o amor propriamente interpessoal, nem por isso deixa de ser uma dimensão necessária que manifesta a integridade de um amor verdadeiramente humano. Obviamente, o bem próprio que se busca no amor interpessoal assume modalidades muito diversas de acordo com o nível de amor de benevolência que se dá entre as pessoas: o bem próprio que se procura no amigo não é o mesmo daquele que se procura no cônjuge, ou em Deus, como vimos na virtude da esperança.

9.2.3.3. *Amor benevolentiae*

Para a pessoa, a experiência do amor de benevolência é a forma própria do *amor rationalis* quando dirigido a outra pessoa. Foi definido classicamente como *querer o verdadeiro bem do outro enquanto outro*[18]. Trata-se, portanto, de um momento centrífugo do amor, no qual a vontade, diferentemente dos amores de complacência ou de concupiscência, se dirige a um bem situado fora do sujeito amante. Tal amor só se pode dar entre seres pessoais; de fato, ainda que se pudesse querer o bem de um ser não pessoal enquanto tal, este desejo teria como finalidade, de um modo ou de outro, o bem da pessoa ou da humanidade para o qual aquele ser remete, como acontece, por exemplo, quando o amor por uma obra de arte leva a arriscar a própria vida para salvá-la da destruição.

O *amor benevolentiae,* portanto, supera a mera atração ou interesse que o outro pode ocasionar para estruturar-se como uma verdadeira

(18) Cf. Aristóteles, *Retórica* 2, 4.

e própria escolha da vontade, que, embora normalmente pressuponha a amabilidade da pessoa, em muitos casos existe mesmo quando esta venha a faltar totalmente. A vontade, com efeito, tende para o bem da pessoa amada, movida por causas muito superiores à mera afetividade natural. Costuma-se dizer que o amor de benevolência se caracteriza pela ausência de justificativas. Contudo, esta expressão deve ser entendida não tanto como uma espécie de arbitrariedade, mas em relação ao fato de que quem ama não busca nada para si mesmo. A grandeza deste amor consiste em descobrir em cada ser humano, mesmo que se trate de um inimigo ou de alguém que não o mereça, o motivo pelo qual vale a pena fazê-lo objeto de benevolência. Esse tipo de amor exige, portanto, um uso concomitante do intelecto que se refere a dois momentos: em primeiro lugar, a descoberta dos verdadeiros motivos de amabilidade, sejam esses devidos à contemplação meramente racional da natureza humana, ou provenientes da fé revelada (o homem, criado à imagem de Deus); em segundo lugar, a adequada definição do verdadeiro bem do amado, aquele que, para além das aparências ou dos possíveis desvios na tendência para o bem, leva à sua real perfeição (não seria amor de benevolência desejar para a pessoa amada um bem aparente ou falso, mesmo que fosse verdadeiramente querido por ela).

Os elementos relativos à benevolência foram resumidos por Melendo Granados[19] em três passos sucessivos. Esses passos podem ser úteis para entender a dinâmica específica sobre o bem do outro, que serão úteis também para entender o desenvolvimento do amor a Deus. O primeiro consiste em *confirmar o outro no ser,* isto é, na firme vontade de querer o bem primário que, enquanto tal, é o próprio ser da pessoa amada na sua totalidade, independentemente do prazer ou do bem que este ser possa causar em nós. O segundo degrau é constituído pelo *desejo de plenitude*, ou seja, o movimento do apetite volitivo para a forma de ser mais perfeita possível da pessoa amada. Compreende-se que isto é compatível com a presença dos defeitos

(19) *Op. cit.*, pp. 11-28. Tenha-se presente, no entanto, que a proposta deste autor é basicamente uma elogiosa apresentação sintética do que está contido em J. Pieper, *Über die Liebe*, Kösel Verlag, Munique, 1972.

próprios da condição de criatura, que não deveriam afetar a intensidade de um amor autenticamente humano. O terceiro e conclusivo elemento é constituído pela dedicação pessoal à pessoa amada, mediante a qual se tende a realizar os dois passos anteriores: com efeito, quem ama com amor de benevolência se empenha para que o próprio ser e o próprio agir possam se tornar, em diversos níveis, instrumentos da plenitude da pessoa amada.

9.2.3.4. *Amor amicitiae*

A amizade é uma forma concreta de amor de benevolência entre seres pessoais, que acrescenta um nível de comunhão ao mero desejo do verdadeiro bem do outro, comunhão não necessariamente presente na simples benevolência, mediante a qual os amigos compartilham entre si um amor e um conhecimento que levam a uma real participação em um bem comum, cuja entidade determina a profundidade da própria amizade. Os amigos, com efeito, no começo podem partilhar apenas uma mútua simpatia ou uma mútua participação de aspectos setoriais da realidade, como, por exemplo, os gostos em comum ou as emoções compartilhadas. A amizade, porém, pode chegar a uma comunhão muito mais intensa da própria vida («amigos do peito») e, portanto, a um grande compartilhamento da experiência da realidade. Embora a amizade não exija por si só a atração sexual entre as pessoas, a forma mais alta do amor de amizade entre seres criados, na qual o compartilhamento do dom mútuo tem como objeto a total realidade da pessoa marcada pela sua condição sexual, é constituída pelo amor esponsal.

9.3. Fundamento bíblico da virtude teologal da caridade

Os conceitos precedentes nos permitem enquadrar a exposição sobre a virtude teologal da caridade no amplo contexto da chamada do ser humano ao amor. Para a especificação teológica desta virtude, buscaremos inicialmente o significado da palavra amor na Sagrada Escritura, tanto quando ela aparece diretamente como quando, embora não mencionada explicitamente, permeia a lógica do discurso bíblico. Como de costume, veremos primeiro o Antigo Testamento (3.1) e em seguida a plenitude da revelação no Novo Testamento (3.2).

9.3.1. Antigo Testamento

No Antigo Testamento a conceituação da ideia de Deus e da sua relação com o homem é centrada fundamentalmente sobre a ideia do seu senhorio sobre a história e sobre a Aliança que Ele estabelece com o povo de Israel. Essa Aliança, totalmente gratuita e desprovida de pressupostos, parece muitas vezes não se referir a um mero senhorio, mas pede o uso de apelativos divinos mais capazes de avizinhar ao homem a ideia de JHWH, dando dEle uma imagem mais chegada e afetuosa (cf. *Ex* 6, 6-8; *Dt* 7, 7-9; 10).

Falar do Senhor da história, mantendo simultaneamente a sua condição de transcendência absoluta com relação à realidade, exige uma referência contínua ao termo que para o povo de Israel melhor manifesta esta transcendência: a *santidade.* Nesse sentido, o uso de expressões que pudessem colocar em dúvida a transcendência da santidade é reduzido ao mínimo. É o caso da palavra *amor,* que em todas as culturas manifesta a necessidade mais básica e substancial da pessoa, e por isso possui uma dimensão de plenitude buscada, mas não alcançada, que a teologia veterotestamentária dificilmente consegue aplicar a JHWH. Daí que o uso explícito do termo, certamente não abundante, normalmente exprime um sentido muito analógico ou simbólico, para conotar o agir divino em dois contextos fundamentais: o primeiro, quando é necessário dar ao apelativo «Senhor» um matiz de ternura ou proximidade ao povo ou ao indivíduo singular, que manifeste ao mesmo tempo o fato de que o senhorio é elevação e promoção, não submissão; o segundo, mais frequente, para conotar a permanente fidelidade de Deus à Aliança nos vários momentos em que é traída pelo povo.

Embora no início se encontrem algumas expressões fortes e explícitas, como em *Dt* 7, 8 («o Senhor vos amou e quis cumprir o juramento que fez a vossos pais»), ou no salmo 146, 8 («o Senhor ama os justos»), os textos provavelmente mais significativos se encontram nos profetas, concretamente nas imagens esponsais de Oseias. A ternura do agir divino é manifestada com delicadeza narrativa, por exemplo, no seguinte parágrafo (*Os* 11, 1-4):

> Quando Israel era criança eu o amava, do Egito chamei o meu filho. Quanto mais, porém, eu os chamava, mais de mim eles se afastavam. Sacrificavam vítimas aos Baals, queimavam sacrifícios a seus ídolos. Sim, fui eu quem ensinou Efraim a andar, segurando-o pela mão. Só que eles não percebiam que era eu quem deles cuidava. Eu os lacei com laços de amizade, eu os amarrei com cordas de amor; fazia com eles como quem pega uma criança ao colo e a traz até junto ao rosto. Para dar-lhes de comer eu me abaixava até eles.

A permanência aparentemente inexplicável da fidelidade de Deus, não obstante as traições do povo, remete, por sua vez, às grandes imagens esponsais do amor a uma esposa indigna, a quem JHWH continua sempre fiel, embora não existam mais motivos: «Eu me casarei contigo para sempre, casamos conforme a justiça e o direito, com amor e carinho. Caso-me contigo com toda a fidelidade e então conhecerás o Senhor» (*Os* 2, 21-22).

É evidente que esse «tomar esposa» referido ao amor de Deus não aparece segundo a analogia do amor esponsal, que dificilmente poderia ser-lhe atribuído no contexto veterotestamentário, mas no sentido especificamente jurídico do pacto de aliança indissolúvel entre marido e mulher[20].

---

(20) Na mesma linha está o profeta Jeremias, com imagens do noivado («Eu bem me lembro de ti, da paixão da tua juventude, do amor do teu noivado, quando me seguias pelo deserto, terra onde não se planta», *Jer* 2, 2), da traição («Qual mulher que trai seu companheiro, vós me traístes, casa de Israel!», *Jer* 3, 20), e fidelidade incondicional de Deus («Lá de longe o Senhor lhe apareceu: "Eu te amo com amor de eternidade; por isso, guardo por ti tanta ternura! Vou reconstruir-te, serás restaurada, virgem Israel», *Jer* 31, 3-4). Enfim, o

9.3.1.1. O amor de JHWH, chave do Antigo Testamento

Em ambos os casos precedentes, o uso do conceito não corresponde ao seu sentido habitual de referência ao amor interpessoal, sobretudo porque falta tanto a relativa igualdade entre os amantes (o amor se dá entre semelhantes), como a reciprocidade que lhe é própria. Por isso, é difícil relacionar o amor de Deus, como primeiro termo da relação, com o amor para com Ele que por sua vez é insistentemente pedido ao homem: «Amarás o Senhor teu Deus com todo o teu coração, com toda a tua alma e com todas as tuas forças» (*Dt* 6, 5): não é, com efeito, totalmente evidente que esta exigência de amor seja a resposta a um amor recebido da parte de Deus.

Na verdade, a realidade é que todo o Antigo Testamento se rege como construção lógica sobre a ideia de Deus como amor no sentido mais alto e próprio do termo: querer, livremente e sem condições, o verdadeiro bem da criatura. Sem essa premissa não se poderia entender o agir de Deus na criação e na Aliança, nem a força com que se pede ao homem que corresponda ao amor recebido.

O primeiro relato da Criação (*Gn* 1, 1-2.4a) é particularmente significativo. A repetição da fórmula «Deus disse» manifesta o caráter pessoal do agir criador, em total liberdade, excluindo qualquer pré-condição que não seja o desejo divino de chamar ao ser a criatura. A palavra criadora não exprime nenhum outro significado senão este; não é uma «fórmula mágica» que deve interagir com forças, matérias ou energias pré-existentes, é o verbo no qual Deus chama à existência tudo que existe. E essa ausência de pressupostos anteriores se completa com o fato de não haver outro propósito senão constituir no bem a criatura, mais especificamente a criatura pessoal: «E Deus viu tudo quanto havia feito e achou que era muito bom» (*Gn* 1, 31). A criação, com efeito, é originária revelação do amor de Deus e a primeira exigência de uma resposta amorosa.

Deutero-Isaías: «Mulher abandonada e aflita, o Senhor te chama. Esposa da juventude um dia abandonada, contigo fala o teu Deus. Por um breve instante eu te abandonei, com imenso amor de novo te recolho» (*Is* 54, 6-7).

Também a Aliança manifesta a contínua ausência de pressupostos e o bem da criatura como finalidade de todo agir de Deus. De fato, o amor não é só o pressuposto da criação, mas é também o fundamento último da Aliança: «Porque amou teus pais e, depois deles, escolheu seus descendentes. Ele te fez sair do Egito por seu grande poder, expulsando da tua frente nações maiores e mais fortes do que tu, e para te introduzir na terra deles e dá-la a ti em herança, como estás vendo hoje» (*Dt* 4, 37-38; cf. 7, 8.13; 10, 15). No mais, o amor é também o motivo pelo qual Deus mantém a Aliança em face da infidelidade de Israel: «Mas o Senhor teu Deus não quis ouvir Balaão e converteu a maldição em bênção, porque o Senhor teu Deus te ama» (*Dt* 23, 6). Com efeito, o amor perante o pecado de Israel se manifesta como perdão, última palavra do Senhor da Aliança, que revela assim o seu amor de misericórdia e a mais completa ausência de pressupostos na sua conduta benévola. Realmente, o amor de misericórdia demonstra ainda mais a radical gratuidade divina, que não só não condiciona o seu dom aos méritos do homem, mas continua a doar-se mesmo perante os deméritos do pecado e a vontade de oposição: «O amor apaixonado de Deus pelo seu povo – pelo homem – é ao mesmo tempo um amor que perdoa. E é tão grande, que chega a virar Deus contra Si próprio, o seu amor contra a sua justiça»[21].

Amor criativo, portanto, puro e gratuito, força fundamental que dá impulso à Aliança e que a mantém mesmo diante da oposição do pecado.

9.3.1.2. O amor de resposta do povo e do indivíduo singular

Como foi dito anteriormente, os textos veterotestamentarios em que se exige do homem o amor a Deus são relativamente numerosos. Dentre eles tem maior destaque o primeiro mandamento do Decálogo, tanto na sua exigência específica como na sua amplitude, que abarca todas as dimensões da pessoa, tornando-se um amor de tota-

(21) Bento XVI, Enc. *Deus caritas est*, n. 10.

lidade (cf. *Dt* 6, 5; 7, 9; 10, 12; 11, 1.22). O caráter de totalidade desse amor não abrange somente «toda» a pessoa (todo o coração, toda a alma, todas as forças...), mas inclui também a unicidade e a exclusividade, como é manifestado no conceito de JHWH como «um Deus ciumento» (*Ex* 34, 14; cf. *Dt* 4, 24; 29, 19; *Jos* 24, 19). Embora às vezes, quando contrariada pelos homens, desemboque na ira (cf. *Dt* 32, 16-21; *Num* 25, 12), essa condição divina não é vivida pelo povo como uma dimensão negativa: ao contrário, torna-se sustento e fonte da fé salvífica, incentivo à oração confiante (cf. *Is* 9, 6; 37, 32; 63, 15; *Joel* 2, 18), segurança na vitória final (cf. *Sab* 5, 17; *Sof* 1, 18).

Uma leitura superficial poderia ver nos textos mais antigos que se referem ao amor a Deus apenas uma expressão metafórica da obrigação de fidelidade inabalável para com o Senhor da Aliança. Contudo, é necessário dizer que, como no caso do amor Deus para com o povo, trata-se de dar um colorido diferente, íntimo e terno, ao dever de resposta. Com efeito, o dever do homem é entendido como amor somente em referência ao amor divino prévio manifestado na Aliança. No Antigo Testamento, o homem não teria colocado o mandamento do amor a Deus acima de todas as coisas se Deus não tivesse primeiro manifestado o seu amor ao homem.

Essa ideia originária, própria da fé primigênia no Deus da Aliança, é reforçada nos profetas, que muitas vezes atribuem este sentimento à sede fundamental da vida moral e dos afetos da pessoa: o coração: «Eu vos darei um coração novo e porei em vós um espírito novo. Removerei de vosso corpo o coração de pedra e vos darei um coração de carne» (*Ez* 36, 26; cf. 18, 31; 36, 25-27; *Jer* 31, 33). Os salmos também sublinham essa conotação intensamente terna da relação de resposta a Deus: «estou sempre contigo; tu me tomaste pela mão direita. Com teu conselho me guias e depois na glória me recebes. Que tenho eu em meu favor no céu? Fora de ti, ninguém mais desejo sobre a terra. Minha carne e meu coração desfalecem; rochedo do meu coração e minha porção é Deus para sempre!» (*Sl* 73, 23-26). Relação íntima e amável sobre a qual se funda o diálogo cheio de confiança: «Amo o Senhor porque escuta o clamor da minha prece» (*Sl* 116, 1; cf. 145, 18-20).

9.3.2. Novo Testamento

A radical continuidade de ambos os Testamentos se dá em conjunto com a ainda mais radical novidade da revelação trinitária na Encarnação do Verbo. Nesse conceito central, encontramos já uma manifestação totalmente insuperável do amor de Deus pelos homens e da necessidade de resposta. Nos versos da *Divina Comédia*, o fundamento teológico da mensagem neotestamentária se indica na referência de toda a realidade ao amor originário de Deus:

> O que não morre, e o que pode morrer
> não é mais do que o reflexo de uma Ideia
> que o nosso Pai, amando, faz nascer[22].

Como São João Paulo II recordava na sua primeira encíclica, a obra da Redenção, que é a economia histórica da Encarnação, manifesta maximamente tanto o amor de Deus pelos homens (*dimensão divina do mistério da Redenção*), porque na lógica revelada da doação trinitária essa se torna o «tremendo mistério do amor, no qual a criação é renovada»[23], como o amor dos homens por Deus (*dimensão humana do mistério da Redenção*), que no Verbo encarnado atinge uma plenitude inigualável, e ao mesmo tempo alcançável mediante a graça por todos os homens, que identificados com Cristo podem levar a cumprimento a sua nativa vocação ao amor de Deus:

> O homem não pode viver sem amor. Ele permanece para si próprio um ser incompreensível e a sua vida é destituída de sentido, se não lhe for revelado o amor, se ele não se encontra com o amor, se o não experimenta e se o não torna algo seu próprio, se nele não participa vivamente. E por isto precisamente Cristo Redentor, como já foi dito acima, revela plenamente o homem ao próprio homem[24].

---

(22) "Ciò che non more e ciò che può morire / non è se non splendor di quella Idea / che partorisce amando il nostro Sire". *Paraíso*, XIII.

(23) São João Paulo II, Enc. *Redemptor hominis*, n. 9.

(24) *Ibidem*, n. 10.

Talvez seja por isso que o Novo Testamento vai usar, para referir-se ao amor de Deus e à resposta do homem, uma palavra – *ágape* – que, por não ser de uso comum para referir-se ao amor na *koiné* do Império Romano, podia ser preenchida com este significado totalmente novo[25].

9.3.2.1. Sinópticos: a plenitude do amor em Cristo

A primeira coisa que se constata nos sinópticos é a continuidade do esquema veterotestamentário sobre o amor de Deus como expressão do seu agir na história, que está na base do anúncio do advento do Reino.

A pregação inicial de Jesus, de fato, se situa já na lógica de um fluxo de amor divino que começa com a criação do mundo (cf. *Mt* 13, 35) e se manifesta na Aliança e na misericórdia do Pai, para alcançar todos os homens (*Mt* 5, 45). Manifestação máxima dessa continuidade é o grande destaque ao primeiro princípio do Decálogo: «Jesus lhe disse: "Que está escrito na Lei? Como lês?" Ele respondeu: "Amarás o Senhor, teu Deus, de todo o teu coração e com toda a tua alma, com toda a tua força e com todo o teu entendimento; e teu próximo como a ti mesmo!" Jesus lhe disse: "Respondeste corretamente. Faze isso e viverás"» (*Lc* 10, 26-28).

Sobre essa continuidade inicial se insere a radical novidade de Cristo que desde o começo reforça a mensagem precedente, sublinhando a imensidão do amor do Pai, por exemplo, e provavelmente como ápice, na parábola do filho pródigo (cf. *Lc* 15, 11-32), e a radical resposta do homem: «Quem ama pai ou mãe mais do que a mim, não

---

(25) Cf. C. Spicq, *Agapé dans le Nouveau Testament: analyse des textes*, Gabalda et C., Paris, 1958-1959; Cf. também o clássico A. Nygren, *Eros e Agape. La nozione cristiana dell'amore e le sue trasformazioni*, Il Mulino, Bolonha, 1971, mas tendo em mente que à enorme erudição deste trabalho deve ser adicionado um elemento crítico em relação à excessiva oposição entre *ágape* e *eros*, provavelmente devido ao fato de o autor levar muito a sério o princípio luterano de corrupção da natureza após o pecado original, de modo que todo amor humano tende a ser visto como negativo.

é digno de mim. E quem ama filho ou filha mais do que a mim não é digno de mim» (*Mt* 10, 37). Com efeito, a nova Aliança anunciada por Jesus Cristo não contradiz a antiga, mas a leva a um nível de empenho de resposta mensurado com a mesma incomensurabilidade do amor divino (cf. *Mt* 5, 17). De fato, o Sermão da Montanha repete por seis vezes o esquema «ouvistes que foi dito...» seguido de um «ora, eu vos digo...», elevando a Lei Antiga a um radicalismo aparentemente impossível: «Sede, portanto, perfeitos como o vosso Pai celeste é perfeito» (*Mt* 5, 48).

Os sinópticos, portanto, não se limitam a um efeito reforçativo da mensagem do Antigo Testamento, mas remetem à nova relação com o Pai, de modo a alcançar dEle a energia para poder corresponder ao seu amor como agora é pedido. Realmente, é uma revelação do Pai em sentido próprio, e não só metafórico, que Jesus demonstra no seu agir filial, sobretudo nos momentos altamente significativos da sua morte e Ressurreição. Neste âmbito, manifesta-se especialmente o motivo último da Encarnação, na sua dupla dimensão acima indicada. Ao mesmo tempo em que o Verbo encarnado revela a sua especial relação amorosa com o Pai (cf. *Mc* 14, 36: *Abbá!*), manifesta igualmente o amor ao dar a sua vida pela salvação dos homens (cf. *Mt* 20, 28; *Mc* 10, 45) e na permanência como oferta no sacramento da Eucaristia: «Este cálice é a nova aliança no meu sangue, que é derramado por vós» (*Lc* 22, 20; cf. *Mt* 26, 27-28; *Mc* 14, 22-24).

9.3.2.2. Paulo: amor em chave soteriológica

O Concílio Vaticano II nos oferece um bom resumo de tudo o que Paulo transmitiu:

> O cristão, tornado conforme à imagem do Filho que é o primogênito entre a multidão dos irmãos, recebe «as primícias do Espírito» (*Rom* 8, 23), que o tornam capaz de cumprir a lei nova do amor. Por meio deste Espírito, «penhor da herança» (*Ef* 1, 14), o

homem todo é renovado interiormente, até à «redenção do corpo» (*Rom* 8, 23): «Se o Espírito daquele que ressuscitou Jesus de entre os mortos habita em vós, aquele que ressuscitou Jesus de entre os mortos dará também a vida aos vossos corpos mortais, pelo seu Espírito que em vós habita» (*Rom* 8, 11)[26].

De fato, o cristão foi tornado capaz de cumprir o preceito do amor por ter sido identificado com Cristo em virtude do dom do Espírito, «porque o amor de Deus foi derramado em nossos corações pelo Espírito Santo que nos foi dado» (*Rom* 5, 5). No Espírito, é possível compartilhar com o «Filho amado» o amor trinitário vertido na história (cf. *Col* 1, 13; *Ef* 1, 6), como sintetiza de modo eminente a fórmula final de saudação de *2 Cor* 13, 13: «A graça do Senhor Jesus Cristo, o amor de Deus e a comunhão do Espírito Santo estejam com todos vós».

Para Paulo, o amor de predileção e eleição de Deus foi uma experiência pessoal direta, no caminho de Damasco (cf. *At* 9, 1-19; 26, 12-18). Por isso, não surpreende que ele dê ao amor uma carga fortemente salvífica, e o entenda, a partir da base trinitária do parágrafo anterior, em termos soteriológicos. A misericórdia divina com a nossa situação de miséria causada pelo pecado expressa, com efeito, o agir amoroso de Deus para com os homens: «Pois bem, a prova de que Deus nos ama é que Cristo morreu por nós, quando éramos ainda pecadores» (*Rom* 5, 8; cf. *Gal* 2, 20), «Ele se entregou por nossos pecados» (*Gal* 1, 4; cf. *Rom* 8, 32).

Tampouco surpreende, portanto, que a resposta de amor do homem chegue ao Pai, na comunhão do Espírito Santo, fundamentalmente através de um concreto amor a Cristo: «Se alguém não ama o Senhor, seja excluído. *Maranatá*: vem, Senhor! A graça do Senhor Jesus esteja convosco! Amo-vos a todos no Cristo Jesus» (*1 Cor* 16, 22-24). O grande discurso paulino da justificação em Cristo se fundamenta no fato de que a fé teologal justificante se dá na medida em

(26) *Gaudium et spes*, n. 22d.

que é precedida pela união com Cristo no amor, força unitiva pela qual «Eu vivo, mas não eu: é Cristo que vive em mim» (*Gal* 2, 20). Esse viver em Cristo é princípio de vida nova e ativa no fiel, não apoiado nas próprias forças, mas no poder de Cristo que age nele (cf. *2 Cor* 12, 9); entende-se assim que a expressão «a fé agindo pelo amor» (*Gal* 5, 6) faz referência às obras de amor a Deus e aos irmãos nas quais se manifesta a antecedente união afetiva e efetiva com a Trindade que se dá no ato mesmo de crer: somos verdadeiramente criados «no Cristo Jesus, em vista das boas obras que preparou de antemão, para que nós as pratiquemos» (*Ef* 2, 10).

Efetivamente, Paulo insistirá que «se eu tivesse o dom da profecia, se conhecesse todos os mistérios e toda a ciência, se tivesse toda a fé, a ponto de remover montanhas, mas não tivesse amor, eu nada seria» (*1 Cor* 13, 2), para concluir o seu hino ao amor afirmando a primazia absoluta da caridade na vida teologal (cf. *1 Cor* 13, 13).

9.3.2.3. João: a teologia do amor

O primado da caridade na vida teologal é afirmado com ainda mais força por João. No capítulo sobre a fé, consideramos como a fé o amor parecem confundir-se na doutrina joânica: «Este é o seu mandamento: que creiamos no nome do seu Filho, Jesus Cristo, e nos amemos uns aos outros, de acordo com o mandamento que ele nos deu» (*1 Jo* 3, 23). No capítulo seguinte, ele afirma com força que não se trata de uma mera justaposição de dois conceitos: «todo aquele que ama nasceu de Deus e conhece Deus» (*1 Jo* 4, 7). Essa afirmação é sustentada pela grande teologia do amor trinitário que João desenvolve na sua primeira carta, na qual pela primeira vez chega a afirmar, sem os limites semânticos veterotestamentários, que «Deus é amor» (*1 Jo* 4, 8.16): amor em si mesmo, na comunhão das pessoas trinitárias (cf. *Jo* 5, 20; 10, 15.17.30), que se manifesta como amor por nós na Encarnação do Filho (cf. *1 Jo* 4, 9; *Jo* 3, 16), no qual a Trindade «nos amou primeiro» (*1 Jo* 4, 19). As últimas palavras da oração sacerdotal de Cristo são uma expressão sublime do amor trinitário comunicado nEle aos homens:

> Eu não rogo somente por eles, mas também por aqueles que vão crer em mim pela palavra deles. Que todos sejam um, como tu, Pai, estás em mim, e eu em ti. Que eles estejam em nós, a fim de que o mundo creia que tu me enviaste. Eu lhes dei a glória que tu me deste, para que eles sejam um, como nós somos um: eu neles, e tu em mim, para que sejam perfeitamente unidos, e o mundo conheça que tu me enviaste e os amaste como amaste a mim. Pai, quero que estejam comigo aqueles que me deste, para que contemplem a minha glória, a glória que tu me deste, porque me amaste antes da criação do mundo. Pai justo, o mundo não te conheceu, mas eu te conheci, e estes conheceram que tu me enviaste. Eu lhes fiz conhecer o teu nome, e o farei conhecer ainda, para que o amor com que me amaste esteja neles, e eu mesmo esteja neles (*Jo* 17, 20-26).

O amor encontra a sua máxima expressão histórica na Cruz de Cristo[27]. Assim, o amor do homem por Deus nada mais é do que a resposta ao seu amor precedente e a expressão da comunhão de vida com a Trindade produzida pela graça («os amaste como amaste a mim», «o amor com que me amaste esteja neles, e eu mesmo esteja neles»). A vida nova do homem é, de fato, participação no conhecimento e no amor que constituem a vida trinitária (cf. *Jo* 17, 3), bem como identificação fática com a vontade divina: «Se me amais, observareis os meus mandamentos» (*Jo* 14, 15). A partir dessa identificação, o primeiro preceito da lei se completa com o amor ao próximo, que deve ser amado com o amor de Deus que está em nós: «Eu vos dou um novo mandamento: amai-vos uns aos outros. Como eu vos amei, assim também vós deveis amar-vos uns aos outros. Nisto conhecerão todos que sois os meus discípulos: se vos amardes uns aos outros» (*Jo* 13, 34-35).

---

(27) «O olhar fixo no lado trespassado de Cristo, de que fala João (cf. 19, 37), compreende o que serviu de ponto de partida a esta Carta Encíclica: "Deus é amor" (*1 Jo* 4, 8). É lá que esta verdade pode ser contemplada», Bento XVI, Enc. *Deus caritas est*, n. 12.

9.4. A natureza do amor teologal

Com base nos dados bíblicos, passamos agora a definir brevemente a natureza do amor teologal a Deus. Antes de mais nada, faremos uma referência a tudo o que diz respeito à essência trinitária da caridade (4.1), para continuar depois com uma exposição sobre a natureza desta virtude relacionada com o conceito de amor estudado previamente (4.2); finalmente, se tratará da definição clássica da virtude teologal da caridade (4.3) e a sua preeminência no conjunto das virtudes morais (4.4).

9.4.1. Real participação no amor trinitário

«É totalmente um dom de Deus o amar a Deus. Ele, que não amado, ama, concede o ser amado. Quando éramos detestáveis, fomos amados, para que se fizesse em nós aquilo pelo qual agradamos. Com efeito, o Espírito do Pai e do Filho, que com o Pai e o Filho amamos, infunde a caridade nos nossos corações»[28].

A referência explícita desta intervenção magisterial é *Rom* 5, 5: «o amor de Deus foi derramado em nossos corações pelo Espírito Santo que nos foi dado». A terceira pessoa da Santíssima Trindade, nexo de amor entre o Pai e o Filho, torna-se pela graça também o nosso nexo com as outras pessoas trinitárias. Esse vínculo transcendente e pessoal que é o Espírito Santo, na mesma medida em que permite a compreensão da Trindade como *communio amoris,* nos permite também saber-nos capazes de comunicar com a própria natureza divina justamente porque Ele, graça incriada, nos une com a segunda pessoa para sermos adotados e inseridos no eterno proceder da fecundidade gerativa do Pai. Na primeira pessoa, o amor que é

(28) «Prorsus donum Dei est diligere Deum. Ipse ut diligeretur dedit, qui non dilectus diligit. Displicentes amati sumus, ut fieret in nobis unde placeremus. Diffundit autem caritatem in cordibus nostris Spiritus (Rm 5, 5) Patris et Filii, quem cum Patre amamus et Filio», Concílio II de Orange, cân. 25, *DS* 395. Cf. Concílio de Trento, sess. VI, cap. 7, *DS* 1530-1531.

Deus se torna paterno com relação ao seu Filho eterno muito amado, e também à humanidade a Ele assimilada pelo Espírito Santo. Por isso se pode afirmar que a relação que constitui a primeira pessoa, a *paternitas*, pode ser chamada também *amor paterno*. E assim também o *proprium* constitutivo da segunda pessoa, a filiação, não é outra coisa senão o amor divino que se torna resposta filial, amor filial; através da Encarnação a condição filial do Filho é participada pelos homens na graça, tornando-se também eles filhos amantes do Pai amado[29].

> Ao «dar» o Filho, *no dom do Filho*, já se exprime a essência mais profunda de Deus, o qual, sendo Amor, é a fonte inexaurível da dádiva. No dom concedido pelo Filho completam-se a revelação e a dádiva do Amor eterno: o Espírito Santo, que nas profundezas imperscrutáveis da divindade é uma Pessoa-Dom, por obra do Filho, isto é, mediante o mistério pascal de Cristo, é dado de uma maneira nova aos Apóstolos e à Igreja e, por intermédio deles, à humanidade e ao mundo inteiro[30].

Somos, assim, capacitados a amar cada uma das pessoas divinas, com o mesmo amor com que Elas se amam eternamente, e, no mesmo amor, amar com a mesma formalidade tudo o que Elas amam: os seres criados pessoais em si mesmos, e neles, a natureza material. A graça faz com que a pessoa humana seja alcançada pela eterna e infinita corrente de amor que do Pai reverte ao Filho, tornando possível que «o amor com que me amaste esteja neles, e eu mesmo esteja neles» (*Jo* 17, 26; cf. 17, 23); de igual modo, esta graça causa em nós a comunhão de vida com Cristo no Espírito que permite a resposta amorosa.

---

(29) No que diz respeito ao fundamento trinitário, isto é, que as clássicas relações de paternidade e filiação, que distinguem e constituem as duas primeiras pessoas, podem também ser chamadas em sentido próprio "*amor paterno*" e "*amor filial*", e a sua conexão com o amor que é o Espírito Santo, cf. J.-H. Nicolas, *Sintesi dogmatica*, Libreria Editrice Vaticana, Cidade do Vaticano, 1991, vol. I, pp. 223-227 e 236-240.

(30) São João Paulo II, Enc. *Dominum et vivificantem*, n. 23.

Livramo-nos da escravidão pela oração: sabemo-nos livres, voando num epitalâmio de alma apaixonada, num cântico de amor, que nos impele a não desejar afastar-nos de Deus. Um novo modo de andar na terra, um modo divino, sobrenatural, maravilhoso. Recordando tantos escritores castelhanos quinhentistas, talvez nos agrade saborear isto por nossa conta: *Vivo porque não vivo; é Cristo que vive em mim!* (cf. *Gal* 2, 20)[31].

9.4.2. Elementos essenciais do amor a Deus

Uma vez que a ação das pessoas trinitárias na pessoa criada ocorre pela da Encarnação do Verbo, que assume tudo o que é verdadeiramente humano, toda a capacidade humana de amar é inserida pela graça no diálogo intradivino, proporcionando uma nova definição ao conjunto das tendências apetitivas para o bem presentes na pessoa. Pode-se, portanto, seguir o esquema clássico dos quatro graus do amor acima indicados, na tentativa de verificar como a vida da graça os conduz a uma nova plenitude no amor a Deus.

9.4.2.1. O amor a Deus é *amor complacentiae*

Nesse sentido, podemos dizer inicialmente que a caridade teologal assume a inclinação natural do homem ao sumo bem, inclinação que está na base do seu débito ontológico enquanto criatura livre. A graça pressupõe a natureza na sua integridade. Com efeito, o acesso natural do homem a Deus estende-se a tudo o que o homem é, e, portanto, não só à capacidade de conhecimento natural, mas também à possibilidade de amar a Deus com as próprias forças: de fato, a condição naturalmente religiosa da humanidade comporta um processo de busca, encontro e relação participativa com Deus, no qual todo o ser do homem se envolve e se compraz. Assim, a contemplação das obras de

(31) São Josemaria Escrivá, *Amigos de Deus*, n. 297.

Deus na criação já traz consigo o seu reconhecimento e a complacência nEle (cf. *Rom* 1, 18-20). Contudo, se o conhecimento de Deus já é limitado pela debilidade da condição de criaturas[32], com mais razão o será o apetite na sua tendência a Ele como bem absoluto. O amor de Deus próprio da caridade teologal, como manifestação da ação da graça, fortalece a fraqueza da natureza humana e, na medida em que reforça o conhecimento do agir divino criador, vendo-o como influxo *ad extra* do amor trinitário, eleva e robustece o amor natural a Deus.

9.4.2.2. O amor a Deus é *amor concupiscentiae*

Se o amor a Deus enquanto *amor complacentiae* corresponde à nossa natural comunhão com as demais criaturas, com as quais compartilhamos o débito ontológico, a nossa especificidade como seres racionais manifesta-se particularmente no amor eletivo, pelo qual nos movemos livremente para o bem. Com efeito, considerando as coisas do ponto de vista da pessoa humana, o primeiro desses movimentos é constituído pelo *amor concupiscentiae,* mediante o qual, elevados pela graça, amamos e desejamos a Deus como o *nosso* bem supremo, dado que a fé no-lo apresenta como *in se et propter se amabilis* por cima de todas as outras coisas e comunicado plenamente a nós pela graça. Nesse sentido se entende a conhecida afirmação agostiniana: *«Quid est enim boni cupiditas nisi caritas?»*[33].

De fato, o homem, na sua concreta limitação espaço-temporal, necessita captar o objeto do amor de benevolência não somente como bem em si, mas também como bem próprio desejável. Esse «cobiçar» o amor de Deus Trino é a formalidade própria do desejo teologal da esperança, mas assim como a fé, também essa virtude recebe o seu impulso vital da caridade, na qual se torna não apenas desejo, mas total confiança fundada sobre o amor de Deus, que sempre precede a resposta humana.

---

(32) Cf. Concílio Vaticano I, Const. *Dei Filius*, cap. 2, *DS* 3005.

(33) «O que é o desejo do bem senão caridade?», *Contra duas epistulas pelagianorum*, II, 9.

9.4.2.3. O amor a Deus é *amor benevolentiae*

O *amor benevolentiae,* como vimos, é próprio dos seres pessoais, encontrando neles o seu sujeito e objeto apropriados. Assim, esse tipo de amor constitui a matéria específica da caridade teologal, pela qual se ama a Deus por si mesmo, e não por causa de um bem que dEle recebe quem o ama, como acontece no amor natural, próprio da virtude moral da religião, ou no amor de desejo da esperança teologal, uma vez que a vontade move para o bem proposto pelo intelecto iluminado pela fé[34].

Como todo amor de benevolência, a caridade busca acima de tudo o verdadeiro bem do amado; isto significa em primeiro lugar que o amor é desinteressado, e que o amor causa o bem do outro. Ambas as coisas são claramente impossíveis só com as forças naturais; a pessoa criada não pode ter tal pretensão com relação a Deus, sumo bem, a quem o amor humano nada acrescenta. Com efeito, o homem sem a graça, que cura a sua vontade ferida pelo pecado, não pode amar a Deus desinteressadamente, nem pode alcançar o grau de comunhão com Ele exigido pelo amor interpessoal. Somente entre as pessoas divinas, com base nas suas processões de origem, é possível um amor totalmente desinteressado e que não apenas busca, mas realiza plenamente o bem da pessoa amada. Um amor a Deus assim, que nos permitisse ser assimilados às pessoas divinas, sem o sustento da graça, é impensável.

Podemos portanto afirmar, na fé, a nossa inserção no fluxo do amor trinitário que constitui todo o bem das pessoas divinas. Resta, no entanto, entender como a pessoa criada pode participar ativamente em tudo isso na sua situação espaço-temporal. Em outras palavras, como se realizam, no amor de benevolência a Deus, os três elementos – confirmação no ser, desejo de plenitude, dedicação – que o constituem? A doutrina clássica sobre os atos que com-

(34) «Fides et spes attingunt quidem Deum, secundum quod ex ipso provenit nobis vel cognitio veri vel adeptio bonis; sed caritas attingit ipsum Deum, ut in ipso sistat, non ex eo nobis aliquid proveniat», *S.Th.* II-II q. 23, a. 6, co.

põem o amor de Deus (*gaudium, desiderium, zelus*) oferece uma boa resposta[35].

O ato da vontade que afirma o ser do outro como bem em si mesmo é o primeiro passo do amor benevolente e o primeiro dom que recebe o amado, vendo confirmado o seu ser pela vontade do amante. Obviamente, o ser divino não tem necessidade de ser «confirmado» pelo homem, e nem lhe acrescenta nada esta confirmação. Classicamente se considera que este primeiro patamar do amor é constituído pela alegria da vontade humana pelo próprio ser de Deus (*gaudium de bonis divinis*), e concretamente pela alegre contemplação na fé da vida de comunhão das pessoas divinas. Quem ama a Deus se delicia acima de tudo no amor que Ele é. É claro que a intensidade deste *gaudium* será maior ou menor de acordo com a medida com que a graça esteja enraizada na alma e com a maior ou menor docilidade ao Espírito Santo.

Quem deseja o verdadeiro bem do outro enquanto outro, também deseja que este bem seja o maior possível. Evidentemente, no caso das pessoas divinas, é impensável querer o aumento do bem infinito que eternamente são. Por isso essa segunda fase da benevolência teologal se considera como desejo de um incremento da glória de Deus (*desiderium gloriam Dei augendi*), considerada esta como a manifestação na história da santidade do seu ser, que sempre pode crescer. Nesse sentido podem ser entendidas as três primeiras petições do Pai Nosso, em concreto a da santificação do seu nome.

> A palavra «santificar» deve ser entendida, aqui, antes de mais, não no seu sentido causativo (só Deus santifica, torna santo), mas sobretudo num sentido estimativo: reconhecer como santo, tratar de um modo santo. É assim que, na adoração, esta invocação é por vezes entendida como louvor e ação de graças. Mas esta petição é-nos ensinada por Jesus na forma optativa: um pedido, um desejo, e expectativa na qual Deus e o homem estão empenhados.

(35) Cf. para o esquema expositivo do que vem a seguir em relação às três manifestações do amor a Deus, Prümmer, *op. cit.*, vol. I, p. 398.

Desde a primeira petição ao nosso Pai, mergulhamos no mistério íntimo da sua divindade e no drama da salvação da nossa humanidade. Pedir-Lhe que o seu Nome seja santificado é envolvermo-nos «no desígnio benevolente que Ele de antemão formou a nosso respeito» (*Ef* 1, 9), para que «sejamos santos e imaculados diante dEle, no amor» (*Ef* 1, 4)[36].

Finalmente, quem ama com amor de benevolência oferece-se a si mesmo para que se realizem os dois primeiros elementos. O terceiro elemento consiste, portanto, em colocar a própria pessoa, com todas as suas forças e recursos, à disposição da realização da glória de Deus na história (*zelus ad gloriam Dei promovendam*).

9.4.2.4. O amor a Deus é *amor amicitiae*

Deus, com a graça, não só nos deu a capacidade de amá-Lo com amor de benevolência, mas quis também arriscar, confiando na nossa liberdade de resposta, um verdadeiro amor de amizade mútua.

Λ amizadc comporta, como vimos, uma cspccial comunhão cntrc as pessoas unidas pelo amor de benevolência, assim como o mútuo conhecimento do amor recíproco e o intercâmbio de dons. Uma primeira manifestação desta comunhão é que o amor, se já não for entre pessoas parecidas, torna os amigos semelhantes entre si. De fato, Tomás explica que, em sentido próprio, «*ridiculum est enim dicere quod aliquis habeat amicitiam ad vinum vel ad equum*»[37]; mas o hiato ontológico entre o homem e os seres inanimados é substancialmente inferior àquele que há entre as pessoas divinas e a pessoa humana. A graça, com efeito, nos faz partícipes da natureza divina, superando o desnível, e tornando possível o amor de benevolência recíproco que constitui o primeiro fundamento da amizade. A graça proporciona o nível de semelhança pelo qual podemos falar com Deus como amigo.

---

(36) *Catecismo*, n. 2807.

(37) *S.Th.* II-II q. 23, a. 1, co.

Além disso, a própria graça que fundamenta esse primeiro nível de amor se faz acompanhar também com o mútuo conhecimento, ou recíproca consciência do amor, que é a segunda condição da amizade: «Eu vos chamo amigos, porque vos dei a conhecer tudo o que ouvi de meu Pai» (*Jo* 15, 15). A caridade, informando a fé teologal, torna o homem consciente do amor que recebe e da possibilidade que lhe é dada de responder: verdadeiramente, a fé é *amando, crer.* Com isso, o amor de Deus estabelece a condição de um verdadeiro compartilhamento da verdade, condição da amizade.

> Na realidade, o amor não se pode reduzir a um sentimento que vai e vem. É verdade que o amor tem a ver com a nossa afetividade, mas para a abrir à pessoa amada, e assim iniciar um caminho que faz sair da reclusão no próprio eu e dirigir-se para a outra pessoa, a fim de construir uma relação duradoura; o amor visa a união com a pessoa amada. E aqui se manifesta em que sentido o amor tem necessidade da verdade: apenas na medida em que o amor estiver fundado na verdade é que pode perdurar no tempo, superar o instante efêmero e permanecer firme para sustentar um caminho comum. Se o amor não tivesse relação com a verdade, estaria sujeito à alteração dos sentimentos e não superaria a prova do tempo. Diversamente, o amor verdadeiro unifica todos os elementos da nossa personalidade e torna-se uma luz nova que aponta para uma vida grande e plena. Sem a verdade, o amor não pode oferecer um vínculo sólido, não consegue arrancar o «eu» para fora do seu isolamento, nem o libertar do instante fugidio para edificar a vida e produzir fruto[38].

A fé permite que conservemos a Palavra dentro de nós e assim torna possível o diálogo com Deus. Mas a fé por si só não basta, uma vez que o diálogo interpessoal exige propriamente a comunicação donativa produzida pela missão do Espírito Santo, mediante o qual se atua na caridade através daquilo que Tomás chama de *cognitio experimenta-*

(38) Francisco, Enc. *Lumen fidei*, n. 27.

lis[39], isto é, não é uma simples percepção especulativa, mas provém da união amorosa com Deus, que tem razão de fim[40]. O conhecimento de fé não só provém da união com Deus na caridade, mas por sua vez também leva ao amor, à união, a ver as pessoas divinas enquanto fim do homem já participado na graça: o mútuo conhecimento nasce da caridade e faz crescer a caridade[41].

Dessa maneira, no Verbo, a oração do cristão se converte em conversa amigável, verdadeiro intercâmbio dialógico para o qual o homem é chamado desde o nascimento[42]. Esse diálogo é também uma expressão adequada da participação na vida divina na graça, que chamamos salvação, e é o constitutivo essencial da oração cristã: por isso «quem reza, se salva certamente; quem não reza certamente se condena»[43]. A caridade faz da oração um diálogo amoroso. Talvez por isso o Concílio de Trento insista em afirmar que os justos são amigos de Deus[44].

Em consequência, a caridade comporta um real dom de Deus ao homem, mais ainda, o dom de si mesmo, pelo qual também a terceira condição do amor de amizade se cumpre, ainda que de modo unilateral, visto que a comunhão de bens própria dos amigos possui no caso da caridade um só dador e um só recebedor. Contudo, o homem

(39) «Non qualiscumque cognitio sufficit ad rationem missionis, sed solum illa quae accipitur ex aliquo dono appropriato personae, per quod efficitur in nobis coniunctio ad Deum secundum modum proprium illius personae, scilicet per amorem, quando Spiritus Sanctus datur. Unde cognitio ista est quasi experimentalis», *In I Sent.* d. 14, q. 2, a. 2, ad. 3.

(40) «Sed solum tunc habetur similitudo Verbi, quando habetur cognitio talis ex qua procedit amor, qui coniungit ipsi cognito secundum rationem convenientis, et ideo non habet Filium in se inhabitantem nisi qui recipit talem cognitionem», *In I Sent.* d. 15, q. 4, a. 1, ad. 3.

(41) «Quia amor sequitur notitia; notitia perfecta, secundum quam est missio Filii, semper inducit in amorem, et ideo simul infunditur et simul augmentatur», *In I Sent.* d. 15, q. 4, a. 2, c. Cf. *S.Th.* I, q. 43, a. 5, ad 2um. Cf. W. Janusiewicz, *La carità come amicizia: una lettura della S.Th. di San Tommaso d'Aquino*, Pontificia Università Lateranense, Roma, 2008.

(42) «A razão mais sublime da dignidade do homem consiste na sua vocação à união com Deus. É desde o começo da sua existência que o homem é convidado a dialogar com Deus», *Gaudium et spes*, n. 19.

(43) Santo Alfonso De Ligório, *Del gran mezzo della preghiera*, parte 1, c. 1, G. Cacciatore, Roma, 1962, p. 32.

(44) Cf. Sessão. VI, cap. 7 e 10.

não permanece totalmente passivo diante da liberalidade divina, já que ela comporta ao menos a adesão profunda da vontade humana que se traduz em obras: «Vós sois meus amigos, se fizerdes o que eu vos mando» (*Jo* 15, 14). Nesse versículo, por «o que vos mando» se entende a expressão adequada da vontade amorosa da Trindade, e a obediência a esse mandato não é senão a livre resposta de adesão com que a pessoa humana manifesta a sua decisão de se fazer uma só coisa com o Amigo.

Uma vez que a caridade é amor mútuo de benevolência entre Deus e o homem, fundado sobre uma real participação na natureza divina que assemelha entre si os amigos, manifestado no diálogo e no intercâmbio de bens, Tomás pode concluir que «*caritas amicitia quaedam est hominis ad Deum*»[45]. É claro que esta amizade pode ser mais facilmente intuída na relação pessoal de benevolência com a terceira pessoa, amizade infinita. Contudo, envolve igualmente a relação com as outras duas pessoas, de modo que a união no Espírito com a segunda pessoa se torna amor de amizade fraterna com o Verbo encarnado e com toda a humanidade a Ele unida, e com o Pai, amizade filial. Tanto a relação de paternidade-filiação como a relação fraterna podem ser vistas também como amor de amizade.

> Enquanto o cristão permanece filho de Deus pela graça e cumpre devidamente com o amor filial, este se aperfeiçoa sem cessar, elevando-se a uma amizade íntima com a Santíssima Trindade, sem perder nada da sua natureza. Isto vale especialmente para a amizade pessoal com Cristo, sobretudo no «Mistério do seu amor», o Santíssimo Sacramento do altar (cf. *Jo* 15, 15)[46].

---

(45) «Sed nec benevolentia sufficit ad rationem amicitiae, sed requiritur quaedam mutua amatio, quia amicus est amico amicus. Talis autem mutua benevolentia fundatur super aliqua communicatione. Cum igitur sit aliqua communicatio hominis ad Deum secundum quod nobis suam beatitudinem communicat, super hac communicatione oportet aliquam amicitiam fundari. De qua quidem communicatione dicitur I ad Cor. I, fidelis Deus, per quem vocati estis in societatem filii eius. Amor autem super hac communicatione fundatus est caritas. Unde manifestum est quod caritas amicitia quaedam est hominis ad Deum», *S.Th.* II-II q. 23, a. 1, co.

 (46) Mausbach, *op. cit.*, vol. II, p. 149.

9.4.2.5. Amizade com Deus e o dom da sabedoria

«O coração do homem sábio tem o gosto e o sabor de Deus», recordava o Papa Francisco[47]. De fato, a amizade com Deus, na qual a caridade consiste, permite um conhecimento das verdades reveladas não só através dos dons de ciência e entendimento, mas sobretudo a partir da comunhão afetiva com o próprio Deus. Essa comunhão causa uma especial empatia ou conaturalidade[48], produzida pela graça e realizada em nós através do dom da sabedoria, que nos possibilita, segundo as palavras de Tomás, não um mero aprendizado intelectual da verdade revelada, mas uma *quasi sapida scientia*[49], um conhecimento que dá um sabor novo à vida inteira de comunhão com Deus. O objeto primário desse dom do Espírito Santo consiste, portanto, em facilitar a união afetiva com Deus que favorece, secundariamente, o aprendizado experiencial da verdade do Amigo[50]. Enquanto a sabedoria natural, com o reto uso da razão, a muito custo consegue ordenar as realidades criadas ao Criador, o Espírito Santo, ativo no coração da pessoa em graça, opera uma superação das limitações da criatura e proporciona, com base na união amorosa com a Trindade, o reto juízo segundo o coração de Deus[51].

Por isso, é possível dizer que o dom da sabedoria, ainda que se refira a uma forma de conhecer e julgar, relaciona-se sobretudo com

---

(47) *Audiência geral*, 9 de abril de 2014.

(48) Cf. C. González Ayesta, *El don de sabiduría según Santo Tomás. Divinización, filiación y connaturalidad*, EUNSA, Barañain (Navarra) 1998.

(49) *S.Th.* I, q. 43, a. 5, ad 2um.

(50) «Scire quid credendum sit pertinet ad donum scientiae. Scire autem ipsas res creditas secundum seipsas per quandam unionem ad ipsas pertinet ad donum sapientiae», *S.Th.* I, q. 9, a. 2, ad1um.

(51) «Rectitudo autem iudicii potest contingere dupliciter, uno modo, secundum perfectum usum rationis; alio modo, propter connaturalitatem quandam ad ea de quibus iam est iudicandum. Sic igitur circa res divinas ex rationis inquisitione rectum iudicium habere pertinet ad sapientiam quae est virtus intellectualis, sed rectum iudicium habere de eis secundum quandam connaturalitatem ad ipsa pertinet ad sapientiam secundum quod donum est spiritus sancti, sicut Dionysius dicit, in II cap. de Div. Nom., quod Hierotheus est perfectus in divinis non solum discens, sed et patiens divina», *S.Th.* II-II, q. 45, a. 2, co.

a virtude da caridade[52], pela qual a pessoa humana é capaz de sentir e ver com os olhos de Deus. «E a sapiência consiste precisamente nisto: é a graça de poder ver tudo com os olhos de Deus. É simplesmente isto: ver o mundo, as situações, as conjunturas e os problemas, tudo, com os olhos de Deus»[53]. Podemos resumir afirmando que, enquanto o dom da ciência nos permite *credere Deum* [«crer na existência de Deus»] e o dom do entendimento permite *credere Deo* [«confiar em Deus»], o *credere in Deum* [«crer unindo-se a Deus»], que pressupõe já uma união afetiva, é causado em nós pela conaturalidade com Deus operada pela caridade que, através do dom da sabedoria, nos leva a descobrir a Deus em cada circunstância como o fim último do nosso amor em termos de filiação[54].

9.4.3. Síntese conclusiva sobre a natureza teológica da caridade

Concluímos esta seção sobre a natureza da caridade teologal com uma referência às questões clássicas dos tratados morais sobre a definição e a preeminência dessa virtude. Trata-se de uma síntese, já que a substância deste parágrafo está contida nos conceitos anteriores.

9.4.3.1. A definição da virtude teologal da caridade

Em primeiro lugar, e a modo de resumo, podemos fazer referência às clássicas definições escolásticas da terceira virtude teologal, já capazes de captar em parte a profundidade que a precisa esquematização das fórmulas encerra. Assim, o manual de Prümmer a define como *virtus divinitus infusa, qua Deum tamquam summum bonum diligamus*

(52) «Donum sapientiae magis respondet caritati, quae unit mentem hominis Deo», *S.Th.* I, q. 9, a. 2, ad1^{um}.

(53) Francisco, *Audiência geral,* 9 de abril de 2014.

(54) «Conformari Deo quadam filiatione adoptiva pertinet ad donum sapientiae», *S.Th.* I-II q. 69, a. 4, co

propter seipsum, nosque et proximum propter Deum[55], definição idêntica à do *Catecismo da Igreja Católica*, n. 1822: «A caridade é a virtude teologal pela qual amamos a Deus sobre todas as coisas, por si mesmo, e a nosso próximo como a nós mesmos, por amor de Deus». Muito parecida é também a definição de Mausbach, que, no entanto, destaca melhor os aspectos de doação e afeição pessoal a Deus que a caridade comporta: «Entrega pessoal e sobrenatural a Deus, pela qual amamos a Deus como bem supremo por si mesmo, e a nós mesmos e ao próximo por Deus»[56].

O objeto material primário desta virtude teologal é, sem dúvida, o próprio Deus, com a consequente inclusão, pois se trata de um amor de amizade comunial, de tudo aquilo que Deus ama, e na mesma formalidade com que Deus ama. Por isso, como matéria secundária, mas não separável, do amor de caridade, deve-se incluir as criaturas pessoais que Deus ama em si mesmas e chama à comunhão eterna com Ele; o restante dos seres, na medida em que são para nós manifestações do amor de Deus, incluem-se também no objeto da caridade, mas não como fim e nem por si mesmas[57].

«No amor, não é possível distinguir um objeto material e um formal. O objeto e o motivo do amor são sempre a mesma plenitude universal do ser, a infinita beleza e bondade de Deus»[58]. Na fé e na esperança, é mais fácil identificar o objeto formal em Deus como verdade e como bem supremo, respectivamente; a caridade, ao contrário, parece não poder distinguir nada em Deus que seja motivo do amor, senão o seu ser amor em totalidade. Não obstante isso, a manualística clássica afirmou como objeto formal da caridade a *bonitas Dei in se et per se amabilis*. Esta *bondade comunicada* de Deus, que o torna amável acima de todas as outras coisas, revela-se plenamente ao homem na comunhão intratrinitária de amor na qual participamos pela Encarnação.

(55) Prümmer, *op. cit.*, vol. I, pp. 395-396.

(56) Mausbach, *op. cit.*, vol. II, p. 146.

(57) Cf. *Gaudium et spes*, n. 24c.

(58) Mausbach, *op. cit.*, vol. II, p. 150.

Com efeito, quando o temor de Deus, dom com o qual o Espírito Santo sustenta a esperança teologal, leva o homem a rechaçar qualquer complacência que não coincida com a vontade divina, apoia-se sobre a força do amor de caridade que é manifestação da graça santificante que sana a fraqueza humana. Para desejar a Deus, em sentido teológico, é necessária a caridade que evita a desordenada *conversio ad creaturas.*

De fato, seria inconcebível um *amor rationalis* interpessoal que se limitasse a amar o bem que se pode receber de outra pessoa, e que excluísse positivamente a prévia benevolência para com essa pessoa; semelhante postura seria uma forma de egoísmo, e não amor verdadeiro. É a benevolência, com efeito, que dá a forma de amor à concupiscência. Assim age a caridade no tocante ao amor humano a Deus como o bem mais desejável.

9.4.3.2. Preeminência da caridade teologal, forma de toda a vida moral

A partir do que foi dito anteriormente, é fácil concluir como é impensável uma virtude mais alta do que a caridade. O próprio Jesus declarou que não há maior mandamento, confirmando a afirmação do escriba (cf. *Mt* 12, 32-34), e Paulo o reitera ao final do hino ao amor: «A maior de todas [as virtudes] é a caridade» (*1 Cor* 13, 13). Sem dúvida, não é concebível um amor maior do que a amizade, principalmente quando entendida na acepção do dom pleno de um amigo ao outro. Na caridade teologal, Deus não apenas ama os homens como amigos, mas quando essa amizade é rejeitada pelo homem, a sua onipotência recupera através da obra da Redenção o amor de quem tinha lhe virado as costas, sem forçar a sua liberdade, antes, restabelecendo misteriosamente o original amor recíproco. Nesse sentido a misericórdia divina expressa melhor ainda o amor de amizade de Deus ao homem como o amor mais elevado possível, de modo que a livre resposta do homem deve ser também o maior amor do homem a Deus e a mais alta das virtudes.

Tomás, no texto já citado da II-II, q. 23, a. 6, vê a caridade como a mais alta virtude porque mais diretamente se dirige a Deus enquanto bem em si, e não apenas enquanto verdade, como no caso da fé, nem enquanto bem para nós como no caso da esperança[59]. Além disso, manifesta a natureza excelsa da caridade como a única virtude que permanece para sempre[60]. Na III *pars*, como que de passagem, afirma que, enquanto a fé une a Deus *mentaliter*, a comunhão com Cristo própria da caridade que se dá no Batismo nos une também *corporaliter*[61]. A íntima união que essa expressão revela permite afirmar a primazia do ato de amor a Deus sobre o ato de conhecimento. De fato, embora a inteligência seja uma potência superior à vontade, só permite a comunhão maior com os seres inferiores, apresentados ao sujeito pelo ato de conhecimento; em relação a Deus, pelo contrário, o ato da vontade movida pela graça, mediante o qual entramos em comunhão com a sua vida, é superior ao próprio ato de conhecimento de Deus[62].

Tudo isso dificilmente pode ser conciliado com a afirmação luterana da primazia da fé: com efeito, na medida em que se situa a primeira virtude teologal como causa única da justificação e, em última análise, da comunhão com Deus na história, ela se torna também o eixo fundamental da vida moral, que nada mais é do que a expressão

---

(59) *Vid.* nota 31.

(60) «Vita aeterna in Dei fruitione consistit», *S.Th.* I-II q. 114, a. 4, co.

(61) «Ad primum ergo dicendum quod adulti prius credentes in Christum sunt ei incorporati mentaliter. Sed postmodum, cum baptizantur, incorporantur ei quodammodo corporaliter, scilicet per visibile sacramentum, sine cuius proposito nec mentaliter incorporari potuissent», *S.Th.* III q. 69, a. 5, ad 1um.

(62) «Operatio intellectus completur secundum quod intellectum est in intelligente, et ideo nobilitas operationis intellectualis attenditur secundum mensuram intellectus. Operatio autem voluntatis, et cuiuslibet virtutis appetitivae, perficitur in inclinatione appetentis ad rem sicut ad terminum. Ideo dignitas operationis appetitivae attenditur secundum rem quae est obiectum operationis. Ea autem quae sunt infra animam nobiliori modo sunt in anima quam in seipsis, quia unumquodque est in aliquo per modum eius in quo est, ut habetur in libro de causis, quae vero sunt supra animam nobiliori modo sunt in seipsis quam sint in anima. Et ideo eorum quae sunt infra nos nobilior est cognitio quam dilectio, propter quod philosophus, in X Ethic., praetulit virtutes intellectuales moralibus. Sed eorum quae sunt supra nos, et praecipue dilectio Dei, cognitioni praefertur. Et ideo caritas est excellentior fide», *S.Th.* II-II q. 23, a. 6, ad 1um.

da mesma fé, obtendo dela o seu crescimento (fé entendida, obviamente, como a fé fiducial luterana, realizada no singular evento da graça, e não como *habitus* presente na pessoa). Noutras palavras, para Lutero, não é a virtude da caridade que torna as obras do cristão boas ou meritórias, mas o próprio Deus é quem as vivifica no evento da fé.

A excelência da caridade manifesta-se, por fim, pelo fato de ela ser a forma de todas as virtudes, e nesse sentido não só é ápice ou modelo, mas também raiz vital de todo o agir moral. Também nesse aspecto a doutrina católica sobre o fundamento último da moralidade se distancia substancialmente da posição luterana, segundo a qual a função de dar forma é sempre exercida pela fé.

Que a caridade dá forma a toda a vida moral era algo claro para Agostinho, segundo quem a *dilectio spiritualis* é a causa da nossa conformação com Cristo, e dessa forma deriva o nosso agir *crístico*[63]. O amor que nos conforma com Cristo, de fato, é o mesmo que nos move a aperfeiçoar as nossas ações, tornando-as virtuosas:

> Dado que a virtude nos conduz à vida feliz, eu diria que a virtude nada mais é do que o sumo amor de Deus. E precisamente o fato de dizer que a virtude é quadripartida, diz-se, tanto em meu entendimento, em consideração à variedade de disposições que o próprio amor assume. Portanto, essas famosas quatro virtudes, cuja força queira o céu esteja em todas as almas, assim como seus nomes estão em todas as bocas, eu não hesitaria em defini-las da seguinte forma: a temperança é o amor integral que se dedica àquilo que se ama; a fortaleza é o amor que tolera tudo facilmente por aquilo que se ama; a justiça é o amor que serve exclusivamente aquilo que se ama e que, por causa disso, domina com retidão; a prudência é o amor que distingue sagazmente o que é útil do que é prejudicial.

---

(63) «Formatur enim Christus in eo qui formam accipit Christi: formam autem accipit Christi, qui aDSaeret Christo dilectione spirituali. Ex hoc enim fit ut huius imitatione sit quod ille, quantum gradu suo sinitur», Santo Agostinho, *Epistolae ad Galatas expositionis liber unus*, 38.

Mas, como dissemos, esse amor não é de ninguém, senão de Deus, isto é, do sumo bem, da suma sabedoria e da suma harmonia. Portanto, as virtudes podem ser definidas também assim: a temperança é o amor a Deus que se conserva íntegro e incorruptível; a fortaleza é o amor a Deus que tolera tudo com facilidade; a justiça é o amor que serve somente a Deus e, por isso, com razão comanda toda outra coisa que está sujeita ao homem; a prudência é o amor que discerne com clareza aquilo que ajuda a ir a Deus daquilo que o impede[64].

Na mesma linha se move o argumento de Tomás a favor da caridade como forma: ela domina os atos de todas as virtudes e os ordena à sua perfeição[65]. Não se trata de um papel formal no sentido de a caridade constituir a essência de todas as virtudes, uma vez que cada uma delas tem a sua formalidade particular, mas em razão da ordenação dos seus atos específicos ao fim último.

Nesse sentido, quando o ato de uma virtude qualquer se orienta para Deus como sumo bem, não só alcança a sua máxima perfeição, mas se torna particularmente ato daquela virtude graças a essa ordenação. De fato, se o mesmo ato do ponto de vista material fosse ordenado a um outro fim, perderia a conotação virtuosa, como quem dá esmola movido por vaidade. Por isso, para uma pessoa em graça, todo ato das virtudes morais não se limita à mera realização

---

(64) Santo Agostinho, *De moribus Ecclesiae catholicae et de moribus Manichaeorum*, I, 15. Neste texto não é difícil advertir a presença do hino de *1 Cor* 13, cujo conteúdo é ampliado e sistematizado, com referência à caridade de toda virtude ou negação do vício: «A caridade é paciente, é benigna; não é invejosa, não é presunçosa nem se incha de orgulho, não faz nada de vergonhoso, não é interesseira, não se encoleriza, não leva em conta o mal sofrido; não se alegra com a injustiça, mas fica alegre com a verdade...»

(65) «In moralibus forma actus attenditur principaliter ex parte finis, cuius ratio est quia principium moralium actuum est voluntas, cuius obiectum et quasi forma est finis. Semper autem forma actus consequitur formam agentis. Unde oportet quod in moralibus id quod dat actui ordinem ad finem, det ei et formam. Manifestum est autem secundum praedicta quod per caritatem ordinantur actus omnium aliarum virtutum ad ultimum finem. Et secundum hoc ipsa dat formam actibus omnium aliarum virtutum. Et pro tanto dicitur esse forma virtutum, nam et ipsae virtutes dicuntur in ordine ad actus formatos», *S.Th.* II-II q. 23, a. 8 co.

daquilo que lhe é próprio, mas adquire a sua forma definitiva na medida em que o bem que alcança especificamente é orientado ao bem último amado, que é Deus, objeto próprio da caridade. Mesmo as duas primeiras virtudes teologais, ao moverem para Deus como suma verdade ou como sumo bem, são, como vimos, formalizadas como teologais pelo amor de Deus por si mesmo[66]. Bem diferente seria se a vida moral não fosse movida e assumida pela graça, uma vez que, neste caso, o agir moral estaria orientado para as realidades criadas ou para aquilo que se alcança através delas, e então seria informado unicamente pela *virtus cognoscitiva* por meio da prudência[67].

A vida moral inteira é movida, portanto, pela caridade, que pode ser chamada propriamente de *anima* da vida cristã, na qual toda ação se torna ocasião de encontro com o amor de Deus e resposta a ele:

---

(66) «De habitibus oportet nos secundum actus iudicare; unde quando id quod est unius habitus, est ut formale in actu alterius habitus, oportet quod unus habitus se habeat ad alium ut forma. In omnibus autem actibus voluntariis id quod est ex parte finis, est formale: quod ideo est, quia unusquisque actus formam et speciem recipit secundum formam agentis, ut calefactio secundum calorem. Forma autem voluntatis est obiectum ipsius, quod est bonum et finis, sicut intelligibile est forma intellectus; unde oportet quod id quod est ex parte finis, sit formale in actu voluntatis. Unde idem specie actus, secundum quod ordinatur ad unum finem, cadit sub forma virtutis; et secundum quod ordinatur ad alium finem, cadit sub forma vitii; ut patet de eo qui dat eleemosynam vel propter Deum, vel propter inanem gloriam. Actus enim unius vitii, secundum quod ordinatur ad finem alterius vitii, recipit formam eius; utpote qui furatur ut fornicetur, materialiter quidem fur est, formaliter vero intemperatus. Manifestum est autem quod actus omnium aliarum virtutum ordinatur ad finem proprium caritatis, quod est eius obiectum, scilicet summum bonum. Et de virtutibus quidem moralibus manifestum est: nam huiusmodi virtutes sunt circa quaedam bona creata quae ordinantur ad bonum increatum sicut ad ultimum finem. Sed de virtutibus aliis theologicis idem manifestum est: nam ens increatum est quidem obiectum fidei, ut verum; et in quantum est appetibile, habet rationem boni. Et sic tendit fides in ipsum, in quantum est appetibile, cum nullus credat nisi volens. Spei autem obiectum licet sit ens increatum, in quantum est bonum, tamen dependet ab obiecto caritatis: est enim bonum, obiectum spei, in quantum est desiderabile et consequibile: nullus enim desiderat consequi aliquod bonum nisi per hoc quod amat ipsum. Unde manifestum est quod in actibus omnium virtutum est formale id quod est ex parte caritatis», *Quaest. disp. de virtutibus*, q. 2 a. 3 co.

(67) «In moralibus quae sunt infra hominem, virtus agnoscitiva informat virtutes appetitivas, sicut prudentia alias virtutes morales; in virtutibus autem theologicis, quae sunt circa Deum, virtus voluntatis, scilicet caritas, informat virtutem intellectus, scilicet fides», *Ibidem*, q. 2, a. 3, ad 13um.

«estando Vós presente, tudo se torna aprazível»[68]. Por isso, talvez, a ideia a melhor manifestar a excelência da caridade consiste em afirmar que graças a ela todo ato moral se torna *merecedor* da vida eterna[69]. Efetivamente, na antropologia revelada tradicional, o *mérito* é visto como um efeito exclusivo da graça divina (nenhuma ação é meritória por si só), ligado especialmente à caridade: a bem-aventurança eterna que Cristo mereceu para nós não é, na verdade, senão a realização definitiva da comunhão de amor entra a pessoa criada e as pessoas divinas, que a graça antecipa misteriosamente na vida presente como penhor da futura. Tal comunhão de amor é o ato específico da vontade orientada para Deus pela caridade, que pressupõe o agir fundamental divino e a livre resposta da criatura[70].

9.5. Os atos da caridade para com Deus

Uma vez examinada a natureza do amor teologal, passamos agora ao estudo dos atos dessa virtude para com Deus. Devem-se estudar, em primeiro lugar, as propriedades dos atos de caridade (5.1). Em seguida nos referiremos ao crescimento desta virtude (5.2) e aos seus frutos (5.3). Posteriormente, indicaremos como a vida sacramental se torna a manifestação mais elevada desta virtude e expressão última da condição religiosa da pessoa humana (5.4). Finalmente, concluiremos com a habitual, mas necessária exposição sobre a necessidade salvífica dos atos de caridade para com Deus (5.5).

---

(68) *Imitação de Cristo*, III, 34, 1.

(69) Cf. Concílio de Trento, *Decreto sobre a justificação*, cap. 16, «De fructu iustificationis, hoc est, de merito bonorum operum, deque ipsius meriti ratione», *DS* 1545-1550.

(70) «Motus autem humanae mentis ad fruitionem divini boni, est proprius actus caritatis, per quem omnes actus aliarum virtutum ordinantur in hunc finem, secundum quod aliae virtutes imperantur a caritate. Et ideo meritum vitae aeternae primo pertinet ad caritatem, ad alias autem virtutes secundario, secundum quod eorum actus a caritate imperantur. Similiter etiam manifestum est quod id quod ex amore facimus, maxime voluntarie facimus. Unde etiam secundum quod ad rationem meriti requiritur quod sit voluntarium, principaliter meritum caritati attribuitur», *S.Th.* I-II q. 114 a. 4 co.

9.5.1. Propriedades do amor a Deus

Da exposição sobre a natureza desta virtude se depreende suficientemente o seu caráter estritamente sobrenatural, de modo que também os seus atos só podem ser realizados sob o influxo da graça e com a ajuda dos dons do Espírito Santo. Dada essa sua natureza sobrenatural, os atos de amor a Deus também devem ter como característica a sua dimensão superlativa (não é possível amar nada acima de Deus) e a condição de eficácia (não basta o movimento afetivo da vontade para Deus).

9.5.1.1. *Amor appretiative summus*

A própria natureza da caridade e o seu objeto manifestam claramente que não é possível amar nada nem ninguém acima de Deus. Com efeito, a natureza divina compartilhada pelas três pessoas faz com que elas sejam amáveis de modo infinito e de fato devem ser amadas acima de qualquer outra coisa: «Com o Senhor, a única medida é amar sem medida. Por um lado, porque nunca chegaremos a agradecer bastante o que Ele fez por nós; por outro, porque o próprio amor de Deus pelas suas criaturas se revela assim: com excesso, sem cálculo, sem fronteiras»[71].

Por outro lado, o ensinamento de Cristo recordou abundantemente esse princípio, que coincide com a exigência veterotestamentária (cf. *Dt* 6, 4-9; *Mt* 22, 37-38; *Mc* 12, 29-30; *Lc* 10, 27...), e fez dele requisito específico para o seguimento (cf. *Mt* 10, 37). Paulo reforça esse conceito em relação à sua fonte, manifestando que a causa do amor mais alto possível provém justamente da própria natureza do amor de Deus para conosco, que nada detém na sua totalidade infinita: «Tenho certeza de que nem a morte, nem a vida, nem os anjos, nem os principados, nem o presente, nem o futuro, nem as

(71) São Josemaria Escrivá, *Amigos de Deus,* n. 232.

potências, nem a altura, nem a profundeza, nem outra criatura qualquer será capaz de nos separar do amor de Deus, que está no Cristo Jesus, nosso Senhor» (*Rom* 8, 38-39).

Tomás destaca como o amor de Deus envolve toda dimensão intencional (*ex toto corde*), submetendo plenamente a Ele a inteligência (*ex tota mente*) e as paixões apetitivas (*ex tota anima*), de modo que a vontade impere todas as ações para adequá-las à vontade divina (*ex totis viribus*)[72].

Acrescenta-se o significado de *appretiative summus* porque, dada a condição limitada do ser humano, o amor de caridade, fruto da vontade livre, em muitas circunstâncias poderia não coincidir com os movimentos apetitivos inferiores. Assim, a vontade deve em todo caso aderir conscientemente ao amor de Deus com todas as suas forças e por cima de qualquer sentimento, mesmo que a pessoa, do ponto de vista da afetividade ou do sentimento, se sinta mais atraída por outros bens (*sensibiliter*); por isso não é um problema moral se, por exemplo, uma mãe sente mais fortemente o amor por um filho do que a Deus: basta que a intenção livre a leve não querer para o filho nenhum bem acima de Deus. Muitas circunstâncias da vida podem levar a experimentar mais intensamente o amor pelas criaturas que o amor a Deus, e é um dever do cristão encontrar forças interiores para fazer com que esses amores, normalmente honestos e bons, se ordenem e sejam assumidos pelo amor supremo às três pessoas trinitárias. Se não são ordenados assim, ou pela sua natureza não são ordenáveis, a vontade não deve aderir à tendência do apetite sensível.

(72) «Est igitur considerandum quod dilectio est actus voluntatis, quae hic significatur per cor, nam sicut cor corporale est principium omnium corporalium motuum, ita etiam voluntas, et maxime quantum ad intentionem finis ultimi, quod est obiectum caritatis, est principium omnium spiritualium motuum. Tria autem sunt principia factuum quae moventur a voluntate, scilicet intellectus, qui significatur per mentem; vis appetitiva inferior, quae significatur per animam; et vis executiva exterior, quae significatur per fortitudinem seu virtutem sive vires. Praecipitur ergo nobis ut tota nostra intentio feratur in Deum, quod est ex toto corde; et quod intellectus noster subdatur Deo, quod est ex tota mente; et quod appetitus noster reguletur secundum Deum, quod est ex tota anima; et quod exterior actus noster obediat Deo, quod est ex tota fortitudine vel virtute vel viribus Deum diligere», *S. Th.* II-II q. 44 a. 5 co.

9.5.1.2. Amor eficaz

Como consequência de tudo isso, o ato da caridade teologal é fundamentalmente um ato voluntário, e por isso não pode limitar-se a uma dimensão afetiva, mas comporta necessariamente um real e livre império da vontade sobre todos os atos da pessoa, de modo a realizar eficazmente, com dedicação e zelo, tudo o que o amor de Deus pede nas circunstâncias concretas: «Fruto do Espírito e da plenitude da lei, a caridade guarda os mandamentos de Deus e de seu Cristo: "Permanecei em meu amor. Se observais os meus mandamentos, permanecereis no meu amor" (*Jo* 15, 9-10)»[73].

João indica com clareza: «Filhinhos, não amemos só com palavras e de boca, mas com ações e de verdade!» (*1 Jo* 3, 18). Diz respeito em primeiro lugar ao agir referido diretamente a Deus, como a adoração ou a oração; mas todo ato humano informado pela caridade, como antes foi dito, também deve se tornar ocasião de manifestação efetiva do amor a Deus: não existe um ato verdadeiramente humano que do ponto de vista da sua finalização ao bem supremo não possa se tornar manifestação da caridade teologal: «Em suma: quer comais, quer bebais, quer façais qualquer outra coisa, fazei tudo para a glória de Deus» (*1 Cor* 10, 31). O hino paulino à caridade também manifesta nitidamente este fato, quando faz desta virtude a chave última de todas as ações morais da pessoa (cf. *1 Cor* 13, 1-8).

O Magistério da Igreja no século XVII reafirmou a necessidade da dimensão operativamente eficaz da caridade na condenação, por Inocêncio XI, do quietismo de Miguel de Molinos[74], segundo o qual para ser agradáveis a Deus não seriam necessárias as obras, mas apenas o afeto.

---

(73) *Catecismo*, n. 1824.

(74) *Decreto do Santo Ofício* de 28 de agosto de 1687, (*DS* 2201-2269). Como exemplo, a segunda proposição condenada diz assim: «Velle operari active, est Deum offendere, qui vult esse ipse solus agens; et ideo opus est, seipsum in Deo totum et totaliter derelinquere et postea permanere velut corpus examine», *DS* 2202.

9.5.2. O crescimento interior da caridade teologal

A comovente petição incluída na sessão VI do Concílio de Trento, referida a um texto litúrgico, testifica que a caridade, como as outras duas virtudes teologais, é chamada a crescer: *Da nobis, Domine, fidei, spei et caritatis augmentum*[75]. Mas com a caridade não acontece o mesmo que com a esperança teologal, que será sempre insuficiente, uma vez que faz parte da sua forma específica a tendência da vontade ao bem, atingível em plenitude somente fora do tempo, de modo que desaparece no exato momento em que o Bem é possuído plenamente (cf. *1 Cor* 13, 13). A esperança, portanto, é a virtude daquele que caminha rumo ao amor, e que, não tendo ainda chegado, sabe que tem sempre de dar um passo a mais. A caridade, pelo contrário, produz a união total como o amado, não em virtude da nossa capacidade de amar, que é limitada, mas porque nos é dado o próprio amor, em si mesmo infinito, constante e imutável; de per si, o vínculo de amor que a graça produz tem essas características enquanto realizado em nós pelo Espírito Santo. Nada, portanto, pode ser acrescentado *per aditionem* ao amor de Deus derramado em nossos corações (cf. *Rom* 5, 5).

O dom do Espírito, de qualquer maneira, tem a condição histórica e escatológica do sujeito criado no qual reside: o *já* da posse atual do amor de Deus é acompanhado, na condição de estado de via, pelo *ainda não* da Escatologia. Só no fim do caminho da vida se dá a plenitude e, portanto, enquanto se está no tempo será sempre possível incrementar a intensidade do ato de amor respondente[76].

O *habitus* da caridade depende diretamente da graça, e por isso cresce na medida em que cresce a graça. Segundo a doutrina clássica do mérito, como efeito imediato da graça – ao lado da justificação –, a pessoa humana unida no Espírito Santo a Cristo e à sua condição

(75) *DS* 1535. Cf. *Missale romanum* (1962) *Oratio* do XIII domingo depois de Pentecostes.

(76) «In hac autem via tanto magis procedimus quanto Deo magis propinquamus, cui non appropinquatur passibus corporis, sed affectibus mentis. Hanc autem propinquitatem facit caritas, quia per ipsam mens Deo unitur. Et ideo de ratione caritatis viae est ut possit augeri, si enim non posset augeri, iam cessaret viae processus. Et ideo apostolus caritatem viam nominat, dicens I ad Cor. XII, *adhuc excellentiorem viam vobis demonstro*», *S.Th.* II-II q. 24 a. 4 co.

filial é capaz de merecer, da bondade paterna da primeira pessoa, o aumento da própria graça, quando presta a sua livre cooperação: «Jesus Cristo mesmo dá a sua força aos justificados como a cabeça aos membros (*Ef* 4, 15) e a vide aos ramos (*Jo* 15, 5). Esta força sempre antecede às suas boas obras, acompanha-as e as segue, e sem ela de modo nenhum poderiam ser agradáveis a Deus e meritórias»[77].

A caridade cresce, portanto, mediante o aumento intrínseco concedido por Deus, pelo mérito por Ele associado a toda ação boa realizada em graça[78]. Dedicar-se intensamente às boas obras em estado de graça, portanto, comporta um real aumento da caridade habitual operado por Deus, contanto que estes atos sejam realizados com uma intensidade crescente no amor atual a Deus[79].

Os atos concretos são exigidos, portanto, para a própria perfeição da virtude do ponto de vista da sua origem divina. Em primeiro lugar, como foi dito, com base na maior intensidade na aplicação e adesão da vontade criada ao bem divino recebido. Mas mesmo quando o ato de amor não aumenta a adesão da vontade, por ser menos intenso, ou tíbio, e portanto é incapaz de fazer crescer o *habitus* sobrenatural, de qualquer modo é útil para melhorar a capacidade humana de corresponder à graça (*habilitate crescente*) e predispor assim a um ulterior incremento da caridade[80].

---

(77) Concílio de Trento, Sessão 6ª, Decreto *De iustificatione*, cap. 16 (*DS* 1546).

(78) «Sic ergo caritas augetur solum per hoc quod subiectum magis ac magis participat caritatem, idest secundum quod magis reducitur in actum illius et magis subditur illi. Hic enim est modus augmenti proprius cuiuslibet formae quae intenditur, eo quod esse huiusmodi formae totaliter consistit in eo quod inhaeret susceptibili. Et ideo, cum magnitudo rei consequitur esse ipsius, formam esse maiorem hoc est eam magis inesse susceptibili, non autem aliam formam advenire. Hoc enim esset si forma haberet aliquam quantitatem ex seipsa, non per comparationem ad subiectum. Sic igitur et caritas augetur per hoc quod intenditur in subiecto, et hoc est ipsam augeri secundum essentiam, non autem per hoc quod caritas addatur caritati», *S.Th.* II-II q. 24 a. 5 co.

(79) «Sed quandoque aliquis actus caritatis cum aliquo tepore vel remissione emittitur. Non ergo perducit ad excellentiorem caritatem, sed magis disponit ad minorem», *S.Th.* II-II q. 24 a. 6 sc.

(80) «Ita etiam non quolibet actu caritatis caritas actu augetur, sed quilibet actus caritatis disponit ad caritatis augmentum, inquantum ex uno actu caritatis homo redditur promptior iterum ad agendum secundum caritatem; et, habilitate crescente, homo prorumpit in actum ferventiorem dilectionis, quo conetur ad caritatis profectum; et tunc caritas augetur in actu», *S.Th.* II-II q. 24 a. 6 co.

É necessário, portanto, procurar atualizar o máximo possível o amor de Deus em cada ação. O cristão sente o desejo de manter e acrescentar o amor de Deus em todos os seus atos. Tomás, neste ponto, faz referência à doutrina clássica dos três graus da caridade (*incipiens, proficiens, perfecta*), segundo a qual a pessoa humana passa do incipiente combate contra tudo o que se opõe à caridade (cuidando de conservar o estado de graça, evitando o pecado mortal e empenhando-se para não enfraquecê-la com as culpas veniais), ao crescimento ativo desta virtude através da sua prática intensa, à busca direta, enfim, da comunhão amorosa com Deus[81].

9.5.3. Os efeitos (frutos) da caridade

Os efeitos da caridade nada mais são do que as características do amor de benevolência para com Deus (*gaudium, desiderium, zelus*), que se tornam também, na fase operativa, as manifestações subjetivas que permitem experimentar o verdadeiro amor de caridade. Em certo sentido, seriam a resposta à pergunta sobre como pode a vontade demonstrar a si mesma sua real ativação para com Deus em resposta à graça. Evidentemente, trata-se de um assunto mais próximo à teologia

(81) «Spirituale augmentum caritatis considerari potest quantum ad aliquid simile corporali hominis augmento. Quod quidem quamvis in plurimas partes distingui possit, habet tamen aliquas determinatas distinctiones secundum determinatas actiones vel studia ad quae homo perducitur per augmentum, sicut infantilis aetas dicitur antequam habeat usum rationis; postea autem distinguitur alius status hominis quando iam incipit loqui et ratione uti; iterum tertius status eius est pubertatis, quando iam incipit posse generare; et sic inde quousque perveniatur ad perfectum. Ita etiam et diversi gradus caritatis distinguuntur secundum diversa studia ad quae homo perducitur per caritatis augmentum. Nam primo quidem incumbit homini studium principale ad recedendum a peccato et resistendum concupiscentiis eius, quae in contrarium caritatis movent. Et hoc pertinet ad incipientes, in quibus caritas est nutrienda vel fovenda ne corrumpatur. Secundum autem studium succedit, ut homo principaliter intendat ad hoc quod in bono proficiat. Et hoc studium pertinet ad proficientes, qui ad hoc principaliter intendunt ut in eis caritas per augmentum roboretur. Tertium autem studium est ut homo ad hoc principaliter intendat ut Deo inhaereat et eo fruatur. Et hoc pertinet ad perfectos, qui cupiunt dissolvi et esse cum Christo. Sicut etiam videmus in motu corporali quod primum est recessus a termino; secundum autem est appropinquatio ad alium terminum; tertium autem quies in termino», *S.Th.* II-II q. 24 a. 9 co.

da espiritualidade, mas que mencionamos aqui para oferecer uma exposição mais completa.

Ao escasso elenco dos três componentes do amor de benevolência, a tradição espiritual acrescentou outras manifestações ou frutos da caridade na alma, que normalmente seguem o elenco paulino dos frutos do Espírito Santo (cf. *Gal* 5, 22), embora Tomás os tenha reduzido a seis[82]: *unio, mutua inhaesio, extasis, zelus, laesio, causa omnium quae amans agit.*

Em primeiro lugar, ainda que São Tomás não a inclua neste elenco, cita-se quase sempre como fruto do amor a alegria (*gaudium*), *quod est amoris effectus*, primeira manifestação subjetiva da caridade[83]; quem ama de verdade experimenta a *hilaritas cordis* pelo próprio fato de amar, isto é, a cognição afetiva que consiste fundamentalmente na consciência da presença no amado do bem a ele desejado (*benevolentia*)[84].

Obviamente, como no amor humano, também no amor a Deus se busca a união e a presença do amado (*unio*). Essa união é total por parte de Deus, uma vez que as três pessoas divinas inabitam no homem em graça (cf. *1 Jo* 4, 16). É necessário, contudo, ter presente que o limiar intransponível da limitação espaço-temporal humana impede a união total (*mutua inhaesio*), de modo que sempre haverá um grau de distância entre os amantes. Essa distância não se refere apenas à separação física dos corpos, que mesmo na mais íntima união esponsal permanecem individuais, mas também à impossibilidade de uma total

---

(82) «Deinde considerandum est de effectibus amoris. Et circa hoc quaeruntur sex. Primo, utrum unio sit effectus amoris. Secundo, utrum mutua inhaesio. Tertio, utrum extasis sit effectus amoris. Quarto, utrum zelus. Quinto, utrum amor sit passio laesiva amantis. Sexto, utrum amor sit causa omnium quae amans agit», *S.Th.* I-II q. 28, *proemium*

(83) Cf. *S.Th.* II-II q. 23 a. 3 ad 2um.

(84) «Gaudium enim ex amore causatur vel propter praesentiam boni amati; vel etiam propter hoc quod ipsi bono amato proprium bonum inest et conservatur. Et hoc secundum maxime pertinet ad amorem benevolentiae, per quem aliquis gaudet de amico prospere se habente, etiam si sit absens. [...] Caritas autem est amor Dei, cuius bonum immutabile est, quia ipse est sua bonitas. Et ex hoc ipso quod amatur est in amante per nobilissimum sui effectum, secundum illud I Ioan. IV, *qui manet in caritate, in Deo manet et Deus in eo*. Et ideo spirituale gaudium, quod de Deo habetur, ex caritate causatur», *S.Th.* II-II q. 28 a. 1 co.

comunhão na verdade e no amor entre pessoas criadas. Essa unidade é sempre um caminho a ser percorrido, de modo que a alegria do amor surge já a partir do momento em que se vai em sua direção, com plena sinceridade e generosidade (*zelus*), procurando realizar plenamente o próprio ser no abandono do eu pela busca do *nós* (*extasis*).

Por isso, mesmo quando a pessoa amada está distante ou ausente, a alegria da união e da benevolência pode ocorrer ainda, mas é simultânea e compatível com a dor da separação. Assim o amor de Deus é alegria plena pela sua posse e também dor (não tristeza!) pela distância imposta pelos nossos defeitos e pecados, ou simplesmente pela nossa condição temporal[85] que, de fato, exigirá sempre a presença das outras duas virtudes teologais. Talvez nesse sentido se possa dizer que a caridade também tem como efeito a ferida do coração, motivo pelo qual Tomás chama o amor *passio laesiva amantis*[86] («paixão dolorida ao amante»). Máxima expressão dessa ferida do amor a Deus é a dor de contrição que, diferentemente da dor imperfeita da atrição, é demonstração imediata da autêntica caridade e empenho constante por identificar-se em tudo com a vontade de Deus (*causa omnium quae amans agit*).

9.5.4. Necessidade da caridade para com Deus

Para completar, incluímos uma breve exposição sobre a necessidade da virtude da caridade, com base na doutrina moral clássica. A *necessitas medii* enquanto *habitus* é evidente pelo especialíssimo vínculo desta virtude teologal com a graça e com a comunhão no Espírito Santo com as três pessoas divinas, na qual consiste a salvação: «quem permanece no amor, permanece em Deus, e Deus permanece nele» (*1 Jo* 4, 16).

No que diz respeito aos atos, tradicionalmente se ensina a necessidade de meio para todos os adultos capazes de realizá-los, dada a emi-

(85) Cf. *S.Th.* II-II q. 28 a. 2.

(86) Cf. *S.Th.* I-II q. 28 a. 5.

nência absoluta dessa virtude na vida teologal e o fato de que, sendo forma de toda a vida moral, está presente como fim nos atos de todas as outras virtudes. São necessárias, assim, tanto a realização frequente de atos específicos de amor a Deus como a máxima atualização possível do amor a Deus inerente a toda ação verdadeiramente boa.

É doutrina comum da tradição moral, inclusive, que desde o início da vida moral, com o conhecimento de Deus como bem supremo, a pessoa humana deve livremente orientar a vontade para Deus com o amor mais alto possível. Mesmo a condição final da existência humana (*in articulo mortis*) deve incluir a orientação radical do amor a Deus. Além disso, em vista da *necessitas medii* para a salvação, o ato de caridade teologal, na forma de dor de amor, é indispensável para aqueles que, tendo perdido a graça pelo pecado grave, não podem alcançá-la pelos sacramentos do Batismo ou da Penitência. Essa necessidade ocorre independentemente da conjunção específica que se tenha com a vida da graça, conforme a economia salvífica em que se esteja inserido.

Na economia salvífica da Nova Aliança, em concreto, a caridade atual também é objeto de um preceito divino muito especial, definido pelo próprio Jesus Cristo como o primeiro e mais importante preceito (cf. *Mt* 22, 38), fundamento de toda a Nova Lei e necessário para a salvação (cf. *Mt* 7, 21). O amor de resposta a Deus constitui o primeiro débito do homem em graça, como criatura e como filho, e sobre esse débito se fundamenta o mandamento divino: «*intantum ergo aliquid cadit sub praecepto inquantum habet rationem debiti*»[87]. Tomás já se deparava com a objeção comum segundo a qual o amor, que essencialmente requer uma resposta livre, não pode ser mandado: porém, ele recorda que nada impede que à obrigação de um preceito se responda com plena liberdade, e no caso específico do amor, cumpri-lo contra a própria liberdade envolveria distorcer o próprio amor[88].

---

(87) «Uma coisa cai sob o preceito na medida em que tem razão de obrigatório», *S.Th.* II-II q. 44 a. 1 co.

(88) «Obligatio praecepti non opponitur libertati nisi in eo cuius mens aversa est ab eo quod praecipitur sicut patet in his qui ex solo timore praecepta custodiunt. Sed praeceptum dilectionis non potest impleri nisi ex propria voluntate. Et ideo libertati non repugnat», *S.Th.* II-II q. 44 a. 1 ad 2um.

Obviamente, essa obrigação se refere ao amor de benevolência (amizade) *appretiative summus* que devemos a Deus, que poderia, como foi visto, não incluir às vezes a dimensão afetiva ou sensível. Mas, mesmo nesses casos, permanece a necessidade de preceito de fazer com que a vontade impere, na medida do possível, sobre as potências apetitivas inferiores, de modo que, independentemente dos sentimentos que se experimentem, todo o ser do homem se volte para Deus como bem supremo maximamente desejável.

9.5.5. A vida litúrgica e sacramental como manifestação da caridade

A própria natureza da caridade teologal e as características dos seus atos e dos seus efeitos, que acabamos de ver, nos levam a afirmar que a resposta do amor humano ao amor divino não se pode dar com maior intensidade do que na união vital com Cristo, o Filho amante, realizada na liturgia sacramental. A vida sacramental se torna, por isso, o ato mais elevado da virtude da caridade. Com a instituição dos sacramentos, Deus manifesta de forma eminente a sua ânsia amorosa para com os homens[89]. Os sacramentos, com efeito, através da sua eficácia *ex opere operato,* num sentido misterioso, mas objetivo, elevam o sujeito que os recebe à mesma santidade do Deus Uno e Trino, e são veículo habitual da graça que cura e santifica. Enquanto estamos no tempo, não há como imaginar uma união e uma mútua presença entre Deus e o homem maiores do que aquelas que se realizam nos sacramentos. Esta dinâmica de amor inicia com o Batismo:

---

(89) «A Igreja, unida a Cristo, nasce de um coração ferido (Hino das vésperas da Festa do Sagrado Coração de Jesus). É desse Coração, aberto de par em par, que nos é transmitida a vida. Embora de passagem, como não recordar aqui os Sacramentos, através dos quais Deus opera em nós e nos faz participar da força redentora de Cristo? Como não recordar com particular agradecimento o Santíssimo Sacramento da Eucaristia, o Santo Sacrifício do Calvário e a sua constante renovação incruenta na nossa Missa? Jesus entrega-se a nós em alimento; Jesus Cristo vem até nós. E por isso tudo mudou, e no nosso ser se manifestam forças – a ajuda do Espírito Santo – que se apossam da nossa alma, que informam as nossas ações, o nosso modo de pensar e de sentir. O Coração de Cristo é paz para o cristão» São Josemaria Escrivá, *É Cristo que passa*, n. 169.

Com o santo Batismo tornamo-nos filhos de Deus no Seu Unigênito Filho, Jesus Cristo. Ao sair das águas da sagrada fonte, todo o cristão ouve de novo aquela voz que um dia se fez ouvir nas margens do rio Jordão: «Tu és o meu Filho muito amado, em ti pus todo o meu enlevo» (*Lc* 3, 22), e compreende ter sido associado ao Filho predileto, tornando-se filho de adoção (cf. *Gal* 4, 4-7) e irmão de Cristo. Realiza-se, assim, na história de cada um o desígnio eterno do Pai: «Aqueles que de antemão conheceu, também os predestinou para serem conformes à imagem do Seu Filho, a fim de que Este seja o Primogênito de muitos irmãos» (*Rom* 8, 29)[90].

Da fé batismal, confessada em primeira pessoa ou através dos pais e da comunidade crente (batismo das crianças), tem início a vida cristã, na qual a confissão da fé será sempre, sobretudo se vivida liturgicamente, um ato de amor de correspondência à liberalidade divina:

> O Credo contém uma confissão cristológica: repassam-se os mistérios da vida de Jesus até a sua morte, ressurreição e ascensão ao Céu, na esperança da sua vinda final na glória. E, consequentemente, afirma-se que este Deus-comunhão, permuta de amor entre o Pai e o Filho no Espírito, é capaz de abraçar a história do homem, de introduzi-lo no seu dinamismo de comunhão, que tem, no Pai, a sua origem e meta final. Aquele que confessa a fé sente-se implicado na verdade que confessa; não pode pronunciar, com verdade, as palavras do Credo, sem ser por isso mesmo transformado, sem mergulhar na história de amor que o abraça[91].

A dinâmica amorosa que tem como origem o Batismo e o acolhimento da Palavra na profissão da fé batismal, se desenvolve nos demais sacramentos: de cada um deles deriva uma obrigação particular de amar a Deus, segundo a especificidade da própria graça sacramental. Tanto o sermos amados como a nossa correspondência têm

(90) São João Paulo II, Exort. Ap. *Christifideles laici* n. 11.

 (91) Francisco, Enc. *Lumen fidei*, n. 45.

o seu fundamento último na identificação sacramental com Cristo, mais especificamente nos três sacramentos (Batismo, Confirmação, Ordem) que, através do *caráter,* comportam uma assimilação mais essencial a Ele. A Penitência, e secundariamente a Unção dos enfermos, manifestam especialmente o amor misericordioso de Deus, ao qual o amor humano é chamado a corresponder com a recusa do pecado enquanto ofensa a Deus, com o acolhimento e a alegria do perdão, com o agradecimento pelo amor indulgente recebido. A graça sacramental da Penitência, além disso, facilita, a quem recebe esse sacramento com verdadeira dor de amor pelos próprios pecados, uma ajuda específica para eliminar da própria existência tudo aquilo que afasta da plena e amorosa identificação filial de Cristo com o Pai. O Matrimônio inclui na dinâmica da caridade teologal a máxima expressão humana do amor. O ápice, contudo, se alcança na Eucaristia: «A natureza sacramental da fé encontra a sua máxima expressão na Eucaristia. Esta é alimento precioso da fé, encontro com Cristo presente de maneira real no seu ato supremo de amor: o dom de Si mesmo que gera vida»[92].

A vida sacramental, com efeito, tem a sua origem e o seu ápice na comunhão eucarística, visto que nesse sacramento «encontra-se o próprio Autor da santidade»[93], e com Ele se realiza a maior unidade de alma e corpo entre o homem e Cristo e, por conseguinte, com toda a Trindade: «Quem come a minha carne e bebe o meu sangue permanece em mim, e eu nele» (*Jo* 6, 56). De diversas maneiras que não podemos aprofundar agora, a Igreja tem sempre a Eucaristia como foco da sua própria vitalidade[94].

A Eucaristia, portanto, *ex opere operato*, produz um incremento de toda a vida teologal, de modo que quem comunga o Corpo de Cristo é moralmente chamado a uma resposta congruente que afeta e infor-

---

(92) Francisco, Enc. *Lumen fidei*, n. 44.

(93) Concílio de Trento, sessão 13ª, *Decretum de ss. Eucharestia*, cap. 3, *DS* 1639.

(94) «O olhar da Igreja volta-se continuamente para o seu Senhor, presente no sacramento do Altar, onde descobre a plena manifestação do seu imenso amor». São João Paulo II, Enc. *Ecclesia de Eucharistia*, n. 1.

ma toda ação da sua vida de filho de Deus, do qual deriva também o compromisso fraterno da caridade para com o próximo, que será estudado em seguida:

> O dom de Cristo e do seu Espírito, que recebemos na comunhão eucarística, realiza plena e sobreabundantemente os anseios de unidade fraterna que vivem no coração humano e ao mesmo tempo eleva esta experiência de fraternidade, que é a participação comum na mesma mesa eucarística, a níveis que estão muito acima da mera experiência de um banquete humano[95].

Os sacramentos, além disso, são o fundamento último de todo o demais da vida litúrgica: a liturgia nasce e tende para o Sacrifício do Altar, para realizar objetivamente a comunhão de vida entre Deus e os homens na história[96]. Os atos litúrgicos são, portanto, manifestação do nosso amor teologal a Deus. Do mesmo modo, é na ação litúrgica e nos ritos, sobretudo nos da administração dos sacramentos, que o crente adquire noção (*ex opere operantis*) da sua união vital com Cristo e com a Trindade.

Em resumo, pode-se dizer que, ao *ex opere operato* da instituição divina dos sacramentos, corresponde o dever moral do *ex opere operantis* pelo qual o crente deve atualizar sempre mais a resposta ao amor recebido na vida sacramental: esta se torna o âmbito privilegiado (a Eucaristia mais do que os outros sacramentos) para a prática frequente e intensa de atos de fé, esperança e caridade, ocasião máxima para

(95) São João Paulo II, Enc. *Ecclesia de Eucharistia*, n. 24. Na mesma linha Bento XVI, Enc. *Deus caritas est*, n. 14: «a "mística" do Sacramento tem um caráter social, porque, na comunhão sacramental, eu fico unido ao Senhor como todos os demais comungantes: "Uma vez que há um só pão, nós, embora sendo muitos, formamos um só corpo, porque todos participamos do mesmo pão" – diz São Paulo (*1 Cor* 10, 17). A união com Cristo é, ao mesmo tempo, união com todos os outros aos quais Ele Se entrega. Eu não posso ter Cristo só para mim; posso pertencer-Lhe somente unido a todos aqueles que se tornaram ou se tornarão seus. A comunhão tira-me para fora de mim mesmo projetando-me para Ele e, deste modo, também para a união com todos os cristãos. Tornamo-nos "um só corpo", fundidos todos numa única existência. O amor a Deus e o amor ao próximo estão agora verdadeiramente juntos: o Deus encarnado atrai-nos todos a Si».

(96) Cf. Concílio Vaticano II, Const. *Sacrosanctum Concilium*, n. 10.

atualizar em primeira pessoa a benevolência para com Deus. Tudo isso comporta específicas obrigações morais concernentes à realização, administração e recepção dos sacramentos, e todo o demais da vida litúrgica da Igreja, que se estuda na teologia litúrgica e sacramental; aqui nos limitamos a sublinhar o vínculo com a vida teologal.

No primeiro capítulo deste volume, partimos da exigência moral natural de viver o culto e a adoração a Deus através dos atos da religião. Mas os atos litúrgicos aos quais acabamos de nos referir também são atos da virtude da religião: eis por que Tomás pode afirmar que essa virtude moral é *quaedam protestatio fidei, spei et caritatis* («a religião é uma espécie de afirmação da fé, da esperança e da caridade»). A vida teologal assume os atos de culto da religião e os eleva a expressão da caridade, de modo que neles nos unimos a Deus amor, cremos nEle e o desejamos como bem último e definitivo; estes atos constituem a essência da «materialidade humana» dos atos da virtude da religião, mas são especificamente afirmação (*protestatio*) da caridade teologal.

Com isso retornamos ao ponto de partida e fechamos o círculo lógico deste volume, que parte da exigência natural de louvar a Deus e impele à realização sobrenatural da vida divina em nós: o que vem a seguir está contido e implícito no que já foi dito.

9.6. Natureza do amor teologal ao homem

A resposta amorosa a Deus na caridade não poderia deixar de fora o amor àquele que Deus ama e com a mesma formalidade com que o ama. Como o homem é a «única criatura sobre a terra a ser querida por Deus por si mesma»[97], dentro da virtude da caridade se inclui também o amor teologal à pessoa humana. O texto magisterial, com a referência que restringe a sua afirmação à condição histórica («sobre a terra»), indica de modo evidente que estão igualmente incluídas no amor de caridade as criaturas pessoais que vivem na eternidade (anjos e membros da Igreja padecente e militante). As demais criaturas pes-

(97) *Gaudium et spes*, 24.

soais (demônios e condenados) não podem ser contadas em sentido próprio na comunhão do amor teologal. As criaturas não pessoais, não amadas em si mesmas, encontram sua posição no amor através da sua ligação com as pessoas. Nesta seção, faremos referência sobretudo ao fundamento bíblico do amor às pessoas (6.1), antes de esclarecer na medida do possível a natureza teologal do amor ao próximo (6.2); dado que o amor ao próximo na Escritura é sempre relacionado ao amor de si mesmo, é necessário fazer uma menção à moralidade do amor-próprio (6.3), para finalizar com o tratado mais amplo do amor pelos outros (6.4).

9.6.1. Fundamento bíblico do amor às pessoas humanas

Desde o início do Antigo Testamento, a afeição de Deus pelo homem, e não apenas pelos membros do povo de Israel, é uma realidade que se pode constatar: criação e aliança são manifestações evidentes do amor. Esta solicitude divina, universalizada e aprofundada pela doutrina da criação à imagem, necessariamente se funda e se manifesta numa relação de amor entre as pessoas-imagem. O Decálogo será a sua primeira expressão: ainda que em sentido fundamentalmente negativo, os mandamentos da segunda tábua da Lei Antiga são já uma manifestação clara e articulada da caridade para com o próximo e «constituem as regras primordiais de toda a vida social»[98], abaixo das quais não pode descer quem queira manter-se no âmbito do senhorio e do amor divino. Talvez por isso, textos muito ligados ao Decálogo recordam o dever de unir o amor ao próximo ao primeiro preceito (cf. *Dt* 6, 5)[99].

---

(98) São João Paulo II, Enc, Veritatis splendor, n. 97; cf. Pontifício Conselho da Justiça e da Paz, *Compêndio da doutrina social da Igreja*, Libreria Editrice Vaticana, Cidade do Vaticano 2004, n. 22.

(99) *Lev* 19, 17-18: «Não guardes no coração ódio contra teu irmão. Repreende teu próximo para não te tornares culpado de pecado por causa dele. Não procures vingança nem guardes rancor aos teus compatriotas. Amarás o teu próximo como a ti mesmo. Eu sou o Senhor». *Dt* 15, 11: «Uma vez que nunca deixará de haver pobres na terra, eu te dou este mandamento: abre tua mão para teu irmão, teu necessitado, teu pobre em tua terra».

O conceito de próximo inicialmente era ligado aos filhos de Israel, mas com o progresso da revelação veterotestamentária chega a incluir mesmo os inimigos: «Se teu inimigo tem fome, dá-lhe de comer; se tem sede, dá-lhe de beber» (Prov 25, 21). Com efeito, não parece corresponder a uma interpretação unitária da Bíblia hebraica a distinção entre uma caridade fraterna derivada da Aliança com Israel, e outra, de menor consistência moral, concernente à comunhão de todos os homens enquanto criados pelo Deus único, ainda que na prática essa interpretação tenha ocorrido muitas vezes. Não se pode, pois, estabelecer uma real distinção entre Criação e Aliança, como se fossem dois princípios diversos de união entre as pessoas humanas. A sua unidade permite afirmar que todos os homens são chamados a ter JHWH como Pai e, em consequência, a ser parte ativa e passiva no correspondente amor fraterno. Os textos mais eloquentes sobre essa progressiva tendência a incluir no vínculo do amor de JHWH toda a humanidade se encontram nos profetas: na montanha de Sião haverá plena fraternidade, as espadas se converterão em arados (cf. *Is* 2, 2-4; *Miq* 4, 1-4); «estarão reunidos todos os povos em nome do Senhor. Não mais se deixarão levar pela teimosia de sua mente maldosa» (*Jer* 3, 17); ninguém que tenha aderido à palavra será excluído (cf. *Is* 56, 3) e todos, os de longe e os de perto, serão admitidos à paz do Senhor (cf. *Is* 57, 19).

A evidente importância do amor ao próximo na mensagem bíblica e o seu nexo com a realização messiânica conecta-se imediatamente com o próprio núcleo do ensinamento de Cristo que manifesta, em várias ocasiões e em primeira pessoa, a sua afeição de amor por todos os homens (*Mt* 4, 23-24; 14, 14; *Mc* 1, 41; 6, 30-34; 8, 1-10; *Lc* 7, 11-17; *Jo* 11, 1-53). Identificar-se com Cristo é, portanto, amar, como Ele, os irmãos. O Sermão da Montanha recordará o verdadeiro sentido da regra de ouro, formulando de modo positivo (cf. *Mt* 7, 12; *Lc* 6, 31) o que antes era sobretudo um limite inferior do amor ao próximo (cf. *Lev* 19, 1-18). Não se trata propriamente de evitar o que faz mal ao irmão, mas, acima de tudo, de querer o seu verdadeiro bem, tanto quanto o desejamos para nós.

Tudo isso foi salientado com força pelo Magistério recente: afirmava o Papa Francisco que «no próprio coração do Evangelho aparece a vida comunitária e o compromisso com os outros. O conteúdo do primeiro anúncio tem uma repercussão moral imediata, cujo centro é a caridade»[100]. E mais adiante, no mesmo documento, o atual pontífice remete aos textos fundamentais do ensinamento neotestamentário:

> Este laço indissolúvel entre a recepção do anúncio salvífico e um efetivo amor fraterno exprime-se nalguns textos da Escritura, que convém considerar e meditar atentamente para tirar deles todas as consequências. É uma mensagem a que frequentemente nos habituamos e repetimos quase mecanicamente, mas sem nos assegurarmos de que tenha real incidência na nossa vida e nas nossas comunidades. Como é perigoso e prejudicial este habituar-se que nos leva a perder a maravilha, a fascinação, o entusiasmo de viver o Evangelho da fraternidade e da justiça! A Palavra de Deus ensina que, no irmão, está o prolongamento permanente da Encarnação para cada um de nós: «Sempre que fizestes isto a um destes meus irmãos mais pequeninos, a Mim mesmo o fizestes» (*Mt* 25, 40). O que fizermos aos outros, tem uma dimensão transcendente: «Com a medida com que medirdes, assim sereis medidos» (*Mt* 7, 2); e corresponde à misericórdia divina para conosco: «Sede misericordiosos como o vosso Pai é misericordioso. Não julgueis e não sereis julgados; não condeneis, e não sereis condenados; perdoai, e sereis perdoados. Dai e ser-vos-á dado [...]. A medida que usardes com os outros será usada convosco» (*Lc* 6, 36-38). Nestes textos, exprime-se a absoluta prioridade da «saída de si próprio para o irmão», como um dos dois mandamentos principais que fundamentam toda a norma moral e como o sinal mais claro para discernir sobre o caminho de crescimento espiritual em resposta à doação absolutamente gratuita de Deus. Por isso mesmo, «também o serviço da caridade é uma dimensão constitutiva da missão da Igreja e expressão irrenunciável da sua própria essência» (Bento XVI, Carta ap. *Intima Ecclesiae natura*, 11 de novembro de 2012). Assim como a Igreja é missionária por natureza, também brota inevitavelmente

(100) Francisco, Exort. Ap. *Evangelii gaudium*, n. 177.

dessa natureza a caridade efetiva para com o próximo, a compaixão que compreende, assiste e promove[101].

O anúncio se fundamenta sobre o duplo princípio da caridade, do qual *depende* o cumprimento de toda a Sagrada Escritura: «Amarás o Senhor, teu Deus, com todo o teu coração, com toda a tua alma e com todo o teu entendimento! Esse é o maior e o primeiro mandamento. Ora, o segundo lhe é semelhante: Amarás teu próximo como a ti mesmo. Toda a Lei e os Profetas dependem desses dois mandamentos» (*Mt* 22, 37-40). Alguns textos parecem até compendiar o cumprimento da vontade divina por parte do homem na caridade para com o próximo: «Pois toda a lei se resume neste único mandamento: Amarás o teu próximo como a ti mesmo» (*Gal* 5, 14), «Sabemos que passamos da morte para a vida, porque amamos os irmãos. Quem não ama permanece na morte» (*1 Jo* 3, 14).

Devendo o cristão ter no coração os mesmos sentimentos do coração de Cristo, deve dar-se generosamente, como Cristo, aos outros (*Filip* 2, 5-8; cf. *Rom* 12, 16). Não surpreende, portanto, que o assim chamado *mandamento novo* se torne o traço distintivo dos discípulos: «Eu vos dou um novo mandamento: amai-vos uns aos outros. Como eu vos amei, assim também vós deveis amar-vos uns aos outros. Nisto conhecerão todos que sois os meus discípulos: se vos amardes uns aos outros» (*Jo* 13, 34-35)[102]. Com efeito, o amor fraterno fundado na identificação com Cristo, Filho eterno do Pai, é a manifestação visível da comunhão no Espírito com a Trindade.

---

(101) Francisco, Exort. Ap. *Evangelii gaudium*, n. 179.

(102) O manual de Mausbach indica uma série de motivos pelos quais este mandamento deve considerar-se novo: «Em que sentido o amor cristão ao próximo constitui um *novo mandamento*? a) Como indica o mesmo Salvador, este amor se funda sobre o exemplo sublime do amor salvífico de Cristo. b) Eleva-se à dignidade de virtude teologal, tendo como objeto imediado o renascimento divino e o destino sobrenatural de todo homem. c) É infundido pelo Espírito de Amor subsistente entre o Pai e o Filho, que mora na alma do justo e a santifica (*Jo* 17, 26). d) É a nova atividade vital, indissoluvelmente ligada à nova vida em Cristo, que só através dessa atividade pode frutificar em obras boas e meritórias. e) Deriva de uma realidade nova e sobrenatural: a coesão dos homens em Cristo», *op. cit.*, vol. II, p. 173.

O cristão – ao tornar Cristo presente entre os homens, sendo ele mesmo *ipse Christus*, o próprio Cristo –, não procura apenas viver numa atitude de amor, mas esforça-se por dar a conhecer o amor de Deus através desse amor humano. Jesus concebeu toda a sua vida como uma revelação desse amor: *Filipe* – respondeu a um de seus discípulos –, *quem me vê, vê também o Pai* (*Jo* 14, 9). Na esteira desse ensinamento, o Apóstolo João convida os cristãos a manifestarem com obras o amor de Deus, depois de o terem conhecido: "Caríssimos, amemo-nos uns aos outros, porque a caridade procede de Deus; e todo aquele que ama é filho de Deus e conhece a Deus. Quem não possui este amor não conhece a Deus, porque Deus é amor. Nisto se manifestou o amor de Deus por nós, em que enviou o seu Filho Unigênito ao mundo, para que por Ele tenhamos a vida. E nisto consiste o seu amor, em que não fomos nós que amamos a Deus, mas foi Ele que nos amou primeiro e enviou o seu Filho como vítima de propiciação por nossos pecados. Caríssimos, se assim nos amou Deus, também nós devemos amar-nos uns aos outros" (*1 Jo* 4, 7-11)»[103].

9.6.2 O amor ao homem pertence à caridade teologal

Partiremos da leitura de um marco do Magistério recente, texto não por acaso repetidamente citado, que manifesta de maneira excelsa o esforço perene e sempre renovado da Igreja para manter-se próxima aos anseios fundamentais da humanidade:

> Deus, que de todos cuida com solicitude paternal, quis que os homens formassem uma só família, e se tratassem uns aos outros como irmãos. Criados todos à imagem e semelhança daquele Deus que «fez habitar sobre toda a face da terra o inteiro gênero humano, saído de um princípio único» (*At* 17, 26), todos são chamados a um só e mesmo fim, que é o próprio Deus. E por isso, o amor de

(103) São Josemaria Escrivá, *É Cristo que passa*, n. 115.

> Deus e do próximo é o primeiro e maior de todos os mandamentos. Mas a Sagrada Escritura ensina-nos que o amor de Deus não se pode separar do amor do próximo, «...todos os outros mandamentos se resumem neste: amarás o próximo como a ti mesmo... A caridade é, pois, a lei na sua plenitude» (*Rom* 13, 9-10; cf. *1 Jo* 4, 20). Isto revela-se como sendo da maior importância, hoje que os homens se tornam cada dia mais dependentes uns dos outros e o mundo se unifica cada vez mais. Mais ainda: quando o Senhor Jesus pede ao Pai «que todos sejam um..., como nós somos um» (*Jo* 17, 21-22), sugere – abrindo perspectivas inacessíveis à razão humana – que dá uma certa analogia entre a união das pessoas divinas entre si e a união dos filhos de Deus na verdade e na caridade. Esta semelhança torna manifesto que o homem, única criatura sobre a terra a ser querida por Deus por si mesma, não se pode encontrar plenamente a não ser no sincero dom de si mesmo (cf. *Lc* 17, 33)[104].

Esse famoso texto do Vaticano II e o ensinamento bíblico precedente permitem afirmar sem sombra de dúvida o caráter teologal do amor ao homem, criado à imagem de Deus. A comunhão na verdade e no amor de todo o gênero humano não pode ter outro fundamento que não seja a própria vida trinitária doada através das missões da Palavra encarnada e do Espírito enviado.

9.6.2.1. O amor teologal assume o amor natural a si mesmo e ao próximo

Não há dúvida de que é possível inferir a obrigação natural de amar a si mesmo e os nossos semelhantes, fundada sobre a ordem primária da criação, mediante a qual o homem deveria ser levado naturalmente ao amor dos seus iguais. Da mesma maneira, é evidente que a unidade e a concórdia do gênero humano não se manifestam instintivamente, e que

(104) *Gaudium et spes*, n. 24.

desde o início da história foram fortemente contrastadas pela conduta dos indivíduos e dos povos. Por isso, não obstante a aparente evidência das coisas, muitas vezes, nas diversas vicissitudes da história, tanto pessoais como coletivas, dificilmente se encontra uma «amabilidade natural». Isto se deve, segundo a fé bíblica, ao fato de a natureza humana ter sido ferida pelo pecado original, em consequência do qual nenhum homem, nem mesmo o melhor, é isento de motivos que o tornam pessoalmente não amável pelos outros, e pela mesma causa nos é difícil descobrir sempre e em todo caso a amabilidade natural no próximo. É justamente a existência dessa dificuldade originária que determina a obrigação moral primária que se manifesta como empenho em superar as aparências e chegar ao motivo radical graças ao qual toda pessoa, ao menos com base na origem comum e na unidade natural do gênero humano, pode e deve ser amada com amor de benevolência. «O verdadeiro gosto abrangente em se tratando de pessoas também encontrará algo apreciável naqueles com quem se deve interagir a cada dia»[105].

De fato, todos os sistemas que ao longo da história buscaram um fundamento para fraternidade universal fora da mensagem cristã, acabaram fracassando cedo ou tarde, e não conseguiram fazer do gênero humano, no respeito à diversidade, uma só família unida pelo amor[106].

9.6.2.2. Natureza trinitária do amor às pessoas humanas

Quando o princípio do amor ao próximo se fundamenta sobre o comum amor de Deus, a amabilidade natural é assumida e reconduzida à caridade teologal: «A aceitação do primeiro anúncio, que convida a deixar-se amar por Deus e a amá-Lo com o amor que Ele mesmo nos comunica, provoca na vida da pessoa e nas suas ações uma primeira e fundamental reação: desejar, procurar e ter a peito o bem dos outros»[107].

---

(105) C. S. Lewis, *Os quatro amores*, Thomas Nelson Brasil, Rio de Janeiro 2017, pp. 58-59.

(106) Cf. J. Ratzinger, *La fraternità cristiana*, Queriniana, Bréscia, 2005.

 (107) Francisco, Exort. Ap. *Evangelii gaudium*, n. 178.

Esse querer o verdadeiro bem dos outros como consequência do amor recebido se baseia na identificação com Cristo produzida pela graça e tem o amor de Cristo como modelo e medida. Na nossa fraternidade com Cristo nos tornamos filhos do Pai e irmãos de todos os homens, porque «pela sua Encarnação, Ele, o Filho de Deus, uniu-se de certo modo a cada homem»[108]. Assim, a iniciativa do amor ao próximo pertence ao Verbo encarnado, que realiza o amor divino a todas as criaturas e o transmite a todos aqueles que com Ele se identificam. Não somos, portanto, a origem do verdadeiro amor teologal ao próximo; tampouco podemos dizer que no início existe um amor imperfeito, fundado sobre o dever natural, que depois a graça eleva a uma nova e mais alta qualidade. A iniciativa é sempre divina: amamos o próximo com o impulso do amor de Deus que está em nós. Por isso o amor ao próximo tem como origem última o Espírito Santo, amor substancial presente na alma em graça, no qual não apenas amamos a Deus com o mesmo amor com que Ele se ama, mas também o damos ao próximo, de modo que este amor mútuo entre as pessoas humanas é elevado à condição de virtude teologal.

> O cristão, mediante a inabitação do Espírito Santo, encontra-se numa relação particular com Deus, que se estende também a todas as relações interpessoais, tanto no âmbito familiar como no social. Quando o Apóstolo recomenda «não entristeçais o Espírito Santo de Deus» (*Ef* 4, 30), se baseia nesta verdade revelada: a presença pessoal de um Hóspede interior, que pode ser «entristecido» por causa do pecado – mediante todo pecado –, já que este é sempre contrário ao amor. Ele mesmo, como Pessoa-Amor, morando no homem, cria na alma uma espécie de exigência interior de viver no amor. Sugere-o São Paulo quando escreve aos Romanos que o amor de Deus (isto é, a poderosa corrente de amor que vem de Deus) «foi derramado em nossos corações pelo Espírito Santo que nos foi dado» (*Rom* 5, 5)[109].

(108) *Gaudium et spes*, n. 22.

(109) São João Paulo II, *Audiência geral*, 20 de março de 1991.

A razão formal última do amor teologal ao homem reside no fato de que o que move a pessoa criada ao amor teologal a Deus está presente, ao menos enquanto disposição, em toda pessoa criada à imagem de Deus, pelo que Tomás afirma que a «*ratio enim diligendi proximum Deus est*»[110]. Deus, contudo, não é apenas a causa formal do amor ao próximo: a própria dinâmica da graça faz com que Deus seja também o bem fundamental que desejamos para o próximo e para nós. Nessa comunhão da caridade o amor sobrenatural ao próximo se expressa sempre como amor fraterno, referido à comum filiação divina. A Igreja se torna na história o lugar em que se realiza «o encontro fraterno do amor»[111].

Tendo presente a peculiar relação entre a Igreja e o mundo, é evidente então que a unidade do gênero humano no amor se dá em termos escatológicos, e que não terá uma manifestação histórica suficientemente adequada, ou que possa ser considerada definitiva. Todo ordenamento social será sempre, por natureza, melhorável. Disso se ocupa o quarto volume deste manual.

Podemos afirmar, enfim, que entre o amor de Deus e o amor do próximo se dá uma total identidade material e formal, na única vida divina doada e participada. Em suma, «*ex una eademque caritate Deum proximumque diligimus, sed Deum propter Deum, nos autem et proximum propter Deum*»[112].

A paternidade de Deus é o fundamento último da caridade fraterna: a presença de cada ser humano, criado em Cristo, no interior da Trindade, constitui a comunidade de todos os homens como uma família sobrenatural unida pelos vínculos com as três pessoas: filhos de Deus Pai, porque irmãos de Cristo por meio da comunhão no Espírito Santo. Por isso o amor teologal para com o homem é necessário com a mesma necessidade da caridade para com Deus.

---

(110) «A razão de amar o próximo é Deus», *S.Th.* II-II q. 25 a. 1 co.

(111) Mausbach, *op. cit.*, vol. II, p. 175.

(112) «Com um mesmo amor de caridade amamos a Deus e ao próximo, mas a Deus, por Deus, a nós mesmos e ao próximo, por Deus», Santo Agostinho, *De Trinitate*, VIII, 12.

9.6.3. O amor teologal de si mesmo

Como repetidamente ensina a Bíblia, a medida do amor ao próximo é o amor a si mesmo: «Amarás o teu próximo como a ti mesmo». Essa afirmação é evidente do ponto de vista natural, segundo o qual todo ser tende por natureza à conservação e ao bem próprio como base do seu ser para os outros. Infelizmente, essa evidência contrasta tantas vezes com posturas pessoais derivadas da liberdade ferida: aquilo que em outros seres vivos nunca se perde de vista, no ser humano muitas vezes motiva ações que não buscam o verdadeiro bem próprio, mas o aparente.

Somente um reto querer do verdadeiro bem de si mesmo torna a criatura racional capaz de querer adequadamente o verdadeiro bem dos outros: *Prima charitas incipit a me ipso,* reza o adágio latino. A graça cura também a natureza ferida, por isso o cristão ama a si mesmo movido pelo natural desejo da própria felicidade, mas sobretudo a deseja com a virtude teologal da esperança e a realiza, em sentido próprio, através do amor teologal de si mesmo.

9.6.3.1. Essência do amor sobrenatural de si mesmo

Como todo amor de benevolência no plano sobrenatural, o amor de si também se desdobra no tríplice nível da afirmação do ser, da aspiração à plenitude e do empenho pessoal. Querer o verdadeiro bem de si mesmo comporta em primeiro lugar a afirmação do próprio ser, afirmação que não é possível sem a consciência de tê-lo totalmente recebido: o ser humano é em tudo e para tudo dependente de Deus, razão pela qual não podemos encontrar no amor de nós mesmos o menor vestígio de complacência pessoal que não seja devido ao dom divino; por isso a sua forma própria é o agradecimento. A este reconhecimento original se acrescenta a nova chamada na graça à vida divina em nós que biblicamente se manifesta como criação à imagem de Deus em Cristo. A verdade completa sobre nós mesmos é que o bem que somos depende radicalmente do bem supremo que recebemos na criação e na redenção, e consiste precisamente no agir gratuito do Espírito que nos faz filhos no Filho, imagem sem diferença do Pai.

O segundo elemento do amor de benevolência a si mesmo, o desejo da própria plenitude, se manifesta como aspiração a assemelhar-se cada vez mais àquela imagem sem diferença que é o Verbo encarnado. Esse processo de identificação com Cristo, sobre o qual São Paulo tanto falou, é fruto da graça, mas também livre cooperação do cristão, que requer o total dom de si.

O amor de nós mesmos exige em terceiro lugar, portanto, a dedicação pessoal, que se manifesta sobretudo como empenho ativo e generoso para eliminar tudo aquilo que impede o agir unificante do Espírito e para chegar o máximo possível à plena condição filial: «Cada um de nós tem que ser *alter Christus, ipse Christus*, outro Cristo, o próprio Cristo»[113]. Implica igualmente uma tarefa ainda maior de crescimento pessoal em todas as virtudes, especialmente as teologais.

Em suma, a essência do amor de si mesmo consiste no crescimento contínuo da vida de união com Deus, abandonando ativamente tudo o que na vida terrena nos afasta dEle: «Pois quem quiser salvar sua vida a perderá; e quem perder sua vida por causa de mim a encontrará» (*Mt* 16, 25). Definitivamente, a origem trinitária da caridade comporta a chamada à comunhão com Deus dirigida a todos os homens; por isso somos chamados a compartilhar Deus com o próximo. Nesse sentido, é evidente que o amor de si vem antes do amor ao próximo, porque devemos em primeiro lugar possuir a Deus, e possuí-lo o máximo possível, para ser capazes de compartilhá-lo com os outros.

9.6.3.2. Os atos de amor de si mesmo

Os atos da caridade para consigo mesmo são, portanto, todos aqueles que levam à realização do objeto de tal amor: a identificação com Cristo e a vida virtuosa. O crescimento da graça, a vida sacra-

(113) São Josemaria Escrivá, *É Cristo que passa*, n. 183.

mental e de oração, cada ato de virtude, constituem o fundamento do autêntico e amoroso cuidado de si mesmo.

Mas a vida da graça pressupõe a nossa condição de unidade substancial de alma e corpo, de modo que o amor de si na história inclui o amor da própria vida corporal. Isso engloba todos os atos necessários para desenvolver ao máximo as capacidades naturais recebidas, que são o substrato necessário da vida filial e fraterna. Toda pessoa humana se insere na caridade teologal se, ao buscar atingir a maior perfeição pessoal em todos os âmbitos (social, cultural, profissional...), tem como finalidade da sua realização a glória de Deus e o bem de toda a humanidade.

O amor de si inclui também o amor do próprio corpo, que é o símbolo preciso da condição espiritual, já que toda capacidade simbólica do ser humano necessita da corporeidade para manifestar-se. Mesmo o pensamento mais sublime de amor a Deus requer o funcionamento do sistema nervoso central, sem o qual não seríamos capazes de formulá-lo. Por isso a caridade teologal deve informar também o recurso a todos os meios que o desenvolvimento cultural tecnológico da humanidade produziu para o bem da pessoa e da própria humanidade. Cuidar, reparar e também incrementar as possibilidades naturais da corporeidade são ações que podem ser orientadas pelo verdadeiro amor teologal de si mesmo.

Tenha-se presente, enfim, que amar a duração temporal da própria vida, e consequentemente empenhar-se para prolongá-la, pode ser também um ato da caridade teologal, uma vez que o tempo é a ocasião para edificar a vida eterna. É claro que a plenitude do amor somente é alcançada além do tempo, motivo pelo qual se pode chegar a desejar a própria morte corporal em vista da união total com a Trindade (cf. *Filip* 1, 23-24). Esse desejo, contudo, torna-se verdadeiro amor de si e de Deus somente se inclui o fato revelado que só o tempo nos permite alcançar uma maior comunhão de amor com as pessoas divinas, que será definitiva na vida eterna. Não há um crescimento no amor depois da morte. Evidentemente, o apegamento à vida e a busca do seu prolongamento com fins puramente temporais, ou para evitar o sofrimento ligado à condição temporal, ou pelo medo não sustentado pela fé que ilumina o enigma do pós-morte, não pertence à caridade teologal.

9.6.4. O exercício do amor teologal ao próximo

Tendo estabelecido a natureza teologal do amor ao próximo e o devido precedente do amor de si, passamos ao estudo das características fundamentais da caridade em ato.

9.6.4.1. O amor ao próximo se manifesta em obras

O amor ao próximo, com efeito, embora tenha a sua origem em Deus, deve atingir as dimensões mais concretas e práticas do nosso ser histórico. Se o amor de Deus desde logo requer uma operosidade efetiva, tanto mais o amor ao próximo, cuja presença nos é imediata, deverá manifestar-se em obras concretas, que se tornarão uma demonstração objetiva e necessária da presença interior da virtude teologal da caridade (cf. *1 Jo* 4, 20).

De fato, querer o verdadeiro bem do próximo em concreto requer não só atos internos da vontade (querer e alegrar-se com o bem alheio: *congaudere*), mas também o empenho, na medida do possível, para produzi-lo eficazmente: *benefacere.* Por isso, o amor aos homens é *afetivo* somente na medida em que é também *efetivo;* de outro modo, estaria reduzido a puro sentimentalismo. Noutras palavras, as ações externas devem manifestar e dar autenticidade aos sentimentos do coração. Isso cria um hiato entre o ato interno e o ato externo que deve ser livremente preenchido, de modo que os atos de amor para com o próximo sejam radicalmente *sinceros.* Obviamente, esta sinceridade se refere à conexão entre o ato interno e o ato externo pela qual conhecemos, queremos e realizamos de bom grado o bem alheio, independentemente do fato de que esta consciência seja ou não acompanhada pelo prazer sensível. A prática da caridade fraterna forçando os próprios gostos ou as próprias tendências naturais não é contrária à sua sinceridade.

Finalmente, para serem plenamente sinceros, os atos de caridade devem ser realizados de modo *desinteressado*: fazer o bem ao próximo é fim em si mesmo, e não pode ser feito em vista da consecução de um bem pessoal, mesmo que esse eventualmente pudesse produzir-se. De fato, todo ato de caridade sincera para com o próximo também acrescenta o bem de quem o faz.

9.6.4.2. O amor ao próximo é universal

O amor cristão ao próximo, ao ser um reflexo em nós do amor de Deus, tem como propriedade necessária e distintiva a universalidade. Inclui todos os seres humanos, superando a natural exclusão que poderia haver com base na limitação do próprio conhecimento ou nos defeitos da pessoa que se deve amar. Depende da mesma razão formal da caridade teologal: «Amo, em Deus e com Deus, a pessoa que não me agrada ou que nem sequer conheço. [...] Então aprendo a ver aquela pessoa já não somente com os meus olhos e sentimentos, mas segundo a perspectiva de Jesus Cristo. O seu amigo é meu amigo»[114]. E é evidente que a amizade de Deus através da Encarnação do Verbo alcança todo ser humano, todo ser pessoal por quem Cristo se doou. Somente as criaturas pessoais que livre e definitivamente se autoexcluíram do amor de Deus não são abrangidas de modo imediato por esta obrigação universal; por isso, classicamente se afirma que a caridade teologal deve incluir os anjos, todos os santos da Igreja triunfante, os membros da Igreja padecente e todos os homens sobre terra, sem exceção, mesmo os inimigos[115].

---

(114) Bento XVI, Enc. *Deus caritas est*, n. 18. Cf. G. dalla Torre, *L'archetipo dell'amore fra gli uomini: Deus caritas est: riflessione a più voci sull'enciclica di Benedetto XVI*, Studium, Roma, 2007.

(115) «Também o inimigo cessa de o ser para quem é obrigado a amá-lo (cf. *Mt* 5, 38-48; *Lc* 6, 27-35) e "fazer-lhe bem" (cf. *Lc* 6, 27.33.35), levando remédio às carências da sua vida, com prontidão e sem esperar recompensa (cf. *Lc* 6, 34-35). No vértice deste amor, está a oração pelo inimigo, pela qual nos colocamos em sintonia com o amor providente de Deus: "Eu, porém, digo-vos: Amai os vossos inimigos e orai pelos que vos perseguem. Fazendo assim, tornar-vos-eis filhos do vosso Pai que está nos Céus; pois Ele faz que o sol se levante sobre os bons e os maus e faz cair a chuva sobre os justos e os pecadores" (*Mt* 5, 44-45; cf. *Lc* 6, 28.35)», São João Paulo II, Enc, *Evangelium vitae*, n. 41.

No que diz respeito aos autoexcluídos do vínculo universal da caridade (demônios e condenados), é necessário dizer que com eles o amor de benevolência é, em sentido próprio, impraticável, porque não é possível querer para eles nenhum bem. Não obstante, é importante recordar que a sua condição, de todos os modos, é uma radical manifestação do amor de Deus para com eles, que toma drasticamente a sério a liberdade de todo ser pessoal, mesmo quando isso implica a definitiva contradição do seu amor criativo e redentor. Nesse sentido, Tomás recorda que é possível a sua inclusão na caridade teologal, porque a sua condição de seres criados capazes de se determinarem livremente, decidindo em primeira pessoa o próprio destino, manifesta a glória de Deus que os criou por amor[116].

9.6.4.3. O amor teologal ao mundo

Na universalidade do amor ao próximo se pode incluir indireta e secundariamente o amor teologal à criação não pessoal. Em primeiro lugar, enquanto querida por Deus e, portanto, conhecida no Verbo e amada no Espírito; a resposta ao amor de Deus na graça, portanto, não pode deixar de lado o amor pelas suas obras. Esse amor, no entanto, não vê a criatura material como fim, mas como meio ordenado à criatura pessoal. A condição específica da criação do homem como unidade substancial de alma e corpo, portanto em plena comunhão com o mundo material, tem um papel específico no desígnio criador divino, enquanto ocasião para que Deus manifeste o seu amor de misericórdia: a comunhão do homem com a natureza material o insere na sucessão temporal, e por isso o torna capaz de ser perdoado, de ter sempre uma «segunda oportunidade», contanto que seja no tempo em que Deus deseja que o encontro entre Ele e toda pessoa humana

(116) «Alio modo diligitur aliquid sicut quod volumus permanere ut bonum alterius, per quem modum ex caritate diligimus irrationales creaturas, inquantum volumus eas permanere ad gloriam Dei et utilitatem hominum, ut supra dictum est. Et per hunc modum et naturam Daemonum etiam ex caritate diligere possumus, inquantum scilicet volumus illos spiritus in suis naturalibus conservari ad gloriam Dei», *S.Th.* II-II q. 25, a. 11 co.

ocorra historicamente. Assim sendo, a criação material é amada como uma expressão muito especial do amor misericordioso.

Como consequência dessa ordenação, existe um amor teologal também à natureza e aos seres animados, na medida em que possam tornar-se expressão do diálogo entre o homem e Deus (natureza), e do diálogo entre os homens (trabalho, técnica, arte, cultura...). Assim, o homem em graça deve amar a criação de Deus e manifestar este amor no seu cuidado e promoção[117]: a estima pela criação faz parte da resposta devida a Deus. Deve, além disso, manifestar esse amor como um compromisso efetivo no sentido de reduzir, na medida do possível, todo mal que por causa do pecado se faz presente na criação material. O cuidado da criação é possível graças à capacidade técnica do ser humano, de modo que devemos amar também os produtos da técnica autenticamente humana, e nela, toda realização da cultura e do progresso da humanidade. A cultura, e em geral todo produto material da capacidade técnica e artística da humanidade, enquanto manifestam a glória de Deus e realizam objetivamente a capacidade dialógica da pessoa, se incluem com pleno direito na caridade teologal.

9.6.4.4. A ordem da caridade com o próximo

Que a virtude teologal da caridade tem uma ordem é evidente pela sua origem, pela qual todo amor nela incluído deve estar submetido ao amor de Deus. Além disso, já vimos como a própria Bíblia indica a prioridade do amor de si sobre o amor ao próximo.

Pela própria estrutura corporal e temporal do ser humano, a universalidade da caridade requer também uma ordem entre as pessoas: ainda que não se exclua nenhuma, nem todas devem ser amadas com a mesma intensidade. O homem é imagem de Deus também enquanto corpo, de modo que, sempre no respeito à dignidade originária e intangível de todas as pessoas, entre elas se dá necessariamen-

(117) Cf. Francisco, Enc. *Laudato si'*, especialmente os números 3-9, onde se apresenta um preciso, embora breve resumo das recentes intervenções do Magistério sobre esta matéria.

te um antes e um depois, um acima e um abaixo. Com efeito, por vontade divina, as relações entre as pessoas humanas são ordenadas: das relações familiares, primárias, derivadas do fato genealógico de se ter uma corporeidade recebida, às relações secundárias e dependentes das precedentes[118], de ordem comunitária político-social e entre as nações. Obviamente, qualquer relação de prioridade ou submissão entre as pessoas não deve ser entendida como maior ou menor dignidade: «Quem quiser ser o primeiro entre vós, seja vosso escravo» (*Mt* 20, 27).

Também do ponto de vista da fraqueza da vontade criada, é necessária uma ordem intrínseca no amor ao próximo, de modo que seja a ordem querida por Deus a dirigir as obras de caridade para com os outros, e não a própria sensibilidade ou os afetos que facilmente podem ser desordenados pelas paixões ou pela fragilidade causada pelo pecado.

Com base nesses princípios é possível afirmar, portanto, que a ordem da caridade, no sentido de uma maior obrigatoriedade de adesão livre da vontade ao amor efetivo do próximo, refere-se em primeiro lugar às pessoas que, pela sua santidade, se identificam em maior medida com a imagem de Deus, de modo que se deve amar mais os santos do que aqueles que ainda estão submetidos à imperfeição da história. Simultaneamente, em relação aos vínculos entre as pessoas no tempo, o primeiro laço de amor é constituído pela comunidade esponsal, de modo que a caridade teologal leva a amar em primeiro lugar o próprio cônjuge; indissoluvelmente unido ao amor entre os esposos, mas derivado deste, encontra-se o amor pelos filhos; subsequentemente se dá o amor aos pais, aos demais parentes, às pessoas unidas por vínculos

---

(118) «A família realiza, antes de mais, o bem de "estarem juntos", bem por excelência do matrimônio (daí a sua indissolubilidade) e da comunidade familiar. Poder-se-ia defini-lo, além disso, como o bem da subjetividade. Na verdade, a pessoa é um sujeito, e o mesmo se diga da família porque formada de pessoas, que, ligadas por um profundo vínculo de comunhão, formam um único sujeito comunitário. Antes, a família é sujeito mais do que qualquer outra instituição social: é-o mais que a nação, que o estado, mais que a sociedade e do que as organizações internacionais. Estas sociedades, especialmente as nações, gozam de subjetividade própria somente enquanto a recebem das pessoas e das suas famílias.» São João Paulo II, Carta Ap. *Gratissimam sane*, n. 15.

espirituais, aos amigos, aos colegas de profissão... Enfim, o amor ao próximo é ordenado, dependendo da maior proximidade de Deus e de nós mesmos das pessoas que se deve amar[119].

Obviamente, fora do círculo de relações familiares diretas, a ordem da caridade está submetida a muitas variantes, que podem depender em primeiro lugar do bem comum, e secundariamente de outros aspectos ou circunstâncias da vida social ou da condição peculiar das pessoas; quem tem a seu cargo a cura das almas, por exemplo, é obrigado a pôr o amor pastoral pelas almas a ele confiadas acima de outros vínculos naturais ou de amizade humana.

9.6.4.5. A ordem da caridade com relação ao bem querido para os outros

É evidente que, diferentemente de como ocorre com Deus, a caridade com o próximo inclui o querer para ele não só o bem último eterno, mas também tudo aquilo que na dimensão material da existência pode ser considerado um verdadeiro bem da pessoa. Por isso existe uma forte gradação dos bens que é possível querer para si mesmos ou para os outros, que a caridade retamente exercitada deve respeitar. É muito importante ter presente que tudo o que se expõe neste parágrafo diz respeito à obrigação *menor* em relação à virtude da caridade, o limite abaixo do qual não se pode chegar. Obviamente, o amor de per si não tem limite para dar o bem, salvo no caso em que o dom comporte a omissão ou a perda de um bem maior.

O primeiro bem que se deve desejar para si e para os outros é, evidentemente, o bem espiritual, acima de todos os bens materiais. Com efeito, quando há um perigo imediato e grave de perda definitiva da salvação eterna, todos os bens materiais, inclusive a vida corporal,

(119) Assim enuncia a clássica regra do manual de Prümmer: «Proximi non aequaliter a nobis diligenda sunt, sed plus minusve, prout vel Deo vel nobis sunt propinquiores», *op. cit.*, vol. I, p. 420.

tornam-se secundários[120]. Por isso a caridade leva a arriscar a própria vida quando está em jogo a salvação eterna própria ou alheia[121].

Fora de eventuais perigos imediatos para a salvação, o bem espiritual do próximo requer um empenho da caridade em relação à gravidade ou necessidade do caso, sempre tendo presente que, em igualdade de necessidade, o bem espiritual próprio precede o do próximo. Por isso, se o próximo estiver em condição espiritual grave, o amor cristão não obriga a colocar em perigo o próprio bem espiritual, mas exige deixar de lado bens espirituais pessoais que não sejam de per si absolutamente necessários. Não se deve descuidar uma obrigação pessoal grave, como a missa dominical, para assistir espiritualmente o próximo; mas não socorrer uma pessoa necessitada de ajuda moral porque se deve participar de uma oração em comum, como a recitação do terço, seria uma omissão de caridade. Seja como for, tenha-se presente que determinadas circunstâncias podem aumentar a obrigação de assistência espiritual, como no caso de um pai com relação ao filho, ou de um pastor com relação às pessoas confiadas ao seu cuidado.

Critérios orientadores similares podem aplicar-se para os bens materiais[122], sempre tendo-se em conta a sua submissão aos bens espirituais. Vale dizer, a caridade obriga ao menos a assistir o próximo em relação aos bens materiais, proporcionalmente à necessidade em que se encontra, sempre considerando que, exceto nos casos de obrigação

---

(120) «Respondeo dicendum quod illud magis est ex caritate diligendum quod habet pleniorem rationem diligibilis ex caritate, ut dictum est. Consociatio autem in plena participatione beatitudinis, quae est ratio diligendi proximum, est maior ratio diligendi quam participatio beatitudinis per redundantiam, quae est ratio diligendi proprium corpus. Et ideo proximum, quantum ad salutem animae, magis debemus diligere quam proprium corpus», *S.Th.* II-II q. 26, a. 5 co.

(121) Quando se trata da salvação eterna do próximo, o manual de Prümmer (*op. cit.*, vol. I, p. 421) indica que, para colocar em risco a própria vida, deve estar pressuposto o seguinte: «si tamen a) est fundata spes salvandi proximum, neque b) bonum commune obstat».

(122) Entende-se por bens materiais todos aqueles que estão relacionados com a vida do homem sobre a terra, ainda que não sejam de natureza estritamente física. Além dos bens corporais e daqueles relativos à propriedade privada, se incluem, portanto, valores como a fama, a honra, o prestígio profissional e o social (nos manuais clássicos de moral, esses bens são chamados de «externos»).

maior, devido às condições pessoais ou ao bem comum, em igualdade de necessidades, o bem próprio tem precedência sobre o alheio. Em outras palavras, quando o próximo se encontra em extrema necessidade material, a caridade obriga a assisti-lo, mas não a ponto de cair na mesma condição de necessidade: por exemplo, mesmo que se deva socorrer quem esteja morrendo de fome, não é obrigatório fazê-lo privando-se do alimento necessário para viver. O mesmo princípio se aplica proporcionalmente quando a necessidade do próximo é grave ou leve.

O manual de Prümmer, seguindo a tradição de Santo Afonso, resume numa melopeia essas indicações: «Segundo a ordem da caridade, o homem deve amar, depois de Deus: 1. a si mesmo quanto aos bens espirituais; 2. O próximo quanto a esses mesmos bens; 3. a si mesmo quanto aos bens corporais; 4. o próximo quanto a esses mesmos bens; 5 por fim, a si mesmo e ao próximo quanto aos bens exteriores»[123].

9.6.5. Os principais atos de caridade para com o próximo

Dada a natureza material e histórica do homem, os atos de caridade para com o próximo podem assumir características tão variadas a ponto de tornar impossível um elenco ou mesmo uma tentativa aproximada de classificação. Sempre haverá uma forma nova de viver o amor ao próximo. A tradição cristã, contudo, adota o conceito de *obras de misericórdia* para referir-se aos atos concretos com que se realiza o verdadeiro bem do próximo em qualquer aspecto específico no qual seja carente. Por isso, neste caso, a palavra «misericórdia» não é usada na acepção de compaixão perante a condição de carência que induz à ajuda, mas enquanto virtude que se manifesta na vontade estável de aliviar a condição carente do próximo. Nesse sentido a misericórdia se inclui no elenco das bem-aventuranças (cf. *Mt* 5, 7).

Na primeira acepção, a misericórdia é uma *passio* oposta à inveja, não poucas vezes considerada, fora da tradição cristã, mesmo como

(123) Prümmer, *op. cit.*, vol. I, p. 422. Cf. Santo Afonso M. de Ligório, *Theologia Moralis* l. 2, n. 25.

vício, ou em qualquer caso como atitude imprópria do homem justo, que diante da miséria alheia não deve compadecer-se, mas agir: o dever de socorrer o necessitado seria um dever de justiça, não de caridade. Ao invés disso, a ideia bíblica de Deus, que une harmonicamente os atributos da misericórdia e da justiça, situa-nos diante de uma tarefa precisa: «Amai os vossos inimigos, fazei o bem e prestai ajuda sem esperar coisa alguma em troca. Então, a vossa recompensa será grande. Sereis filhos do Altíssimo, porque ele é bondoso também para com os ingratos e maus. Sede misericordiosos como vosso Pai é misericordioso» (*Lc* 6, 35-36).

Esse chamado bíblico a viver a misericórdia estimula a sua natureza virtuosa, seja do ponto de vista natural, como perfeição do sentimento de compaixão perante o mal, seja sobretudo a nível teologal, porque requer a imitação da misericórdia do Pai. «Misericordiosos como o Pai» foi o lema do Jubileu da Misericórdia promovido pelo Papa Francisco para o ano de 2016: «Misericórdia: é a palavra que revela o mistério da Santíssima Trindade. Misericórdia: é o ato último e supremo pelo qual Deus vem ao nosso encontro. Misericórdia: é a lei fundamental que mora no coração de cada pessoa, quando vê com olhos sinceros o irmão que encontra no caminho da vida»[124].

A caridade, de algum modo, introduz a pessoa humana na mesma dinâmica divina pela qual a justiça e a misericórdia se unem e se exigem mutuamente. A participação no amor misericordioso de Deus, operada pela graça, se exprime na realização concreta de obras de misericórdia.

Talvez a visão comum, um tanto reducionista, das obras de misericórdia, tende a enxergá-las como ocasiões extraordinárias, a serem vividas quando nos deparamos com situações de especial indigência material ou espiritual. Pelo contrário, parece evidente que o sentido bíblico da misericórdia remete a uma conduta habitual, algo que de-

(124) Francisco, Bula de convocação do Jubileu da Misericórdia *Misericordiae vultus*, n. 2. O Jubileu da Misericórdia proclamado pelo Papa Francisco foi a culminação de um contínuo chamado magisterial à atualidade desta dimensão fundamental da vida cristã, como pode ser visto nas intervenções solenes de São João Paulo II (carta encíclica *Dives in misericordia*) e de Bento XVI (carta encíclica *Deus caritas est*).

termina e expressa o agir do cristão perante a humanidade. As situações de necessidade extrema certamente implicam uma obrigação moral maior, mas não se deve esquecer que todo ser humano, enquanto está no tempo, é e será sempre defectível, de modo que todo homem, em qualquer circunstância em que se encontre, é sujeito ativo e passivo de misericórdia.

9.6.5.1. As obras corporais de misericórdia e a esmola

Em *Mt* 25, 31-46 o Senhor indica como matéria do juízo particular de cada homem um elenco de obras materiais de caridade com o próximo. A Igreja sempre transmitiu este elenco como uma espécie de *vademecum* da caridade, que com o tempo se concretizou nas *sete obras de misericórdia corporal*: dar de comer a quem tem fome, dar de beber a quem tem sede, vestir os nus, dar pousada aos peregrinos, visitar os enfermos, visitar os encarcerados, enterrar os mortos. Parece evidente que a clara coloração bíblica deste elenco e o uso simbólico do número sete manifestam que não se trata de uma enumeração exaustiva nem sistemática, mas de uma perene recordação do fato de que identificar-se com Cristo quer dizer empenhar-se em agir como Ele com cada ser humano, porque O vemos em cada ser humano.

> Jesus identifica-Se com os necessitados: famintos, sedentos, forasteiros, nus, enfermos, encarcerados. «Sempre que fizestes isto a um destes meus irmãos mais pequeninos, a Mim mesmo o fizestes» (*Mt* 25, 40). Amor a Deus e amor ao próximo fundem-se num todo: no mais pequenino, encontramos o próprio Jesus e, em Jesus, encontramos Deus[125].

As oscilantes circunstâncias históricas transformam continuamente a situação de mal-estar da humanidade. O dever do cristão e da Igreja será o de atualizar, conforme as necessidades reais de cada época, aqui-

(125) Bento XVI, Enc. *Deus caritas est*, n. 15.

lo que o Senhor anunciou, com base nas características do momento histórico. Exemplo disso foi a necessidade da *diakonia* ministerial, surgida na primeira comunidade apostólica (cf. *At* 6, 1-6).

Tradicionalmente, resume-se a misericórdia corporal no conceito de esmola: *opus, quo datur aliquid indigenti ex compassione propter Deum*[126]. A Sagrada Escritura insiste muito sobre a obrigatoriedade da esmola: «Dos teus bens, filho, dá esmola, e não desvies o rosto de nenhum pobre, para que de ti não se desvie a face de Deus» (*Tob* 4, 7; cf. também *Lev* 19, 33; *Dt* 15, 11; *Sab* 4, 1; 7, 10; *Is* 58, 7; *Dan* 4, 24...). A indicação de Jesus também é urgente: «Vendei vossos bens e dai esmola» (*Lc* 12, 33; cf. também *Mt* 6, 2-4; *Lc* 11, 41...). Nas cartas de Paulo com frequência aparece e é louvada a ajuda material aos irmãos ou às comunidades pobres (cf. *Rom* 15, 26; *2 Cor* 9, 10-15...).

> Quando o Senhor Jesus fala de esmola, quando pede para praticá-la, sempre o faz no sentido de prestarmos auxílio a quem dele precisa, de compartilhar os próprios bens com os necessitados, isto é, no sentido simples e essencial que *não nos permite duvidar do valor do ato designado pelo termo «esmola»*, ao contrário: nos urge a aprová-lo: como ato bom, como expressão de amor para com o próximo e como ato salvífico. Além disso, num momento de especial importância, Cristo pronuncia estas palavras significativas: «Pobres, sempre os tereis convosco» (*Jo* 12, 8). Com tais palavras, não pretende dizer que as mudanças das estruturas sociais e econômicas nada valham e que não se devam tentar caminhos diversos para eliminar a injustiça, a humilhação, a miséria e a fome. Quer dizer apenas que *no homem haverá sempre necessidades*, que não poderão ser satisfeitas de outro modo senão com a ajuda ao necessitado e com fazer os outros participarem dos próprios bens[127].

A sua própria origem etimológica fala da união íntima com a misericórdia (*eleos*), como que para sublinhar que o motivo da esmola

(126) *S.Th.* II-II q. 32, a. 1 co.

(127) São João Paulo II, *Audiência geral*, 28 de março de 1979.

é o amor a Deus no próximo necessitado, e não tanto a exigência humana de uma distribuição mais justa dos bens para a paz social ou a destinação universal dos recursos do cosmos. Obviamente a esmola inclui também estas finalidades naturais, mas elas correspondem primeiramente à ordenação social e política, que deve empenhar-se em eliminar os estados de carência e pobreza, não só na esfera da própria comunidade política, mas em todo o mundo. A esmola, nesse sentido, encontra o seu âmbito de aplicação indispensável lá onde não chega o esforço das estruturas públicas, que pela sua natureza não são capazes de eliminar toda situação de necessidade, e muito menos de fazê-lo por amor, não apenas para mitigar os contrastes sociais. Da relação concreta entre a caridade e a ordem social trata o quarto volume deste manual.

Além de este dever natural, o caráter vinculante e obrigatório da esmola, como em geral de todas as obras de misericórdia corporal, é ligado à própria natureza da caridade para com o próximo, que não pode excluir a partilha por amor de um bem necessário[128]. Além disso, sendo um ato da caridade teologal, também aumenta a participação pessoal na vida divina.

> Convidando-nos a ver a esmola com um olhar mais profundo que transcenda a dimensão meramente material, a Escritura ensina-nos que há mais alegria em dar do que em receber (cf. *At* 20, 35). Quando agimos com amor, exprimimos a verdade do nosso ser: de fato, fomos criados a fim de vivermos não para nós próprios, mas para Deus e para os irmãos (cf. *2 Cor* 5, 15). Todas as vezes que por amor de Deus partilhamos os nossos bens com o próximo necessitado, experimentamos que a plenitude

(128) «Respondeo dicendum quod cum dilectio proximi sit in praecepto, necesse est omnia illa cadere sub praecepto sine quibus dilectio proximi non conservatur. Ad dilectionem autem proximi pertinet ut proximo non solum velimus bonum, sed etiam operemur, secundum illud I Ioan. III, *non diligamus verbo neque lingua, sed opere et veritate*. Ad hoc autem quod velimus et operemur bonum alicuius requiritur quod eius necessitati subveniamus, quod fit per eleemosynarum largitionem. Et ideo eleemosynarum largitio est in praecepto», *S.Th.* II-II q. 32, a. 5 co.

de vida provém do amor e tudo nos retorna como bênção sob a forma de paz, satisfação interior e alegria. O Pai celeste recompensa as nossas esmolas com a sua alegria. Mais ainda: São Pedro cita, entre os frutos espirituais da esmola, o perdão dos pecados. «A caridade – escreve ele – cobre a multidão dos pecados» (*1 Pe* 4, 8)[129].

O nível de obrigatoriedade depende, por um lado, do grau de indigência em que se encontra o próximo, e por outro, da condição de riqueza daquele que se depara com o indigente. Assim, o indigente deve encontrar-se num estado de necessidade extrema ou grave que não se possa remover com os próprios meios, ou com outros que não sejam a esmola. Se a necessidade é extrema, e tendo-se presente o bem comum, deve-se ajudar o indigente com os bens não estritamente necessários para manter decorosamente o próprio teor de vida pessoal e familiar; por isso, uma pessoa que dispõe de meios superabundantes tem uma obrigação maior, que se torna grave em caso de extrema necessidade, de ajudar os necessitados: não se pode sem culpa amar menos o próximo do que os próprios bens supérfluos. «Se alguém possui riquezas neste mundo e vê o seu irmão passar necessidade, mas diante dele fecha o seu coração, como pode o amor de Deus permanecer nele?» (*1 Jo* 3, 17).

É muito difícil estabelecer regras gerais sobre a obrigatoriedade específica da esmola e sobre a porcentagem mínima dos próprios bens que se deve destinar a ela. Uma vez que estas são indicações mínimas, e que não existe um limite superior à generosidade do amor cristão (o óbolo da viúva, cf. *Lc* 21, 1-4), o crente deve regular-se com a virtude da prudência iluminada pela graça[130], o que exige docilidade ao Espírito Santo e também confiar-se às indicações que em cada momento pode dar a autoridade da Igreja, que entre os seus deveres fundamen-

(129) Bento XVI, *Mensagem para a Quaresma de 2008*, n. 4.

(130) O manual de Prümmer contém uma fórmula que resume adequadamente as condições para um prudente exercício da esmola: «Iusta sit et prudens, veloxque, secreta libensque, ordine procedens, omnibus auxilians», *op. cit.*, vol. I, p. 430

tais tem aquele de exercitar a misericórdia com todos e sempre, também através do agir caridoso dos seus filhos.

9.6.5.2. As obras de misericórdia espiritual e a correção fraterna

Não deve surpreender que o primeiro elenco das obras de misericórdia seja o das «corporais». A corporeidade constitui o primeiro símbolo do ser espiritual: tanto no sentido ativo como no passivo, a misericórdia começa pelo corpo, porque é através desta nossa dimensão material constitutiva que entramos em contato e em comunhão uns com os outros. Da corporeidade alheia somos capazes de captar a sua condição espiritual miserável, e com a corporeidade própria somos capazes de remediá-la. Não existe uma comunicação humana que não seja ligada, de um modo ou de outro, à corporeidade. Portanto, através dos níveis simbólicos da corporeidade, sobretudo a palavra e a linguagem, ficamos cientes das necessidades espirituais alheias e somos igualmente capazes de aliviá-las. Da misericórdia corporal se passa à espiritual:

> Não podemos escapar às palavras do Senhor, com base nas quais seremos julgados: se demos de comer a quem tem fome e de beber a quem tem sede; se acolhemos o estrangeiro e vestimos quem está nu; se reservamos tempo para visitar quem está doente e preso (cf. *Mt* 25, 31-45). De igual modo ser-nos-á perguntado se ajudamos a tirar da dúvida, que faz cair no medo e muitas vezes é fonte de solidão; se fomos capazes de vencer a ignorância em que vivem milhões de pessoas, sobretudo as crianças desprovidas da ajuda necessária para se resgatarem da pobreza; se nos detivemos junto de quem está sozinho e aflito; se perdoamos a quem nos ofende e rejeitamos todas as formas de ressentimento e ódio que levam à violência; se tivemos paciência, a exemplo de Deus que é tão paciente conosco; enfim se, na oração, confiamos ao Senhor os nossos irmãos e irmãs. Em cada um destes «mais

pequeninos», está presente o próprio Cristo. A sua carne torna-se de novo visível como corpo martirizado, chagado, flagelado, desnutrido, em fuga... a fim de ser reconhecido, tocado e assistido cuidadosamente por nós[131].

Assim, recebendo e trocando palavras, através de todas as suas realizações culturais e históricas, somos capazes de dar bom conselho, ensinar os ignorantes, corrigir os que erram, consolar os aflitos, perdoar as injúrias, sofrer com paciência as fraquezas do próximo, rogar a Deus pelos vivos e defuntos. Também aqui o elenco septenário não é senão um símbolo que pretende remeter às infinitas possibilidades de sermos uma ajuda ao próximo no espírito. A lista inclui um *crescendo* de empenho caridoso, que vai da solicitude pelos defeitos espirituais do próximo (esclarecer, advertir, ensinar), às ações que envolvem positivamente a própria vontade no amar com obras (consolar, perdoar, suportar, rezar). Obviamente os bens espirituais consideram-se superiores aos materiais, de modo que estas obras de misericórdia manifestam maximamente a caridade para com o próximo no querer para este os bens maiores, aqueles que em maior medida unem a Deus.

Entre as obras de misericórdia sempre teve um papel primordial a advertência dos pecadores movida pela caridade, normalmente chamada de *correção fraterna*, para distingui-la de outras formas de correção comunitária previstas no ordenamento jurídico da Igreja. O texto de *Mt* 18, 15-17, com efeito, faz referência primeiro à advertência fraterna («Se teu irmão pecar contra ti, vai corrigi-lo, tu e ele a sós! Se ele te ouvir, terás ganho o teu irmão», v. 15), e sucessivamente à advertência pública («Se ele não te ouvir, toma contigo mais uma ou duas pessoas, de modo que toda questão seja decidida sob a palavra de duas ou três testemunhas. Se ele não vos der ouvido, dize-o à Igreja», vv. 16-17). Deus mesmo manifesta como a correção é expressão do seu amor: «Eu repreendo e educo os que eu amo» (*Apoc* 3, 19; cf. *Hb* 12, 5-11). Tudo isso comporta necessariamente a obrigação de imitá-lo: «Irmãos, no caso de alguém ser surpreendi-

(131) Francisco, Bula de convocação do Jubileu da Misericórdia *Misericordiae vultus*, n. 15.

do numa falta, vós que sois espirituais, corrigi esse tal, em espírito de mansidão» (*Gal* 6, 1). Também no Antigo Testamento é muito presente o dever de corrigir por amor: «Repreende o sábio, e ele te amará» (*Prov* 9, 8; cf. *Sab* 19, 13-17).

Tomás, que na *Secunda secundae* dedica toda a questão 33 à correção fraterna, a define como *admonitio fratris de emendationes delictorum fraterna caritate procedens*[132], destacando como sua condição essencial o fato de proceder da caridade, visto que a tentativa de eliminar um vício é de per si uma ação que causa o bem da pessoa corrigida[133]. Se ao irmão necessitado é devida a esmola material, tanto mais existe uma obrigação em si mesma grave de praticar a esmola espiritual da advertência por caridade; obviamente, a gravidade pode ser maior ou menor dependendo do nível de privação espiritual em que se encontra a pessoa a ser corrigida, ou, no caso de uma correção preventiva, da iminência do perigo de cair em pecado. A situação extrema seria a condição de pecado grave ou de pecado iminente *in articulo mortis*. Mas mesmo as menores deficiências pedem a mútua ajuda da caridade fraterna, assim como é possível também a admoestação na qual, mesmo na ausência de uma falta concreta, se procura sobretudo o crescimento espiritual do irmão, indicando um hábito ou um defeito não culpável que poderia retardá-lo. O Magistério recente tem sublinhado com força a conveniência máxima desta manifestação do amor cristão nos nossos dias:

> Neste nosso mundo impregnado de individualismo, é necessário redescobrir a importância da correção fraterna, para caminharmos juntos para a santidade. [...] Entretanto, a advertência cristã nunca há de ser animada por espírito de condenação ou censura; é

(132) *Scriptum super Sententiis*, l.4, dist. 19, q. 2, a.1.

(133) «Duplex ergo est correctio delinquentis. Una quidem quae adhibet remedium peccato inquantum est quoddam malum ipsius peccantis, et ista est proprie fraterna correctio, quae ordinatur ad emendationem delinquentis. Removere autem malum alicuius eiusdem rationis est et bonum eius procurare. Procurare autem fratris bonum pertinet ad caritatem, per quam volumus et operamur bonum amico. Unde etiam correctio fraterna est actus caritatis, quia per eam repellimus malum fratris, scilicet peccatum», *S.Th.* II-II q. 33, a. 1 co.

sempre movida pelo amor e pela misericórdia e brota de uma verdadeira solicitude pelo bem do irmão[134].

Aplicam-se à correção fraterna *a fortiori* as condições de justiça, prudência e solicitude da esmola material. Concretamente são importantes os seguintes pontos: certeza moral da condição de necessidade de ajuda espiritual na pessoa a ser corrigida, tanto leve como grave; juízo atento sobre a conveniência com base na pessoa que corrige, isto é, que se não há outro que possa advertir melhor ou com mais autoridade (um superior religioso aos seus súditos, ou um pai aos próprios filhos, por exemplo); cuidado de toda circunstância que possa facilitar o acolhimento favorável e frutuoso da repreensão fraterna.

9.7. Os atos contrários à caridade teologal

Finalizamos o nosso percurso com o estudo das ações contrárias à virtude da caridade. Sendo esta virtude o ápice e a forma da vida moral, é evidente que todo ato voluntário pecaminoso se considera como uma transgressão da caridade, tanto diante de Deus como de nós mesmos. Mas é evidente também que, mesmo quando não dirigido diretamente contra o bem alheio, todo pecado inclui igualmente uma ação contra o próximo, ao qual se deve, em todo caso, a própria retidão moral.

Que todo pecado deteriora o amor de Deus se deduz da *aversio a Deo* que o determina. Mas mesmo a parte material do pecado, a *conversio ad creaturas,* traz consigo uma desordem desse amor e, portanto, de uma forma ou de outra, um detrimento do bem devido.

A estes pecados em sentido muito genérico contra a caridade, se unem as omissões culpáveis dos atos devidos que estudamos até agora. Na caridade teologal, amor de amizade devido a Deus e aos outros posto em prática pela vontade, e não pelo sentimento, o cuidado para evitar as omissões é de fundamental importância, já que neste âmbito

---

(134) Bento XVI, *Mensagem para a Quaresma de 2012.*

é muito fácil deixar-se guiar pelas tendências afetivas inferiores e não ver o amor como um esforço moral que requer constância e sacrifício. A falta prática de amor a Deus, ao próximo ou a si mesmo é, por isso, um perigo não desprezível.

Veremos a seguir os pecados por comissão contra Deus (7.1), contra si mesmo (7.2) e contra o próximo (7.3). Tenha-se presente que, embora a caridade para com Deus, para consigo mesmo e para com o próximo sejam uma única virtude, os pecados contrários a estes três aspectos, ainda que se oponham à mesma virtude, são de espécie diversa.

9.7.1. Os pecados contra a caridade para com Deus

O ódio é o maior ato contrário ao amor. Mas como sucede com o amor, também o ódio é um conceito que admite uma pluralidade de significados. Normalmente se identifica com um forte sentimento de aversão ou antipatia a algo ou a alguém que provoca hostilidade, seja como desejo do mal e da ruína da pessoa ou coisa odiada, seja como empenho prático para que isso ocorra; o objeto de ódio é hostilizado, considerado como inimigo e por isso se busca a sua destruição.

Classicamente costuma-se distinguir três tipos de ódio, que manifestam um *crescendo* do sentimento adverso e da hostilidade, e também uma progressão nas potências operativas humanas em que reside o ódio. Em primeiro lugar se fala de *odium displicentiae,* que se refere ao sentimento natural que leva a aborrecer tudo que se avalia como feio ou ruim, tanto no sentido físico como no espiritual. Esse sentimento nem sempre tem em si um valor moral, ainda que possa dar origem a um verdadeiro pecado contra o amor, quando não é regulado pelas potências superiores. Em segundo lugar, se fala de *odium abominationis,* quando, ao mero desagrado natural perante o que se considera mal, acrescenta-se um livre sentimento do apetite volitivo de rechaço, desprezo ou execração, que tipicamente se opõe ao *amor concupiscentiae.* O terceiro nível, mais alto e grave moralmente, é constituído pelo *odium inimicitiae,* no qual a vontade não apenas rechaça o odiado, mas deseja e procura positivamente o seu mal; opõe-se ao *amor benevolentiae*, motivo pelo qual também é conhecido como *malevolentia*.

9.7.1.1. Ódio a Deus

Sendo Deus o bem supremo, é inconcebível a ideia de que Ele possa ser de per si objeto de *odium displicentiae*, e mais ainda dos graus superiores de ódio. Apesar disso, os efeitos históricos do agir divino ou as manifestações dos seus atributos podem tornar-se odiosos à pessoa humana ferida pelo pecado e limitada pela condição material. Com efeito, a Sagrada Escritura fala especificamente da existência do ódio a Deus (cf. *Sl* 68, 2; *Jo* 15, 18.23) em referência à rejeição ao seu agir na história. A causa é a ignorância culpável ou a condição habitual de pecado. Nessas circunstâncias, o pecador tende a aborrecer (*odium abominationis*) a presença no mundo da santidade divina e as suas consequências, que exigem um compromisso contra os desejos mundanos. Pode também cair consciente e voluntariamente num *odium inimicitiae* que, não podendo causar diretamente o mal a Deus, hostiliza e combate a sua glória e a sua honra.

Obviamente, o ódio a Deus é um pecado gravíssimo que não admite parvidade de matéria. No caso do ódio de inimizade, torna-se o mais grave pecado possível, aquele no qual a pessoa humana, querendo fazer mal a Deus, contradiz radicalmente a sua condição de criatura chamada à comunhão de amor com as pessoas da Trindade, causando assim a sua maior ruína.

9.7.1.2. Acédia espiritual

A manualística clássica, seguindo Tomás, inclui a acédia espiritual como pecado secundário contra o amor de Deus. Não se trata aqui do vício capital que consiste na negligência no exercício da virtude em geral, mas especificamente da progressiva dificuldade que a vontade, demasiadamente ligada aos bens materiais, pode encontrar para aderir aos bens espirituais, sobretudo quando são árduos. Nesse sentido, a acédia espiritual se situa a meio caminho entre a virtude da caridade e a esperança, à qual remete primariamente o desejo dos meios de salvação. É possível relacionar esse pecado à tibieza do amor, estigmatizada na carta à igreja de Laodiceia (cf. *Apoc* 3, 14-22), que pode levar quase inadvertidamente ao verdadeiro e próprio ódio a Deus.

9.7.2. Os pecados contra si mesmo

Numa cultura como a atual, que tende excessivamente ao egoísmo e não poucas vezes à egolatria, é fácil que um exagerado amor a si mesmo, que não pertence à caridade teologal, acabe por levar ao pecado de omissão contra esta virtude. Aspectos que poderiam ser plenamente integrados no amor teologal de si mesmo, como o cuidado da saúde ou a busca do bem-estar, podem facilmente assumir na cultura hodierna uma dimensão meramente instrumental que a desvia do reto fim, não deixando mais espaço aos autênticos atos de caridade para consigo mesmo.

No âmbito da comissão, o ódio contra si mesmo, embora contradiga radicalmente a natural tendência à autoestima, não é um fato infrequente. É preciso ter presente que o pecado não se manifesta apenas como *aversio a Deo,* mas também de algum modo como radical negação daquilo que o pecador é, razão pela qual o pecador habitual, ao desejar mais ou menos conscientemente um bem apenas aparente, acaba causando a sua própria ruína moral. Esta pecaminosidade grave habitual pode ser causa, no campo da esperança, do pecado de desespero; mas também pode levar a contradizer gravemente a caridade com a admissão consciente do *odium sui,* e tender assim a um progressivo autodesprezo, com o consequente surgimento de pensamentos e atos contra si mesmo.

As manifestações específicas do ódio a si mesmo podem ser muito variadas, começando pela busca voluntária do detrimento moral através do pecado intencional, mesmo quando a motivação é ditada pelas aparentes vantagens que o próprio pecado produz. A perda voluntária da vida da graça como ato de ódio para consigo mesmo, causando o estado de danação eterna, é a sua expressão mais alta. Também inclui-se nesse contexto a imprudência que leva a expor-se sem necessidade e irrefletidamente a situações de perigo espiritual.

Por outro lado, os pecados contra a caridade para consigo mesmo podem manifestar-se no âmbito da vida corporal, através da negligência voluntária do razoável cuidado do corpo, causando positivamente a sua deterioração ou, finalmente, dando morte à própria vida corporal com o suicídio voluntário. No terceiro volume deste manual se trata aprofundadamente dos pecados contra a vida.

9.7.3. Os pecados contra a caridade para com o próximo

Como no amor a Deus, não existe um limite na caridade para com o próximo, que pode sempre crescer e encontrar novas formas de manifestar-se. Colocar um limite ao amor seria começar a entrar no âmbito da omissão, porque não é possível *amar demais* a Deus ou ao próximo quando a vontade é movida pela graça. Mais, dada a natureza comum de ambos os amores, não é possível que o amor a Deus, mesmo tendo a prioridade absoluta, leve a amar *menos* o próximo.

Contra o amor ao próximo se pode pecar fundamentalmente através do ódio e das suas manifestações derivadas, como a ira, o rancor e a inveja. A condição somato-espiritual da pessoa humana faz com que haja uma infinita variedade de formas de desejar ou causar o seu mal. Pode-se passar dos pecados internos às ações externas que vão da simples manifestação de desacordo à ira manifestada em atitudes negativas que buscam provocar o mal alheio, material ou espiritual, com palavras ou ações. As consequências exteriores desses pecados, no âmbito dos bens morais (maledicência, difamação...) ou materiais (agressões físicas, até causar a morte), são estudadas entre os delitos contra a justiça. Aqui consideramos o ódio, que é a causa dessas ações.

9.7.3.1. O ódio ao próximo e as suas manifestações

No que diz respeito ao ódio contra o próximo, aplica-se tudo o que foi dito sobre a natureza desse sentimento para com Deus. O ódio de desagrado perante a negatividade moral presente no próximo pode não ter significação moral, quando se dirige contra aquilo que embrutece a pessoa, e não contra a pessoa em si. Pode até ser, muitas vezes, um impulso para buscar o bem alheio através das obras de misericórdia. A verdadeira e própria abominação, pelo contrário, costuma dirigir-se à pessoa: passa-se do sentimento de desagrado pelo pecado a uma consideração negativa do pecador enquanto tal. O crente tem a obrigação de evitar esse sentimento para com o próximo, vencendo qualquer animosidade, rancor, intolerância ou antipatia a seu respeito. Embora seja natural experimentar esses sentimentos, a vida da graça leva a ver nos outros a imagem de Deus e a descobrir o motivo pelo qual todo ser humano, mesmo o mais degradado, é digno de caridade fraterna. Por isso, os atos de ódio de abominação para com o próximo devem ser considerados graves, ainda que admitam parvidade de matéria, como os sentimentos de simples antipatia livremente consentidos.

A malevolência direta (*odium inimicitiae*), ao contrário, lesa gravemente a caridade: «Todo aquele que odeia o seu irmão é um homicida. E sabeis que nenhum homicida tem a vida eterna permanecendo nele» (*1 Jo* 3, 15). Desejar positivamente o mal do próximo é pecado grave *ex genere suo,* que pode admitir parvidade de matéria quando se refere a pequenos males. Obviamente, trata-se de um querer livremente finalizado ao mal do próximo enquanto tal, e não a um mal relativo querido em vista de um bem, como, por exemplo, uma justa punição pelas culpas, que leva ao arrependimento.

Normalmente, o ódio ao próximo constitui a causa imediata das ações externas lesivas, que ofendem também a justiça e exigem uma adequada restituição da ordem social violada. Pode manifestar-se ainda de modo grave na invocação do mal (maldição), que neste caso inclui também uma culpa contra a virtude da religião.

Uma manifestação comum da falta de caridade para com o próximo, que se inclui entre os vícios capitais, é a inveja. Este pecado consiste numa tristeza pelo bem alheio, que se considera como uma diminuição do bem próprio[135]. A inveja contradiz a caridade teologal porque a comunhão de todos os homens em Cristo deveria levá-los à alegria pelo bem dos outros. Naturalmente, pode ocorrer um sentimento de inveja que não contradiz o amor ao próximo, na medida em que a própria limitação dos bens criados, materiais ou espirituais, impede a igualdade na posse dos mesmos. Por isso, é possível um desejo dos bens alheios que dá origem a sentimentos positivos como, por exemplo, a emulação das virtudes daqueles que se consideram melhores. Contudo, quando por soberba ou fraqueza se passa do simples desejo aos sentimentos negativos, dificilmente se pode evitar a ofensa a Deus, origem de todo bem e justo na sua distribuição. No mais, enquanto vício capital, a inveja é origem de outros pecados contra o próximo: *de invidia oritur odium, susurratio, detractio, exultatio in adversis proximi et afflictio in prosperis*[136].

A inveja, enquanto pecado contra a caridade, é mortal *ex genere suo.* Admite, portanto, parvidade de matéria, mas também pode chegar a ser gravíssima quando se refere a bens espirituais ou à própria vida da graça. Tomás, com efeito, aponta a inveja como pecado contra o Espírito Santo[137].

9.7.3.2. O escândalo

Como manifestações especialmente significativas do desejo do mal espiritual do próximo, indicam-se classicamente o escândalo e

(135) Cf. *S.Th.* II-II q. 36, a. 1 co.

(136) *S.Th.* II-II q. 36, a. 4, arg. 3.

(137) «Est tamen quaedam invidia quae inter gravissima peccata computatur, scilicet invidentia fraternae gratiae, secundum quod aliquis dolet de ipso augmento gratiae Dei, non solum de bono proximi. Unde ponitur peccatum in spiritum sanctum, quia per hanc invidentiam homo quodammodo invidet spiritui sancto, qui in suis operibus glorificatur», *S.Th.* II-II q. 36, a. 4, ad 2um.

a cooperação ao mal. Como esta última, que é uma forma de escândalo, já foi estudada no primeiro volume deste manual, trataremos agora apenas da moral do escândalo.

O escândalo é definido por Tomás como «*dictum vel factum minus rectum praebens occasionem ruinae*»[138]. Por ruína se entende, obviamente, a ruína espiritual, isto é, o incitamento ao pecado do próximo; por isso o Aquinate contrapõe o escândalo à correção fraterna, que é a manifestação da caridade com que se procura afastar o irmão do pecado. O escândalo não se produz somente através de palavras ou ações, mas também mediante omissões voluntárias com as quais se favorecem condutas erradas, como deixar de dar um conselho ou de fazer uma advertência que poderiam evitar o pecado alheio. Podem ser também ocasião de escândalo fenômenos sociais, culturais ou artísticos, como costumes, publicações, espetáculos e formas de diversão populares, quando não inspirados por um reto sentido moral.

Trata-se de um pecado especialmente estigmatizado na Sagrada Escritura, ainda que o próprio Jesus afirme a impossibilidade de evitá-lo, dada a imperfeição que permanece na vontade humana, não obstante a graça reparadora: «Ai do mundo por causa dos escândalos. É inevitável, sem dúvida, que eles ocorram, mas ai daquele que os provoca» (*Mt* 18, 7; cf. 5, 29-30; 18, 8-9; *Mc* 9, 42-47; *Lc* 17, 1-2; *Rom* 14, 13; *1 Cor* 10, 31).

A forma mais grave de escândalo, enquanto ação contrária à caridade, é aquela na qual se busca diretamente a ruína espiritual do próximo levando-o ao pecado. É o que se chama classicamente de escândalo direto formal, ou *scandalum diabolicum,* pelo fato do propósito coincidir com o objetivo do agir de Satanás. Neste caso, a vontade de causar o pecado do próximo não fere somente a caridade para com o escandalizado, mas também para com Deus, uma vez que se deseja diretamente uma ação contrária à sua glória. Quando quem escandaliza não tem como vontade imediata a de causar o pecado enquanto tal, mas o induz em vista de outro ob-

(138) *S.Th.* II-II q. 43, a. 1, arg. 1.

jetivo ou vantagem pessoal, fala-se de escândalo direto material, ou *directum simpliciter.*

O escândalo direto, tanto formal como material, é sempre um pecado grave *ex genere suo* oposto à caridade e à virtude contra a qual se induz a pecar. Obviamente, o escândalo direto formal é mais grave do que o material, e a gravidade também aumenta na medida em que a ação ou a omissão escandalizante é de per si mais eficaz para causar o pecado. A gravidade aumenta, além disso, em relação à gravidade do pecado que se procura produzir no próximo; admite parvidade de matéria, quando se instiga ao cometimento de um pecado venial. Finalmente, é necessário ter em conta que a malícia do escândalo direto não depende – a não ser em grau –, de que se produza ou não o pecado alheio (escândalo passivo *datum*). Em todo caso, a caridade e a justiça exigem que o escândalo direto seja reparado, de forma privada ou pública, segundo a modalidade com que foi causado. A reparação, além do arrependimento e da remoção da causa do escândalo, deve incluir também a presteza em recuperar o bem-estar espiritual da pessoa ou das pessoas escandalizadas.

O escândalo indireto consiste no agir menos reto ou pecaminoso que, embora não tenha como intenção imediata a de causar o pecado do próximo, acaba sendo de fato uma ocasião para tal. Aplicam-se os mesmos critérios do voluntário *in causa*, na medida em que o efeito escandaloso da ação pode ser razoavelmente previsível. Para Tomás, este escândalo consiste apenas num pecado contra a caridade, mas não à virtude contra a qual se induz a pecar[139]; muitos outros autores, porém, entre os quais Santo Afonso, consideram que o escândalo indireto implica também um pecado contra a virtude em questão[140].

De todos os modos, todo pecado, público ou privado, pode tornar-se motivo de escândalo, ainda mais quando se trata de um pecado grave. Obviamente, muitas circunstâncias podem aumentar ou diminuir a gravidade do escândalo indireto. Em primeiro lu-

(139) Cf. *S.Th.* II-II q. 43, a., co.

(140) Cf. Prümmer, *op. cit.*, vol. I, p. 440.

gar, o destaque e a autoridade da pessoa que causa o escândalo, de modo que quem possui uma notoriedade pela posição que ocupa ou por outros motivos de fama ou prestígio é especialmente obrigado a evitar o escândalo indireto que poderia ser causa de ações pecaminosas ou menos retas. *A fortiori,* os pais em relação aos próprios filhos, os professores em relação aos alunos, os que ocupam cargos públicos em relação à população em geral, têm especial dever de exemplaridade.

Em segundo lugar, é importante considerar o nível de publicidade e visibilidade que a ação escandalizante pode alcançar. Por isso, são obrigadas a evitar ações potencialmente escandalosas as pessoas que, por motivos culturais, artísticos, esportivos ou de outro tipo, gozam de uma elevada popularidade ou notoriedade pública. Mesmo sem essa notoriedade, é preciso ter sempre presente, no agir moral bom ou mau, os diversos fatores que possam fazer com que o conhecimento de uma determinada ação tenha uma difusão mais ampla.

Em todo caso, o escândalo indireto requer uma adequada reparação, mesmo se em alguns casos a sua natureza torne difícil determinar a forma de reparar e as pessoas a quem dirigir a ação reparadora. Os pecadores públicos, concretamente, são obrigados a manifestar publicamente o seu arrependimento e a levar uma vida exemplar que seja conhecida por todos.

Nos nossos dias, as modernas tecnologias de comunicação informática fazem com que a capacidade de permanência, replicabilidade e rastreamento dos comportamentos privados ou públicos atinjam níveis insuspeitados e extremamente incontroláveis de divulgação[141]. Isso tem facilitado um nível de comunicação e diálogo que torna obsoleta a distinção entre público e privado e demanda uma nova

(141) Um estudo aprofundado sobre as características da comunicação interpessoal em redes digitais pode ser encontrado em Z. Papacharissi (ed.), *In Networked Self: Identity, Comunity and Culture in Social Network Sites*, Routledge, Nova York 2011. Embora a temática moral deva ainda ser aprofundada, para uma visão inicial da problemática ética cf. J. C. Vásconez, *Aproximación a los aspectos morales del uso de las redes sociale digitales*, Pontificia Università della Santa Croce, Roma, 2015.

responsabilidade no ser com os outros. O Papa Bento XVI destacava assim a importância antropológica das novas redes sociais:

> Esses espaços, quando bem e equilibradamente valorizados, contribuem para favorecer formas de diálogo e debate que, se realizadas com respeito e cuidado pela privacidade, com responsabilidade e empenho pela verdade, podem reforçar os laços de unidade entre as pessoas e promover eficazmente a harmonia da família humana. A troca de informações pode transformar-se numa verdadeira comunicação, os contatos podem amadurecer em amizade, as conexões podem facilitar a comunhão. Se as redes sociais são chamadas a concretizar este grande potencial, as pessoas que nelas participam devem esforçar-se por serem autênticas, porque nestes espaços não se partilham apenas ideias e informações, mas em última instância a pessoa comunica-se a si mesma[142].

Ao enfatizar o efeito fundamentalmente positivo desses novos meios, no que diz respeito à partilha do bem, é necessário considerar também o possível resultado escandalizante que uma ação negativa na internet pode alcançar, bem como a dificuldade de reparar o escândalo: enquanto que num ambiente de comunicação tradicional é relativamente fácil determinar quem será testemunha de uma ação concreta, nas redes de comunicação tecnológica a audiência é potencialmente global no espaço e no tempo.

Em determinadas circunstâncias, a ação que se prevê escandalosa é boa em si mesma, e o escândalo que se produz é apenas passivo (*scandalum acceptum*). Isso pode acontecer em duas hipóteses. Em primeiro lugar, devido à malícia da vontade das testemunhas da ação boa, que é deturpada e distorcidamente julgada escandalosa (*scandalum pharisaicum*, cf. *Mt* 15, 12-14); neste caso, mesmo que se preveja o escândalo, não se é obrigado a omitir a ação boa que se deve

(142) *Mensagem para a XLVII Jornada Mundial das Comunicações Sociais*, 12 de maio de 2013.

praticar. O segundo caso diz respeito à condição de ignorância ou insuficiência de formação moral, devido à qual uma pessoa pode julgar escandaloso aquilo que não o é (*scandalum pusillorum*); nestas circunstâncias, se não é possível fornecer a adequada informação aos ignorantes, a caridade exige que se evite a ação, se isto for possível sem grave incômodo.

EPÍLOGO

Religio est quaedam protestatio fidei, spei et caritatis... Essa afirmação de São Tomás foi citada diversas vezes, e a considero como o fio condutor destas páginas. O homem dos nossos dias, pós-moderno e pós-humano, tem sede de relação, percebida como a única chave capaz de dar razão à própria existência. Simultaneamente, é consciente de não poder dar um fundamento definitivo ao seu ser relação. Como consequência, o pensamento religioso é para ele, conscientemente ou não, uma necessidade imperiosa. Por isso, partir das aspirações do homem a uma transcendência que não é mais objeto de domínio, como na modernidade técnico-científica, mas razão última da estrutura dadivosa do próprio homem e de toda a realidade, era um imperativo neste manual de introdução à moral teologal, que nasce nos primeiros anos do terceiro milênio.

Desde o início era consciente do esforço que isto implicava, uma vez que se supõe que o estudo especificamente teológico de uma virtude moral natural, mais ainda quando se trata da mais alta delas, a da religião, não pode deixar de levar em consideração o fato de que toda virtude humana, informada pela caridade, é elevada pela graça à condição de virtude infusa. A virtude que o teólogo estuda já superou o reino das trevas e do angustioso questionamento sem respostas definitivas, para caminhar, iluminada pela fé e impulsionada pela esperança, em direção à plenitude de sentido que o amor dá. E é aqui que a religião se mostra fundamentalmente como declaração (*protestatio*) da vida teologal. Com isso, em certo sentido, embora mantenha a sua autonomia, se oculta nela.

Dialogar com o mundo contemporâneo, no entanto, exigia que se desse um passo atrás, retornando à região da penumbra onde a religião impulsiona os homens, «para que buscassem a Deus e, talvez às apalpadelas, o encontrassem, a ele que na realidade não está longe de cada um de nós» (*At* 17, 27). Sobre as exigências naturais do ser religioso, sempre na expectativa enquanto não são levadas à plenitude pela graça livre e não solicitada, a teologia pode fundar um diálogo profícuo com toda cultura: as indagações da religião são as indagações do homem.

As exigências atuais, como vimos, partem da necessidade de romper o esquema rígido do empirismo da modernidade para permitir ao homem o ser dialógico que anseia. E a isso responde a virtude teologal da fé, que, embora se coloque como um ponto alto do conhecimento interpessoal que não pode ser alcançado com forças naturais, dá aos homens o motivo mais persuasivo para se decidirem a dar e a acolher a verdade com a palavra. Assim também a esperança teologal, assumindo toda esperança humana, se coloca como resposta à perda do sentido da história que é o resultado do mito do progresso permanente ligado somente ao domínio técnico da realidade.

Mas afinal, é o amor a força que abre a prisão da modernidade, que, na sua derradeira tentativa de fazer-se permanente, sabe que deve necessariamente reduzir a consciência às leis da mecânica, convertendo assim a ciência no último critério de uma conduta reta e eficiente. O amor inclui em sentido finalístico toda ação humana. Alicerçados na caridade teologal, os homens pós-modernos recebem o impulso definitivo para a plenitude de tudo que é verdadeiramente humano. Da caridade parte o empenho de toda virtude moral por alcançar o seu objetivo final no amor de Deus e dos outros.

Agora nos resta continuar, no volume terceiro desta obra, com o estudo das virtudes morais como princípios da vida cristã.

Direção geral
Renata Ferlin Sugai

Direção editorial
Hugo Langone

Produção editorial
Gabriela Haeitmann
Juliana Amato
Ronaldo Vasconcelos
Daniel Araújo

Capa
Gabriela Haeitmann

Diagramação
Sérgio Ramalho

ESTE LIVRO ACABOU DE SE IMPRIMIR
A 27 DE NOVEMBRO DE 2022,
EM PAPEL IVORY 75 g/m^2.